Ulrich Knoll

Live aus dem Klassenzimmer

Ulrich Knoll

LIVE AUS DEM KLASSENZIMMER

Was in der Schule wirklich abgeht

GOLDEGG VERLAG

Bildrechte Autorenfoto: Privatfoto Ulrich Knoll
Bildrechte Umschlag: zdravolina – ahorn.co

Der Verlag und sein Autor sind für Reaktionen, Hinweise oder Meinungen dankbar. Bitte wenden Sie sich diesbezüglich an verlag@goldegg-verlag.com.

Dieses Buch wurde vermittelt von der Literaturagentur erzähl:perspektive, München (www.erzaehlperspektive.de)

Der Goldegg Verlag achtet bei seinen Büchern und Magazinen auf nachhaltiges Produzieren. Goldegg Bücher sind umweltfreundlich produziert und orientieren sich in Materialien, Herstellungsorten, Arbeitsbedingungen und Produktionsformen an den Bedürfnissen von Gesellschaft und Umwelt.

FSC MIX
Papier aus verantwortungsvollen Quellen
FSC® C083411
www.fsc.org

ISBN Print: 978-3-903090-94-1
ISBN E-Book: 978-3-903090-95-8

Friedrichstraße 191 • D-10117 Berlin
Telefon: +49 800 505 43 76-0

Goldegg Verlag GmbH, Österreich
Mommsengasse 4/2 • A-1040 Wien
Telefon: +43 1 505 43 76-0

E-Mail: office@goldegg-verlag.com
www.goldegg-verlag.com

Layout, Satz und Herstellung: Goldegg Verlag GmbH, Wien
Druck und Bindung: CPI books GmbH, Leck

INHALTSVERZEICHNIS

GUTEN MORGEN ERST MAL! EIN VORWORT

Jeder kennt solche Sprüche, jeder hat den einen oder anderen schon gehört:

In der 8c sitzen lauter Trottel, insbesondere in Mathematik. Sagt der Mathematiklehrer.

Der Englischlehrer ist ein Schülerhasser, weil er dem Sohn bei einem angeblichen Schnitt von 4,52 die Note 5 im Jahreszeugnis gegeben hat. Sagt der Schülervater.

Mit dem arroganten Schulleiter kann man sowieso nicht reden, der hat den Überblick verloren und hält immer zu seinen Lehrern. Sagt die Schülermutter.

Die Schule unserer Kinder ist eine vorsintflutliche Anstalt. Sagen die Schülereltern.

Die Schüler sind alle Flegel, ohne sie wäre die Schule quasi ein Traum. Sagt der Hausverwalter.

Dem Physikpauker wünsche ich die Pest an den Hals, der versucht, mich fertigzumachen. Sagt die Schülerin.

Mann, die Zeit vergeht heute wieder mal gar nicht. Noch eine Doppelstunde Deutsch bei dem Langweiler. Sagen die Schüler der 10b.

Schon wieder so eine blöde Statistik, als ob ich sonst nichts zu tun hätte. Sagt der Schulleiter.

In der Schulordnung stehen ganz andere Dinge über die Wunderwelt der Schule. Da ist von hehren Bildungszielen die Rede und es wird den Eltern und Schülern ein wohlfeiles Gesamtsystem suggeriert, das bis ins Detail funktioniert.

Lehrpläne trumpfen sowieso mit anderen Inhalten auf. Die erzählen den ahnungslosen Außenstehenden von traumhaften Lernzielen und eleganten methodischen Wegen dahin. Pädagogische Zeitschriften schreiben über Dinge wie »Lernen dynamisch gestalten«, »Bildungspläne in Deutschland auf der Höhe der Zeit« und »moderne Lernkompetenzen und zukunftsfähige Optimierungsstrategien an weiterführenden Schulen«. Und wenn der Kultusminister und der Mensch von der Schulaufsicht sprechen, klingt alles nochmal anders, eher nach »sinnvollen Kontrollmechanismen«, »unabdingbaren Strukturreformen im Bildungswesen« und irgendwelchen sonstigen systemrelevanten didaktischen und methodischen Ansätzen und Regularien. Oder so ähnlich.

Was klafft da auseinander? Oder zunächst einfacher gefragt: Was ist eigentlich »Schule«?

Gut, da sind die Schüler, um die sich alles dreht, und um die es geht. Theoretisch.

Da sind die Lehrer, die sich um die »ihnen anvertrauten« Schüler kümmern und ihnen den Lernstoff vermitteln sollen. Und ein bisschen mehr.

Da sind die Eltern, die das schulische Treiben im Hintergrund beobachten. Oft zu Recht skeptisch.

Wer ist da noch? Nun, da sind der Schulleiter, die Stellvertreter des Schulleiters, das Sekretariat, der Hausverwalter, die Reinigungskolonne. Na ja, und da ist das Schulhaus selbst, der Schulhof, eventuell die Schulkantine, da sind die Schulbusse.

Das alles soll sich irgendwie zusammenfügen zu einem großen Ganzen, zum zauberhaften Gebilde »Schule«. Sechzehnmal in sechzehn Bundesländern der Bundesrepublik Deutschland, manchmal ähnlich, manchmal parallel, manchmal einzigartig, manchmal anachronistisch. Theorie und Wirklichkeit, Postulat und Alltag, Ideal und Trivialität. Landauf, landab.

Doch wir brauchen uns nichts vorzumachen. Hinter der ersten Wahrheit steckt immer eine zweite und vielleicht sogar noch eine dritte. Das gilt für fast alles im Leben und für »Schule« in besonderem Maße. Und darum soll es in diesem Buch gehen.

Was steht nur auf dem Papier oder wird in wohlfeilen Worten verkündet und was ist die Realität von »Schule« heute? Was ist die wirklich »wahre« Schule, so wie sie täglich all überall abläuft? Wie klaffen Anspruch und Wirklichkeit auseinander? *»Live aus dem Klassenzimmer«* spiegelt in Spotlights, Szenen und Kommentaren die Schule von heute wider, demaskiert sie in mancher Hinsicht als Anachronismus und präsentiert Ideen, wie so einiges an unseren Schulen ganz anders laufen könnte.

Eine Warnung sei vorausgeschickt: Wer politisch sehr korrekt und gendermäßig penibel ist und Klischees nicht ausstehen kann, der wird beim Lesen vielleicht nicht immer die reine Freude haben. Für alle anderen geht sie jetzt los, die Achterbahnfahrt zwischen ernst und heiter, wichtig und peripher, seltsam und selbstverständlich. Nicht ohne den Hinweis, dass mit »Lehrer« und »Schüler« selbstverständlich immer auch »Lehrerin« und »Schülerin« gemeint sind.

WARUM SIND DIE FERIEN EIGENTLICH IMMER SO KURZ?

Der Schulanfang und die Aufnahme in eine Schule sind im Grunde etwas Positives. Sie beinhalten Erwartungshaltungen und Perspektiven. Sie sind verbunden mit dem Versprechen auf erfolgreiches Lernen, auf eine neue Klassengemeinschaft in einer sozialintegrativen und humanen Schule, auf fortschrittliche Pädagogik. Eigentlich. Das ist nicht immer die Wahrheit und bereits am ersten Schultag können selbst Unbedarfte und Optimisten Zweifel ereilen, worauf sie sich in der Schule von heute einlassen. Vielleicht auf die Schule von gestern? Deshalb:

1. Schulanfang – Variante 1

Der Tag des Schulanfangs hängt in Deutschland vom jeweiligen Bundesland ab, aber irgendwann im August oder September ist es so weit: Der erste Schultag steht ins Haus.

Für die Kleinen, die in die Grundschule kommen, wird dieses lebensbestimmende Ereignis harmonisch abgefedert. Sie hatten schon Schnupperunterricht, in dem viel gesungen, getanzt und gespielt wurde. Also kann alles nicht so schlimm werden, eher wie im Kindergarten. So denken die etwas Naiven unter ihnen und diejenigen, die keine älteren, über die Schule maulenden Geschwister haben.

Der erste Schultag beginnt für die Kleinen meist um etwa neun Uhr. Zu diesem Zeitpunkt steckt der Rest der Schüler mitten drin im Schlamassel und hat erste Déjà-vu-Erlebnisse hinter sich.

Die Kleinen sind neugierig und gespannt, dann geht die Show los. Ein paar der letztjährigen Erstklässler singen ein notdürftig eingeübtes Liedchen, die Neuen erhalten irgendein komisches, selbstgebasteltes Geschenk. Eine nette Tante geleitet die Kleinen in ihr neues Zuhause, das bunte Klassenzimmer, über dem ein Band mit Buchstaben hängt, auf dem »Her lich Will ommen« steht, weil das z und das k schon heruntergefallen sind. Aber egal, die wenigsten der Kleinen können schon richtig lesen. Nur die Kinder der Turbo-Eltern können das und lauern in der Pole Position. Die Eltern dürfen alle mit ins Klassenzimmer, um die heimelige Atmosphäre zu unterstreichen, die auf gegenseitigem Vertrauen und Bla Bla Bla basiert, wie ein salbadernder, offensichtlich wichtiger Herr kundtut.

»Das ist der Schulleiter«, flüstert Herr Möhlmann seinem Ferdinand zu. Der schaut entgeistert. Der Schulleiter ist ihm vollkommen wurscht, vielmehr interessiert ihn der Inhalt seiner Schultüte oder »Zuckertüte«, die er in den Händen hält und die fast so groß ist wie er selbst. Das scheint allen neuen Schulkindern so zu gehen. Die politisch unkorrekt »Zuckertüte« genannte »Tüte« enthält natürlich neben Spielzeug, Stiften und sonstigem Krimskrams tatsächlich allerhand ungesundes Naschzeug und ist jährlich den Marketing-Strategien der Süßwarenkonzerne unterworfen, die stets aufs Neue den Versuch machen, ihre kalorienreichen Leckerlis den Eltern der neuen Erstklässler anzudrehen. Das gelingt problemlos, was die Herren von Ferrero, Milka und Co. mächtig freut. Man sieht es an ihren Gesichtern, wenn sie im September auf ihre Charts schauen. Das eher miese

Juli- und Augustgeschäft mit all den Kinderschokoladen und Gummibärchen wird zum Schulbeginn kompensiert. Für die Kleinen aber ist die Schultüte eine Mogelpackung, die symptomatisch für das kommende Schulleben steht. Das ahnen zu diesem Zeitpunkt nur die Allerhellsten unter ihnen oder eben diejenigen, die ältere Geschwister haben, die daheim beim Mittagessen entsprechende Horrorgeschichten aus der Welt der Schule erzählen.

Der erste Schultag ist bald wieder zu Ende. Die nach den Willkommensgrüßen aus dem Klassenzimmer komplimentierten Eltern nehmen ihre Kleinen nach zwei Stunden Wartezeit auf dem öden Schulhof wieder in Empfang und plappern Sachen wie: »Gell, war doch schön, oder?« und »Das ist doch eine nette Lehrerin, die ihr da habt?« oder »Na, jetzt freust du dich bestimmt auf morgen?« Das klingt höchst verdächtig und spätestens zu diesem Zeitpunkt ahnen auch die nicht so Hellen, dass irgendetwas an der Sache nicht stimmt, ja oberfaul ist. Aber was nun genau? Egal, erst mal die Schultüte leeren und mit Mama oder zunehmend häufiger dem in diesem Fall gleichberechtigten Papa im Schreibwarengeschäft an der Ecke so allerhand schulischen Krimskrams kaufen, der irgendwie nötig erscheint, sich später aber zu 70 Prozent als vollkommener Blödsinn herausstellt, der nie gebraucht wird. Zum Mittagessen gibt es am ersten Schultag das Lieblings-Happy-Happa-Chicken-Nuggets-Menü mit Pommes oder Nudeln in roter Tomatenpampe. Und ein großes Eis.

Alles fein so weit. Also ist zu diesem Zeitpunkt am ersten Schultag noch nicht so völlig klar, was eigentlich abläuft. Eine kurzweilige Verarsche? Eine gute, neue Show mit lauter netten Leuten? Der Ernst des Lebens? Man wird sehen.

2. *Schulanfang – Variante 2*

Bei den Neulingen an den weiterführenden Schulen sieht der Schulanfang schon anders aus. Wie alt sie sind beim Eintritt in eine Mittelschule, eine Realschule, ein Gymnasium, oder was es da sonst noch so gibt in der bunten deutschen Welt der Schule, das hängt vom jeweiligen Bundesland ab. Mal nach der vierten Grundschulklasse, mal erst später. Viele der Neulinge an den weiterführenden Schulen sind um die zehn oder zwölf Jahre alt. Die ersten Jahre des schulischen Realitätsschocks haben sie bereits hinter sich, sie haben Routinen und Strategien entwickelt, um in diesem Szenario zu überleben. Und trotzdem: Jetzt kommt eine andere Schule, da weht unter Umständen ein rauerer Ton. Ein gewisses Unbehagen lässt sich nicht abstreiten, auch wenn manche der Neuen recht souverän auftreten. Andere hingegen drücken sich noch eher zögerlich in die Ecken des Schulgebäudes oder hängen Schutz suchend an den Eltern. Um diese Befindlichkeiten weiß natürlich auch das qualifizierte Personal der neuen Schule und greift in die Trickkiste. Im heruntergekommenen Mehrzweckraum der Schule sitzen und stehen die neuen Schüler, ihre Eltern und ein paar Lehrer dicht gedrängt und schauen feierlich erwartungsvoll. Dann haut der Musiklehrer in die Tasten des verstimmten kleinen Klaviers. Die Schüler einer sechsten Klasse singen zaghaft ein Liedchen, das sie schnell noch einstudiert haben. Selbstverständlich tritt sodann der Herr Direktor auf, dem man anmerkt, dass er nicht so genau weiß, wie er den richtigen Ton treffen soll. Er liest in etwa Folgendes von einem kleinen Zettel ab, versucht aber immerhin, ab und zu aufzuschauen und dabei dumm in die Menge zu grinsen:

»Liebe Schülerinnen und *äh* Schüler, und natürlich auch *äh* werte Eltern, ich möchte euch und Sie, oder Sie und euch, *haha*, alle sehr herzlich an der Albert-Kruckenhauser-Realschule begrüßen. Ich darf mich kurz vorstellen: Mein Name ist *äh* Robert Rumpler, und ich bin der *äh* Schulleiter. Für euch, liebe *äh* Schülerinnen und Schüler, beginnt jetzt ein ganz neuer Abschnitt in eurer Schullaufbahn, überhaupt in *äh* eurem Leben, und ihr seid sicher schon recht gespannt, wie die neue Schule *äh* aussieht und was alles *äh* geschieht. Nun, ich sage euch kurz mal, wie es in dieser Woche aussieht, *äh* nicht aussieht, sondern weitergeht.

Es werden euch gleich nun oder *äh* nun gleich eure Klassenleiter und Klassenleiterinnen namentlich aufrufen und ihr geht dann mit diesen mit in ein *äh* Zimmer. Begleiten werden euch auch eure *äh* Dings, die Tutoren, die mit euch dann eine Schulhausführung machen werden. Um 11:15 Uhr ist für heute ausnahmsweise *äh* Schulschluss. Ist das nicht fein?

Ab morgen jedoch und aufgemerkt, gilt dann schon der normale *äh* Stundenplan, den ihr von eurem Klassenleiter bekommt. Eure Tutoren veranstalten für euch zudem eine *äh* Schulhausführung, damit ihr gleich, na ist doch *äh* logisch, das Schulhaus gut kennenlernt.

Was sind *äh* Tutoren, werdet ihr euch vielleicht fragen. Nun, Tutoren sind *äh* Schüler aus höheren Klassen, die sich um euch kümmern, die euch betreuen und euch helfen, die mit euch zusammen auch mal was organisieren, also zum Beispiel …, aber das werden sie euch selbst erzählen.

So weit von meiner Seite. Also, ich wünsche euch noch mal viel *äh* Spaß und vor allem viel Erfolg an unserer Schule. Ich hoffe, ach was, denke, es wird euch allen *äh* gut gefallen. Und nicht vergessen: spätestens ab morgen müsst ihr dann tüchtig arbeiten, *ha ha,* ja? Alles klar?«

Die Neuen schauen den wirren Herrn da vorne dumm an. Sie interessiert sein Gerede nicht die Bohne. Sie tappen mit ihren Leidensgenossen und dem Klassenleiter in ihre Klassenzimmer. Um 11:15 Uhr ist am ersten Schultag ausnahmsweise schon Schluss, man will die Kleinen ja nicht überfordern. Die Auftaktveranstaltung, die erste Schulstunde und damit dieser Schuleinstieg, sind geschafft.

Wer genauer hinschaut, bemerkt, dass die kleine Rede den Schulleiter ziemlich angestrengt hat. Oder ist es die Hitze im Saal? Jedenfalls wischt er sich den Schweiß von der Stirn. Im Büro zu sitzen, ist doch bequemer, auch wenn er immer behauptet, gerne unter den Schülern und Lehrern zu sein. Ein paar Lehrer stehen noch herum und rollen mit den Augen. Schulleiter gehören nicht zwangsweise zu den begnadetsten Rednern unter der Sonne. Aber das ist keine neue Erkenntnis. Die Rhetorik der Schulleiter wird Schülern, Eltern und Lehrern in regelmäßigen Abständen im Schuljahr landauf, landab noch auf den Geist gehen.

3. Schulanfang – Variante 3

Neben den Tagen für die Newcomer gibt es noch den ersten Schultag des Schuljahres für die älteren Schüler. Die sind überwiegend versierte Haudegen und keiner kann ihnen mehr etwas vormachen. Sie haben das ganze pädagogische und fachspezifische Gerede oft genug über sich ergehen lassen. Sie wissen, was auf sie zukommt. Aus ihrer ersten Unterrichtsstunde des neuen Schuljahrs kann man eine ganze Menge über das Zusammenspiel von Schülern und Lehrern lernen und erkennen, warum es einmal klappt und einmal nicht.

Vor ein paar Minuten standen die Schüler alle noch vor dem Schulgelände. Viele rauchten eine Zigarette. Nach den großen Ferien gilt es, ein Zeichen der Coolness zu setzen, und seine Stellung in der Hackordnung gleich am Anfang des neuen Schuljahres deutlich zu machen. Nicht allen Schülern gelingt das. Die Neuen, die Kleinen stehen verunsichert herum und werden von den Älteren im Vorbeigehen registriert. Das Unbehagen über die Schule ist ihnen anzumerken. Manche wollen sich nicht von ihren Freunden oder Eltern trennen. Doch dann kommt der Gong und alle traben mehr oder weniger langsam ins Gebäude, in ihre Klassenzimmer.

Dort lauten die Aussagen wie folgt:

»Mann, ich bin gespannt, welchen Knaller wir dieses Jahr als Klassenleiter bekommen. Der Baumüller ist ja weg. Ist jetzt Konrektor an der Pestalozzi-Schule.« Tobias steht im Kreise seiner Kumpels der 10a, eine der kompliziertesten und gefürchtetsten Klassen der Schule.

»Schade eigentlich. Der hatte zwar ab und zu auch ein Rad ab. Aber man wusste, wie man bei ihm dran war. Und ein Schülermörder war er auch nicht.« Philip schaut etwas skeptisch drein. Er scheint seinem alten Klassenleiter nachzutrauern.

»Ach, hör auf, der Baumüller war doch auch so ein langweiliger Beamtenarsch. Jetzt ist er Konrektor. Wenn ich das schon höre. Ein doofer Langweiler. Bin froh, dass der weg ist«, bemerkt Lisa mit trotzigem Gesichtsausdruck.

»Mir hat er in Mathe noch eine Fünf reingehauen«, schiebt Dany nach.

»Da biste selbst schuld, bist ja auch ein fauler Hund«, grinst Osman. »Ich konnte mich über den nicht beklagen. Im Zweifelsfall hat er mir immer die bessere Note gegeben.«

»Weilste nen Migrationshintergrund hast, du Saftnase«, frotzelt Silvia.

So stehen sie alle herum, die 26 Schüler und Schülerinnen der 10a und harren der Dinge. Gleich würde die Klassenzimmertür aufgehen und ein Lehrer oder eine Lehrerin würde hereinkommen – und der oder die würde maßgeblich über die Lebensqualität der 10a in diesem Schuljahr entscheiden. Ein Neuer, den sie einwickeln konnten? Ein Softie, mit dem sie machen konnten, was sie wollten? Ein harter Hund, der den Kampf mit dieser Truppe aufnehmen würde? Ein erfahrener Alter, der sie zumindest gesichert durch die Prüfungen bringen würde? Ein Stinkstiefel, der immer gleich die gelbe Karte ziehen würde? Oder so eine verquatschte Mama, die sich mit Geschichten über Gott und die Welt anbiedern würde?

Die Schülerinnen und Schüler der 10a kennen sie alle, diese Lehrertypen. Sie selbst sind als Individuen durchaus zu ertragen, ja meist sogar höflich und brav. Aber wehe, wenn in der Klasse die gruppendynamischen Prozesse und das Imponiergehabe durchbrechen oder eine Lehrkraft mit zögerlicher Körperhaltung oder zu sanfter Ansprache ihre Beißhemmung löst. Dann geht es los. Versteckte und offene Fouls, Arbeitsverweigerung, verbale Aggressionen sind in der 10a an der Tagesordnung. Das Endergebnis war über die Jahre fast immer dasselbe: ziemlich miese Zeugnisnoten, viele Wiederholer, maulende Eltern, frustrierte Lehrer. Die jetzige 10a ist bei den Lehrern seit Jahren gefürchtet und Schulleiter Rumpler schickt meist nur seine erfahrensten und rustikalsten Lehrer zu dieser üblen Truppe.

Drei nach acht. Immer noch keine Lehrkraft da.

»Traut sich wohl keiner zu uns herein«, frohlockt Paul. »Ich denke, die haben alle Schiss.«

»Na, jetzt übertreib mal nicht so. Sehen wir es realistisch. Wenn die nur wirklich wollen, kriegen die uns doch in kürzester Zeit klein, oder nicht?«, meint Dorotea.

»Und außerdem haben wir am Ende dieses Schuljahres Prüfungen. Da sollten wir uns ein bisschen anstrengen und nicht ständig auf Krawall machen«, assistiert Markus.

»Also Freunde, schauen wir mal, wer kommt. Vielleicht haben wir Glück«, wirft Julia ein. »Jedenfalls habe ich keine Lust, mir mit ständigem Krakeelen die Noten zu versauen.«

Die Schülerinnen und Schüler der 10a stehen im Klassenzimmer herum und quatschen über Ferienerlebnisse, Justins neue Frisur, Rogers Waschbärbauch, Connys neuen Freund

und die letzten Bundesligaergebnisse. Plötzlich geht die Tür auf.

»Ach du Scheiße, der Mathe-Meyer! Jetzt gehören wir der Katz.« Der Schrecken über den Lehrer steht den Schülern der 10a ins Gesicht geschrieben.

»Das kann ja heiter werden«, murmelt Tobias.

»Ich werd verrückt«, brummelt Conny.

»Morgen, die Herrschaften.« Der Mathe-Meyer, oder eigentlich Konrektor Matthias Meyer, steht groß und mächtig vor der Klasse 10a, lässt erst den Blick schweifen und fixiert dann die Schüler. »Setzen«, sagt er mit ruhiger, fester Stimme. Die Schüler setzen sich und schauen nach vorn. Sie wissen, dass sie eine natürliche Autorität vor sich haben. Sie wissen auch, dass sie in diesem Jahr in Mathe etwas lernen würden, denn der Mathe-Meyer ist nicht nur für seine konsequente Haltung, sondern auch für Unterricht auf hohem Niveau bekannt. »Also, dann erst mal ein paar Formalitäten, ihr kennt das ja. Du da«, er zeigt auf Frederik, »schreibst mir einen Sitzplan. Zügig und leserlich. Klar? Währenddessen gehen wir zusammen die Namensliste mit allen Details durch.« Stille im Raum. Die 10a ergibt sich in ihr Schicksal. Widerspruch zwecklos, das ist allen klar. Der Mathe-Meyer fährt sein Notebook hoch, schließt den mitgebrachten kleinen Beamer an und projiziert den Stundenplan der 10a auf die weiße Fläche neben der Tafel. »Schreibt euch das ab. Fünf Minuten Zeit.«

Klare Ansage. Die Schüler pinseln gehorsam den Stundenplan ab und schauen erwartungsvoll. Immerhin, der Mann ist trotz seines fortgeschrittenen Alters technisch up-to-date. Respekt. Mathe-Meyer hat einen ersten Pluspunkt für sich verbucht. Mit verstohlenen Blicken versuchen sich die Schüler gegenseitig zu signalisieren, dass vielleicht doch alles gar nicht so schlimm sein würde. Ein guter Lehrer ist er ja, das ist an der Schule wohlbekannt. Plötzlich geht die Klassenzimmertür wieder auf, diesmal sehr langsam und vorsichtig.

Herein tritt, nein tappst, ein junger Mann mit wirrem Haar und hochrotem Gesicht. Er wirkt leicht schmuddelig. Und er trägt einen Rucksack. Die Schüler schauen sich an. Wer ist denn das nun wieder?

»Ah, vielen, vielen Dank, Herr Meyer, dass Sie mich diese Stunde vertreten haben. Ich hab' das total verschwitzt. Erste Stunde Dienstag Klassenleiterstunde. Ist ja klar. Dass ich das nicht gecheckt habe! Und dann noch der Stau. Also danke nochmal. Puh, bin ganz schön geschafft.«

»Keine Ursache, Herr Kollege. Wir haben das alles unter Kontrolle. Viel Spaß weiterhin.«

Mathe-Meyer nickt der Klasse kurz zu und verlässt den Raum. Die Schüler der 10a wissen nicht so recht, was sie von der neuen Lage zu Schuljahresbeginn halten sollen. Einerseits ist es vielleicht besser, wenn sie nicht den Mathe-Meyer haben, weil der so streng ist. Andererseits hätte man bei ihm bestimmt etwas gelernt und einen guten Abschluss gemacht. Und jetzt steht da vorn ein neuer Komiker.

»Hallo Leute! Guten Morgen erst mal. So, also dann, die 10a! Ist doch die 10a, hab ich richtig drauf, oder? Okay. Alles klar. Ich bin euer neuer Englischlehrer. My name is Johann Pollinger.« Der Neue steht am Pult und blickt leicht verwirrt in die Klasse, als ob er selbst nicht so richtig glauben kann, dass er sie nun unterrichten soll. Er setzt sich etwas umständlich auf das Lehrerpult und kramt ein paar Dinge aus seinem Rucksack.

Die Schüler der 10a mustern den Neuen. Was ist denn das für einer? Vielleicht ein Referendar im Unterrichtseinsatz oder so ein Junglehrer-Fuzzi. Ein bisschen komisch, der Auftritt. Mal sehen, wie der Typ sich so geben würde. Die Profis unter den Jungs werfen sich fragende Blicke zu, die besagen »Schaun wir mal, im Zweifelsfall kriegen wir den schon in den Griff«. Schließlich haben sie bisher schon alle klein, *äh*, in den Griff bekommen. Einige der Schülerinnen blicken sich ebenfalls an und denken »Na, der ist ja putzig«.

»Also Leute, erst mal Folgendes, bevor wir so richtig loslegen. Man hat mir gesagt, dass ihr eine Laptop-Klasse seid. Gut so. Da sind wir auf einer Linie. Hefte könnt ihr weitgehend vergessen, die brauchen wir nur selten, wenn überhaupt. Wir machen dieses Jahr fast alles multimedial, ihr habt schließlich eure Laptops oder iPads. Bin froh, dass ich in so einer modernen Klasse unterrichten darf. Anyway. Aufgaben bekommt ihr alle über eure E-Mail-Adressen. Ihr könnt die zu Hause checken und bearbeiten. Dann schickt ihr mir die Lösungen zu, ich maile zurück. That's the way it goes. Aber keine Bange, ich geb nicht zu viel Hausaufgaben auf, okay?«

Die Schülerinnen und Schüler der 10a schauen sich an, ein bisschen skeptisch und erstaunt. Aber gut. Wenn das so läuft.

»Sagen Sie mal, was geben Sie außer Englisch noch?«, fragt Tobias.

»Good question. My subjects are English and History. With you it's English.«

Aha.

»Here we go«, ruft der Neue nun, während er, genau wie vorhin der Mathe-Meyer, Laptop und Beamer installiert. »Just a second.«

Die Schüler sind gespannt. Auf keine Tradition ist mehr Verlass. Zwar sind sie tatsächlich eine moderne Laptop-Klasse, aber da ist in ihren Augen vieles nur Schall und Rauch. Eigentlich haben sie erwartet, dass ein paar von ihnen erst mal gemächlich Kreide beim Hausmeister holen müssen. Sie haben vorsorglich alle Restbestände aus dem Fenster geworfen, um Zeit zu schinden. Und die Kreideholer haben sich darauf gefreut, noch eine auf der Toilette zu rauchen. War wohl nichts.

Und jetzt gehts tatsächlich los, der Neue wirft den Turbo an. Englische Vokabeln irgendeiner komischen, offenbar selbst erfundenen Story fliegen von allen Seiten auf das

Whiteboard, Bubbles füllen sich mit Wörtern, eine Dialogszene wird eingeblendet, ein Rennauto crasht sinnentleert an eine Wand. Wumms.

»So then, over to you,« kräht Pollinger, von sich selbst und seinem Treiben angefeuert. Zwei Schüler sollen zum Gezeigten einen Transferdialog zum Besten geben.

»Hä? Was ist los? Äh, sorry, what?«

Hat der Clown da vorn ein Rad ab? Wie sollen sie nach diesem mehrminütigen Medienspektakel jetzt einfach mal einen Dialog aus dem Ärmel zaubern? Denkt der etwa in seiner Einfalt, sie können Englisch sprechen, wo sie doch drei Jahre die doofe Neumeierin in Englisch hatten, die nur immer Übungen abarbeitete und ihren Englischunterricht fast ausschließlich auf Deutsch hielt? Die Schüler der 10a schauen sich erneut fragend an. Was jetzt? Sie sind zwar von den IT-Künsten des Herrn Lehrers beeindruckt, haben aber inhaltlich so gut wie nichts verstanden. Und sich auf Englisch artikulieren können sie sowieso seit Jahr und Tag nicht.

Kevin reißt die Initiative an sich. »Äh, sagen Sie mal, müssten wir nicht erst mal ein paar Dinge besprechen? So über das Schuljahr, über organisatorische Dinge, über die Englischstunden und so ...?«, ruft er nach vorn.

»In English, please«, ruft Johann Pollinger. Das ist ein großer Fehler.

»Gehts noch? Wie sollen wir denn wissen, wie sowas auf Englisch heißt? Wir können doch eh kein Englisch. Sprechen schon gar nicht.« Die Klassenkameraden feixen.

»Genau. We not speak English«, schreit Dany.

»Yes, I can«, brüllt Philip. »But can you speak German?«

Gelächter.

»Listen, first we do some English, then we talk about the coming school term.« Johann Pollinger steht zögerlich am Pult. Seine Körpersprache signalisiert Verunsicherung. Murren und Gebrummel in der Klasse, dann die Eskalation.

»Ich denke, Sie haben gar keine Ahnung. So fängt man

doch kein Schuljahr an. Sie kennen uns ja gar nicht. Und von der Schule wissen Sie auch nichts. Und außerdem sind Sie zu spät gekommen.«

»Jetzt reichts«, brüllt Pollinger, nun auf Deutsch. »Ihr seid ja die allerschlimmsten Pedanten!«

»Besser Pedanten als Anfänger«, ruft Silvia. »Müssen wir Ihnen etwa erklären, wie Schule geht? Wir wollen nicht nur diesen neumodischen Krampf, auch wenn wir uns Laptop-Klasse nennen dürfen. Wir arbeiten trotzdem meistens mit dem Buch.«

Johann Pollinger wird bleich. Kaum fünfzehn Minuten der Stunde sind vorbei und schon scheint alles verspielt. Er hatte sich so viel vorgenommen. Wollte ausgefahrene Geleise verlassen. Wollte den Schulterschluss mit den Schülern. Wollte ihr Partner sein. Jahrelang hat er studiert, hat das Referendariat mit großer Energie absolviert, hat sich vorgenommen, anders zu sein als andere Lehrer, besser, moderner. Und jetzt das! Er erstarrt. Die Schüler sitzen mit verschränkten Armen da und machen innerlich zu, wie man so sagt.

Pollinger sitzt hinter dem Pult, schluckt, sagt eine Minute nichts. Die 10a beruhigt sich. Der momentane Triumph verfliegt. Die Aggression legt sich. Die Klasse verstummt. Eine eigenartige Situation.

»Gut«, sagt Pollinger. »Zurück auf null. Fangen wir ganz vorne an.« Er nimmt ein Papier aus seiner Mappe. »Also, machen wir erst mal einen Sitzplan. Sagt mir mal eure Namen. Ich fange vorne links an.«

Das neue Schuljahr hat für die 10a begonnen.

So in etwa sehen eher lapidare Episoden eines ersten Schultages aus. Ihnen kann man bereits einige schulische Erkenntnisse, zum Beispiel über tradierte Abläufe beziehungsweise Rituale und über das Rollenverhalten von Lehrern und Schülern entnehmen. Doch es gibt andere, schicksalhaftere und damit ernster zu nehmende Aspekte. Also zurück von der trivialen Basis zum Überbau, nämlich zum Thema:

4. *Aufnahme in die Schule*

Je nach Alter und Einschätzung der Leistung des Kindes können Eltern die Schule ihrer Wahl in diesem Land auswählen, oder? Tatsächlich ist das nur bedingt der Fall, denn es gibt ja sechzehn Bundesländer mit unterschiedlichen Schulsystemen und Lehrplänen, ein Luxus, den sich sonst kein Land leistet und der nirgends auf der Welt verstanden wird. Das könnte dem Bürger zwar egal sein, doch wenn sein Kind Pech hat, kann es Schaden erleiden. Das gilt besonders für die Aufnahme in eine weiterführende Schule. Dabei gilt es, zwischen Komplikationen innerhalb eines Bundeslandes und länderübergreifenden Ungereimtheiten zu unterscheiden.

Relativ glücklich dran sind die Eltern in Bundesländern, in denen bei der Aufnahme der Elternwille zählt. Das kann zwar schiefgehen, wenn sich herausstellt, dass die Leistungen des Kindes später nicht dem Niveau der weiterführenden Schule entsprechen, aber zunächst einmal gibt es beim Übertritt keine Hindernisse. Empirische Untersuchungen haben jedoch gezeigt, dass Eltern meist die richtige Entscheidung über die Schullaufbahn ihres Kindes treffen, überambitionierte Turbo-Eltern manchmal ausgenommen. Doch beim Übertritt in eine weiterführende Schule geht es oft komplizierter zu.

Manche Bundesländer pflegen ein eher anachronistisches dreigliedriges Schulsystem, das eventuell sogar nach der vierjährigen Grundschule die Laufbahnen der Kinder sortiert. Dort sind unter Umständen bestimmte Notenschnitte erforderlich, um auf eine Realschule oder ein Gymnasium gehen zu können. Ist es ein Wunder, dass manche Eltern mit

Kindern in der dritten Grundschulklasse frühzeitig beginnen, Amok zu laufen, um die erforderlichen Noten für ihre Sprösslinge einzufordern? Extrem leistungsorientierte Eltern sehen es oftmals als ihr Grundrecht an, massiven Druck auf die Lehrer der Grundschule auszuüben, um eine eventuell noch fehlende Note Zwei in einem Fach einzufordern, damit der Notenschnitt nicht ruiniert wird. In der vierten Grundschulklasse eskaliert die Situation mitunter bedenklich und Grundschullehrer berichten von impertinenter Einflussnahme von Eltern, denen es um die Zukunft ihrer Kinder geht, um späteren Aufstieg, Gehalt und Prestige. Es wäre ja tragisch, wenn man das Kind schon bei der Geburt am Gymnasium angemeldet hat und später feststellen muss, dass in Deutsch drei Zehntel zum Übertritt fehlen.

So geht es oft wild zu, wohlgemerkt bereits gegen Ende der Grundschule! Aber vielleicht hat dieses Verhalten ja mit der mangelnden »vertikalen Permissivität«, also der zu geringen Durchlässigkeit für angeblich schwächere oder sozial benachteiligte Kinder in diesem Schulsystem zu tun. Diese wird Deutschland immer wieder mal im Rahmen empirischer bildungspolitischer Untersuchungen zugeordnet. Soll im Klartext heißen: Kinder aus »bildungsferneren« Schichten tun sich mit dem Aufstieg schwerer.

Eine andere Sache ist es, wenn Eltern von einem Bundesland in ein anderes umziehen. Das geht – pauschal und bösartig formuliert – vom Süden in den Norden der Republik meist problemlos, sieht aber anders aus, wenn zum Beispiel ein Kind aus Bremen in Bayern in ein Gymnasium gehen will. Dann muss es damit rechnen, die Jahrgangsstufe zu wiederholen, um den Leistungsstand anzugleichen, was dem Kind andererseits vielleicht den Druck nimmt und ihm damit guttut.

Gegebenenfalls muss es eine Aufnahmeprüfung machen, um in die nächsthöhere Klasse zu gelangen. Die kann problematisch sein. Das kuriose Szenario dazu sieht zum Beispiel folgendermaßen aus: Irgendwann am Ende des Schuljahres wollen die Eltern – sagen wir provokant: aus Bremen – ihr Kind an einem Münchner Gymnasium anmelden. Der Münchner Schulleiter sieht das mit der gebotenen Skepsis und spricht mit den Eltern über fehlende Fächer und Noten, Nachholfristen und eine nötige Aufnahmeprüfung in Englisch und Mathematik. Die Eltern können das nicht recht einordnen, informieren sich über den Stoff, lassen sich Schulbücher mitgeben, die dem Schüler die Ferien zu versauen drohen. Der Schulleiter vergisst die Angelegenheit, weil er ganz andere planerische Sorgen hat. Hoffnungsvollerweise verläuft das Ganze im Sande. Eltern und Kind aus Bremen, ob das nach bajuwarischem Vorverständnis überhaupt gut geht?

Ein oder zwei Wochen vor Schulbeginn stehen die Eltern wieder beim Schulleiter auf der Matte, um ihr Ansinnen der Aufnahme zu unterstreichen. Der Schulleiter ruft notgedrungen den Mathelehrer und den Englischlehrer an und sagt ihnen, dass sie für eine Aufnahmeprüfung etwas zusammenstellen sollen. Deren Begeisterung ob dieser Zumutung in den Sommerferien hält sich in Grenzen und sie haben natürlich keinerlei Lust, etwas zu konzipieren, schon gar nicht etwas Singuläres für irgendeinen neuen Schüler aus einem anderen Bundesland. Sie kennen ja auch nicht dessen Wissensstand und Leistungsfähigkeit im betreffenden Fach. Also schustern sie irgendetwas aus vorhandenen Versatzstücken zusammen und der Schüler muss damit zurechtkommen. Das kann klappen, geht aber häufig schief und führt für den Neuling zu Frust, eventuell sogar bei Nichtbestehen der Aufnahmeprüfung schnurstracks in eine niedrigere Jahrgangsstufe. Damit ist der Schulstart schon misslungen.

Deshalb ist betroffenen Eltern nur zu raten, sich in Fällen einer Aufnahmeprüfung, wo auch immer, nie auf vage Aussagen einzulassen, sondern genau den Stoff abzusprechen, die bisherigen Lehrpläne und deren Erfüllung zu dokumentieren, Gespräche mit der Schulleitung genau zu protokollieren, sich nicht abspeisen zu lassen und eine genaue Stoffeingrenzung zu fordern. Die Aufnahmeprüfung muss dem Schüler in Relation zum Wissenstand eine faire Chance ermöglichen. Der aberwitzige Luxus von sechzehn verschiedenen Lehrplänen darf nicht auf dem Rücken des einzelnen Schülers ausgetragen werden. Ein eher seltener Fall? Das mag sein, aber er ist ein Indikator für die Ungereimtheiten im Schulsystem.

EIN NOTWENDIGES ÜBEL: DIE SCHÜLER

Kaum zu glauben, bei all dem unaufhörlichen und wichtigtuerischen Gerede und Geschreibe über Schule, aber im Mittelpunkt der Schule steht tatsächlich der Schüler selbst. Oder ist das etwa nur ein gebetsmühlenartig wiederholtes Postulat?

5. Ein Blick zurück

Wenn es »Schülertypen von heute« gibt, dann muss es ebenso welche »von gestern« gegeben haben, oder? Es stellt sich die Frage, ob die Schüler früher wirklich anders waren, ob sie den heutigen ähnlich waren oder ob beide letztendlich gleiche Verhaltensweisen zeigten? Die Betrachtung, so steht zu erahnen, hängt immer von der Zeit ab, in die die jeweiligen Schüler eingebettet waren oder sind, und damit von der situativen Bindung.

Bereits im Altertum beklagten sich Gelehrte darüber, dass es mit der Erde abwärtsgehe und dass Kinder ihren Eltern nicht mehr folgten. Griechische Philosophen kritisierten das Verhalten der Schüler gegenüber ihren Eltern und Lehrern. Sie sagten, dass die Jugend den Luxus liebe und schlechte Manieren habe, Autoritäten verachte und keinen Respekt vor dem Alter zeige, dass die Jugendlichen ihren

Eltern widersprächen und die Lehrer tyrannisierten. In Karthago stellte man fest, dass die Unverschämtheit der Lernenden maßlos sei. Angeblich beklagte sogar Shakespeare die zunehmende Verwahrlosung von Kindern und Jugendlichen. Er meinte, dass die Jugendlichen das Alter von zehn bis 23 Jahren besser verschlafen sollten, denn in dieser Zeit des Heranwachsens würden sie nur Unfug treiben.

Rücken wir an die Jetzt-Zeit heran: Was dachte die autoritätsgläubige bundesrepublikanische Nachkriegsgesellschaft über die hereinbrechende Welt des Rock 'n' Roll und später über das Verhalten der 68er-Generation? Im wirtschaftlich wieder erstarkten Land begehrten Jugendliche gegen das Establishment auf. Generationenkonflikte verschärften sich in Folge der unkonventionellen Verhaltensweisen der jungen Leute. Die Gesellschaft wurde liberaler, bunter, multikultureller und weniger bürgerlich. Das hatte zwangsläufig Auswirkungen auf Pädagogik und Erziehung, die sich mit neuen, komplexen Problemen konfrontiert sahen. Heute bewegen sich Jugendliche einerseits gerne in einer Spaßgesellschaft und in der digitalen Welt, sehen sich andererseits dem Druck des globalen Verdrängungswettbewerbs und damit erhöhter Leistungsorientierung und Anpassung ausgesetzt. Und so hat diese »neue« Gesellschaft wieder mit einer ganzen Reihe von pädagogischen und erzieherischen Herausforderungen umzugehen.

Über Schüler von heute wird vielfältig gemault, doch sie haben es trotz mancher Annehmlichkeiten nicht immer leicht und blicken in eine latent unsichere Zukunft. Und mit dieser Tatsache hat »die Schule von heute« ebenfalls massiv zu kämpfen.

6. Typische Schüler von heute

Da sitzen sie nun alle in ihren Klassen: Jana, Jessica, Hannes, Dominik, Luca, Frederik, Sebastian, Laura, Lucas, Elena, Emily. Und auch Alyssa, Moira, Berkan, Selim, Duy-Ann, Arjanita, Esteban und Meva sind gut integriert. Und Kevin, Jessica, Justin, René, Ronny, Mandy und Chantal sowieso. (Kleine Spekulation am Rande: Könnte es sein, dass die Namen etwas über die Schüler aussagen?) Unter ihnen sind gute, schlechte, mittelmäßige, faule, fleißige, gelangweilte, renitente, lernwillige, verschmitzte, desinteressierte, gutmütige, aufbrausende, freundliche, mürrische und sonst wie geartete Schüler. Sie sind, wie sie sind. Sie sind das Ergebnis von Erbfaktoren, Umwelt, dem menschlichen Umfeld, also Elternhaus, Schule und Peer Group. Mit allen muss die Schule, müssen die Lehrer zurechtkommen. Sie müssen diese Schüler möglichst optimal fördern, ihnen, so gut sie es können, individuell gerecht werden. Eine Herkulesaufgabe, gewiss.

Werfen wir einen Blick auf ein paar – zugegeben – plakative und doch typische Beispiele für Schüler von heute.

Justin könnte als Prototyp eines »normalen« Schülers von heute stehen. Er ist 16 und besucht die zehnte Klasse einer Realschule. Er will einen guten Abschluss machen und dann auf eine Fachschule gehen, damit er entweder studieren oder eine qualifizierte Berufsausbildung absolvieren kann. Im Unterricht fällt er nicht negativ auf, hat ordentliche Noten, bereitet weder Eltern noch Lehrern Kummer. Hat er überhaupt schon mal eine Fünf oder Sechs erhalten? Seine Hobbys Fußball und Soundtechnik stehen genauso für Normalität wie sein unspektakuläres Verhalten. Für Politik und Gesellschaft interessiert er sich nicht, komische Streiche sind ihm völlig fremd. Für sein Alter wirkt seine zielstrebige Attitude recht erwachsen.

Emily, 11, geht auf eine Mittelschule in einer Kleinstadt auf dem Lande. Sie bemüht sich, ist aber etwas langsam und verträumt. So haben ihre Leistungen nicht für die Realschule oder gar das Gymnasium gereicht. Das stört weder ihre Eltern, die bodenständig sind, noch sie selbst. Wichtig ist ihr, dass sie bei ihren Freundinnen bleiben kann, die ebenfalls keine Ambitionen haben und mit ihrer Schule hoch zufrieden sind. Sie hat nette Lehrerinnen, die ihr keinen Stress bereiten. Später will sie mal eine Ausbildung zur Friseurin oder Fachverkäuferin machen.

Hannes, 15, besucht ein Gymnasium und gilt als Streber. Er hat wenige Freunde in seiner Klasse. Aber seine Mitschüler schätzen ihn, weil er bereitwillig seine Mathe-Hausaufgaben abschreiben lässt. In Naturwissenschaften ist er eine Koryphäe und hilft manchmal sogar dem Studienreferendar in Physik, wenn der nicht weiter weiß. Sein Notenschnitt ist überdurchschnittlich. Hannes ist ein stiller Geselle, der seiner alleinerziehenden Mutter Freude macht, weil er seinen schulischen Weg problemlos geht. Ansonsten ist er ein Einzelgänger, der viel liest und sich zum Erstaunen seiner Klassenkameraden gerne in Museen herumtreibt. Er wirkt etwas freudlos.

Tamira, 17, die älteste Tochter einer russischen Auswandererfamilie, besucht eine Gesamtschule in einem Brennpunktviertel. Das Umfeld scheint ihr nicht immer gut zu tun, denn die Probleme häufen sich. Ihre Leistungen schwanken, tendieren aber eher nach unten. Ihre Eltern können ihr sowieso nicht helfen und kümmern sich auch nicht um sie. Sie selbst nimmt die Geschicke der Familie bei Behördengängen und ähnlichen Angelegenheiten wahr. In der Schule wurde sie schon zweimal mit kleineren Diebstählen auffällig. Sie hat Rückhalt in einer Gruppe gleichaltriger und gleichgesinnter Mädchen. Tamira lebt nur im Hier und Jetzt, eine Perspektive für später scheint sie nicht zu haben. Vielleicht ein reicher Freund?

Jessica, 16, ist das, was man gemeinhin eine Zicke nennt. Sie geht auf eine Gesamtschule, ist aber an schulischen Dingen null interessiert. Sie sitzt ihre Zeit ab, manikürt ab und zu ihre Fingernägel und schielt in schöner Regelmäßigkeit während des langweiligen Unterrichts auf ihr Handy oder quatscht mit ihrer Nachbarin. Alle Appelle der Lehrkräfte laufen ins Leere, sie grinst nur dümmlich zurück. Irgendwann ist ihren Lehrern auch alles egal und sie lassen sie vor sich hindösen und wursteln. Eine Zukunftsperspektive sieht sie nicht und wird sie danach gefragt, schaut sie einen kaugummikauend naiv an. Zumindest ist sie nicht aggressiv.

Das ist bei Sebastian, 14, der eine Hauptschule in der Großstadt besucht, anders. Er ist aufgrund seines frechen Benehmens und seiner vulgären Artikulation der Schrecken der Lehrer, aber auch vieler Mitschüler. Nur wenige in der Klasse halten zu ihm, die meisten gehen ihm aus dem Weg, weil sie seine Übergriffe fürchten. Mehrfach ist er polizeikundig geworden: Diebstähle, Schlägereien, Alkoholexzesse. Mit 14! Er scheint eine Menge älterer Freunde zu haben, die ihn mit allen möglichen Dingen verwöhnen. Stets hat er das neueste iPhone und hippe Kleidung. Die Schule geht ihm sonst wo vorbei. Seine Connections in eine zweifelhafte Außenwelt bedeuten ihm wohl alles.

Alyssa, 15, geht auf eine Realschule. Sie ist immer zu üppig geschminkt und schaut mehr in den Spiegel als auf andere. Sie neigt dazu, sich eher vulgär zu kleiden und kommt sich dabei wie eine kleine Femme fatale vor. Den Englischreferendar himmelt sie an, ja sie ist geradezu in ihn verknallt. Doch sie ist sich nicht sicher, ob der ihre Signale zu deuten weiß. Englisch ist deshalb das einzige Fach, in dem sie sich halbwegs Mühe gibt. Alle anderen schulischen Dinge erledigt sie eher lustlos, bringt sich aber im Schulchor ein, was ihr einen gewissen Kredit bei den Lehrern gibt. Irgendwie wird sie den Schulabschluss wohl schaffen, dann geht es aber erst mal nach Mallorca zur Party.

Lucas ist 14 Jahre alt und neu auf dem Gymnasium. In seiner Klasse ist er ein Außenseiter. Seine Eltern sind mit ihm erst zugezogen und er steht abseits. Die anderen scheinen sich alle zu kennen. Was schlimmer ist: Sie mobben ihn sowohl offen als auch versteckt. Verstehen kann er das nicht, denn er tut ja niemandem etwas Böses. Er sieht keine Möglichkeit, aus dieser Rolle herauszukommen und nistet sich immer mehr in seiner eigenen Welt ein. Diese ist, und manchmal macht ihm das selbst etwas Angst, nicht immer gedanklich gewaltfrei. Manchmal spielt er die halbe Nacht Monster- und Killerspiele. Am nächsten Tag ist er dann in der Schule völlig verschlafen und verträumt. Seine Eltern merken das nicht, denn sie arbeiten beide Vollzeit. So ist er tagsüber auf sich gestellt und sieht sie erst am Abend.

Moira, 13, besucht eine Gesamtschule in einem Ballungsgebiet. Sie ist ein fleißiges, aufmerksames Mädchen, das es jedem recht machen will. Sie ist eifrig in der Schule, kümmert sich daheim um den Haushalt, betreut oft ihre kleinere Schwester. In der Schule ist ihr Verhalten tadellos, ja fast schon zu angepasst und zuvorkommend. Wenn sie mal eine Note schlechter als eine Zwei erhält, ist sie geknickt und untröstlich. Sie fühlt sich dann als Versagerin. Dabei kommt der Druck gar nicht von ihrem Elternhaus. Das ist zwar immer auf Perfektion aus und von einer emsigen Emporkömmling-Attitude geprägt, doch artikuliert wird das nicht. Moira scheint das zu spüren, kann es aber nicht in Worte fassen oder gedanklich strukturieren. So wirkt sie für ihr Alter perfektionistisch, aber unglücklich. Emotionale Bindungen sind ihr fremd.

Torben ist 18 und geht in eine Fachoberschule. Die wird er mit einem Fachabitur abschließen, das ihm ein Studium ermöglicht. Seine schulische Laufbahn ist nicht ohne Knicke verlaufen und so musste er Klassen wiederholen und ist jetzt der älteste Schüler seiner Klasse. Clever wie er im Grunde ist, hat er inzwischen einen soliden Leistungslevel erreicht.

Er ist es gewohnt, sein eigenes Ding zu machen und wohnt allein. Seinen eher merkwürdigen Freundeskreis hat er außerhalb der Schule und er sucht keinen Kontakt zu seinen Klassenkameraden. Denen und auch seinen Lehrern gegenüber verhält er sich oft arrogant und spöttisch. An der Schule wird gemunkelt, dass er schon lange mit Drogen dealt und auch sonstige rätselhafte Einnahmequellen hat, aber man hat keine Beweise. Lehrer und Schüler fühlen sich jedenfalls wegen seiner latenten Aggression in seiner Gegenwart eher unbehaglich.

Diese Auswahl an verschiedenen Charakteren ist selbstverständlich keine Schülertypologie, sondern lediglich eine kleine, konkrete Auswahl an Schülern, die man beliebig um viele andere, die in den Klassen überall im Land sitzen, erweitern könnte. Sie alle haben ihre positiven Seiten, mal mehr, mal weniger. Sie alle haben ihre Ecken und Kanten. Sie arbeiten, sind mal faul, mal fleißig, sind intelligent oder weniger schlau, sind mal aggressiv, mal friedfertig. Völlig eindimensional gestrickte Schüler gibt es nicht, alle haben vielfältige Facetten, Talente und Macken, so wie alle Menschen. Alle diese Schüler sind das tägliche Brot unserer Lehrer und mit allen sollen und müssen sie in irgendeiner Weise umgehen.

Doch natürlich geistern auch ein paar Stereotype durch die bunte Welt der Schule. Gemeint sind Schülertypen, mit denen wir überwiegend bestimmte Fähigkeiten, Charaktereigenschaften und Wesenszüge assoziieren und solche, die konkrete, manchmal nicht selbst zu verantwortende Eigenschaften und Gruppenzugehörigkeitsmerkmale aufweisen. Werfen wir einen plakativen Blick auf einige dieser Schüler.

7. Musterschüler

Der Musterschüler ist der seltene Idealtypus eines Schülers. Er ist bei den Lehrern beliebt und macht ihnen das Schulleben leicht und angenehm. Er rettet dem Mathelehrer halbwegs den Notenschnitt in der von den meisten anderen Schülern verpatzten Klassenarbeit. Er bringt den Unterricht voran, wenn die anderen nicht mehr weiterwissen und alle Impulse der Lehrkraft im Sinne einer interaktiven Gestaltung versagen. Er hat immer die Hausaufgaben, die die anderen aus Faulheit oder Unvermögen nicht gecheckt oder gemacht haben. Er ist aufmerksam, belesen und fleißig.

Manchmal jedoch ist der Musterschüler ein Egoist und lässt die anderen nicht vor dem Unterricht abschreiben, um sein Wissen und Können nicht mit dem dummen Volk teilen zu müssen. Mit seiner Eins bei Klassenarbeiten verhübscht er zwar den Notenschnitt der Klasse, aber gleichzeitig ermöglicht er der Lehrkraft Blendwerk den Eltern und dem Schulleiter gegenüber, indem sie sagen kann: »Bitte, da schauen Sie her, die Aufgaben waren doch alle lösbar, sonst hätten der David und noch ein oder zwei andere das ja nicht rausgebracht. Also, was wollen Sie?« Damit bildet der Musterschüler mit der Lehrkraft unter Umständen eine problematische Allianz, wofür er selbstverständlich nichts kann. Die Lehrkraft freut es, denn ohne sein Brillieren wäre der Notenschnitt der Klassenarbeit eventuell unter 4,20 oder gar 4,50 gesunken. Der Schulleiter hätte gemurrt und die Arbeit vielleicht sogar einkassiert. So etwas liegt nicht im Interesse der Lehrkraft, die weiß, was sie am Musterschüler hat. Dafür drückt sie die Augen zu, wenn der Typ wieder mal endlos nervt, weil er die Hand schon immer oben hat und Lösungen anbieten will, während die anderen noch schauen und überlegen. Oft reicht es in solchen Situationen nur noch zu einem matten »Wart mal, David, ich weiß, dass du das weißt, aber ich muss halt auch mal einen anderen aus der

Klasse drannehmen«. Zu oft darf die Lehrkraft das nicht machen, sonst ist er beleidigt, der Musterschüler.

Später im Leben wird er Oberfinanzdirektor, Wirtschaftsboss, Institutsleiter oder aber ein blasser Technokrat, der vor seinen Computern hockt und irgendetwas optimiert. Vielleicht wird er auch nur ein angepasster Idiot. Es steht zu hoffen, dass er wenigstens sein soziales Leben in den Griff bekommt, denn wer will schon ständig mit einem geistigen Überflieger zu tun haben, der ansonsten einen eher spröden Lebensstil pflegt?

8. Durchschnittsschüler

Der Durchschnittsschüler steht exemplarisch für die problemlose Mehrheit der Schüler, für »die breite Masse«. Er muss jedoch nicht unbedingt ein langweiliger Typ sein. Ihn zu charakterisieren ist schwierig, weil er leistungs- und verhaltensmäßig weder besonders positiv noch negativ heraussticht. Er ist leistungsmäßig eher Mittelmaß, was nicht heißt, dass er in seinen Lieblingsfächern nicht mal gute oder sehr gute Leistungen erbringt, dafür aber in seinen Hassfächern immer wieder nur knapp an einer Fünf vorbeischrammt. Am Ende des Schuljahres passt notenmäßig alles und er rückt relativ problemlos in die nächste Jahrgangsstufe auf. Seinem Klassenleiter bereitet der Durchschnittsschüler beim Formulieren von Zeugnisbemerkungen manchmal Kopfschmerzen, gibt es doch nichts Spektakuläres zu berichten, was die leidige und zeitraubende Bemerkungsschreiberei, die in manchen Bundesländern noch populär ist, leichter gestalten würde. »Ein freundlicher Schüler mit wohlbefriedigenden Leistungen und durchschnittlicher Mitarbeit« steht dann da oder ähnliches Wischiwaschi.

Durchschnittsschüler sind im Klassenverbund gerne gesehen, kann man sich doch mit ihnen leicht identifizieren und solidarisieren. Sie sind verhältnismäßig oft in Sportvereinen aktiv, haben eine soziale Ader und neigen ab der Mittelstufe zum geselligen Treffen außerhalb der Schule. Diese nehmen sie sowieso nicht zu ernst. Viele von ihnen sind Kumpeltypen, haben ähnliche Interessen und man kann sich mit ihnen als Klassenkamerad gut über Fernsehen, Musik, Computerspiele, Software, soziale Netzwerke, den FC Bayern München und Borussia Dortmund austauschen und verbal raufen. Einer ihrer positiven Charakterzüge ist, dass sie keinem wehtun und sich bereits in jungen Jahren nach einem »Leben und leben lassen-Prinzip« verhalten. Die Stilleren und Introvertierteren unter ihnen fallen nicht weiter auf. Später besetzen sie – ebenfalls in wohlbefriedigender Weise – die Stellen in der Republik, die der Mittelschicht und unteren Mittelschicht adäquat sind. Sie werden Versicherungs- oder Bankkaufmann, Mechatroniker, Autoverkäufer, Makler oder manchmal Kneipier. Damit leben sie vergnüglich. Es sei denn, der FC Bayern München oder Borussia Dortmund verlieren. Dann beweisen sie, dass sie in der Sekundarstufe doch etwas über dialektisches Diskutieren gelernt haben.

9. Problemschüler

Ob wir wollen oder nicht: Jetzt wird es ernst, denn es geht um diejenigen, die Schule und Lehrer des Öfteren scheitern lassen. Sogenannte Problemschüler, die an Schulen bedauerlicherweise häufig das Geschehen dominieren, gibt es in vielerlei Varianten. Die Gruppe der Problemschüler ist inhomogen, was einerseits mit Leistung, andererseits mit Verhalten zu tun hat.

Manche unter diesen Schülern sind nicht leistungsbereit, andere wären es, halten jedoch den schulischen Anforderungen nicht stand. Es gibt demnach Leistungsverweigerer und

Leistungsschwache. Ihnen kann nur in einem differenzierenden Schulsystem wirklich geholfen werden. Das ist leider selten der Fall. Andere Problemschüler sind verhaltensauffällig, manche gar verhaltensgestört, oftmals ohne eigene Schuld. Es gibt nicht nur Manager, sondern auch Schüler mit Burnout-Syndrom und es gibt Schüler mit nachgewiesenen Lernauffälligkeiten. Lehrkräfte wissen um ängstliche Schüler und depressive, scheue und schlecht integrierbare. Die Anzahl derer, die mit Migrations- und damit auch Sprachproblemen zu kämpfen hat, steigt und wird sich zu einem veritablen Problem auswachsen, wenn nicht sehr zügig etwas geschieht. Hinzu kommen die hereindrängenden Flüchtlingskinder, die insbesondere sprachliche Hilfestellung benötigen.

Die wirklichen Problemschüler jedoch sind von einem anderen Kaliber. Damit sind diejenigen gemeint, die sich bewusst und gezielt aggressiv zeigen, konsequent den Unterricht stören, Lehrer und Mitschüler dauerhaft provozieren. Manche Problemschüler tendieren zu kriminellen Verhaltensweisen, manche toben sich im Cybermobbing aus, andere dealen mit Drogen und nehmen dabei nicht einmal den schulischen Bereich aus. Der Begriff Problemschüler umreißt ein weites, fast unüberschaubares Feld.

Es gibt keine heilen Schulen, auch wenn stromlinienförmige oder konfliktscheue Schulleiter dies immer wieder mal behaupten. Problemschüler existieren im Grunde an jeder Schule, egal wo, egal auf welchem Level. Sie bilden die Gruppe unter allen Schülern, die die meisten Energien bindet, die in vielfältiger Weise den Arbeitsrhythmus bestimmt, das schulische Leben dominiert, das Lernen der Gruppe verlangsamt oder regelrecht verhindert. Problemschüler fordern bewusst oder unbewusst Aufmerksamkeit ein und machen das schulische Miteinander schwierig. Es gibt Klassen, deren soziales Gefüge an Problemschülern zu zerbrechen droht, es gibt Lehrerkollegien, die an ihnen verzweifeln, und es gibt Brennpunktschulen, die unter ihnen unerträglich zu leiden haben. Jedenfalls sind sie die Verursacher einer Unzahl von alltäglichen schulischen Konflikten, die man als Außenstehender oft nicht erkennen, als Lehrkraft nicht handhaben kann.

»Jede Rohheit hat ihren Ursprung in einer Schwäche«, so heißt es. Ob die Problemschüler also selbst zufrieden oder gar glücklich mit ihrem Verhalten und ihrer jeweiligen Rolle im sozialen Gefüge sind, steht zu bezweifeln. Eher wahrscheinlich ist, dass sie selbst manchmal erheblich unter ihrem Verhalten leiden. Denn Versagen, Verhaltensauffälligkeiten und Aggressionen beruhen in der Regel auf gravierenden externen Ursachen, also zum Beispiel entwicklungspsychologischen Faktoren, Auffälligkeiten in der Familie, bewussten oder unbewussten Erziehungsfehlern, problematischem sozialem Umfeld, überbordendem Leistungsdruck, negativem Einfluss der Medien und sozialen Netzwerke. Die Frage ist nur, wie man ihnen helfen kann, um indirekt allen anderen Schülern zu helfen. Ohne externe Expertise, ohne das Engagement zusätzlicher Sozialpädagogen und Sozialarbeiter wird das nicht gehen.

10. ADSler, ADHSler, LRSler, Legastheniker, Dyslexiker, Dyskalkulierer, Burnoutler

An der Kategorisierung und am Umgang mit Schülern mit diesen Auffälligkeiten kann man sich wunderbar die Finger verbrennen und damit zum Hassobjekt der betroffenen Eltern und der entsprechenden Experten werden. Also nähern wir uns lieber vorsichtig, denn nur die Eltern von Kindern mit diesbezüglichen Symptomen und sehr wenige wirkliche Spezialisten wissen um die Komplexität und Brisanz dieser Dinge und können damit umgehen und Hilfestellung geben. Viele angebliche Experten mischen jedoch munter mit – und verdienen dabei.

Darf man Schüler mit diesen zunächst kryptisch erscheinenden Diagnosen beziehungsweise Verhaltensauffälligkeiten überhaupt den Problemschülern zuordnen, ohne sie zu diskreditieren? Offenkundig ist, dass sie sich nicht eindeutig normieren lassen und besondere Aufmerksamkeit erfordern. Das bindet Energien und ist mit großen Klassen und zu wenigen Lehrkräften nicht zu bewältigen.

Was oder wer genau diese Schüler sind, das ist selbst unter Pädagogen nicht immer klar. Die Bezeichnungen ADHSler, Legastheniker, Dyskalkulierer und so weiter spuken in den Köpfen herum. In den Lehrerzimmern der Nation wird über diese Kinder geredet, doch letztendlich weiß keiner etwas Genaues. Gut, es gibt Atteste schreibende Schulpsychologen und in den Kollegien sogenannte Experten, die irgendwann mal eine eintägige Fortbildung zum Thema besucht haben und so tun, als ob sie sich von da an mit diesen Schülern wirklich auskennen. Das ist natürlich grober Unfug, aber selbst wenn das so wäre: Wie können sie denn etwas bewirken, wenn es in jeder Schulklasse ein paar dieser Schüler gibt, ein paar unter den anderen 20 oder 25 oder sogar 30? Wie sollen sie ihnen gerecht werden, wenn eine Differenzierung aufgrund der Rahmenbedingungen gar nicht möglich ist? Nirgends wird so viel gegaukelt wie bei den Themen ADHS, Legasthenie, Dyslexie etc., zumindest an den allgemeinbildenden Schulen. An Förderschulen und dergleichen mag das anders sein, aber diese kommen ja in einigen Bundesländern zunehmend unter Druck.

Wie sehen aber simplifizierte Basisdefinitionen für diese Schüler eigentlich aus?

Ein ADSler ist ein Schüler mit einem Aufmerksamkeitsdefizit-Syndrom. Bei einem ADHSler kommt ein hyperaktives, oftmals impulsives Verhalten dazu. Als der Begriff noch nicht geläufig war, hat man solche Kinder unter Umständen Zappelphilipp genannt und wusste deren Symptome nicht so recht einzuordnen. Die Betroffenen zeigen ein eher unübliches Sozialverhalten, sind leicht ablenkbar und impulsiv, können sich oft nicht konzentrieren. Heute weiß man immer noch nicht so recht, wie man damit umgehen soll. Das Verabreichen des angeblichen Allzweckmittels Ritalin dürfte jedoch die schäbigste Lösung sein.

LRS ist gemeinhin eine Lese-Rechtschreib-Schwäche und damit die kleinere Ausgabe der massiveren und meist länger andauernden Legasthenie. Legastheniker haben Schwierigkeiten mit dem Zusammenhang von schriftlicher und gesprochener Sprache und generell bei der Verarbeitung von Sprache. Eine plausible Erklärung dafür gibt es meist nicht, zumal diese Störung nichts mit mangelnder Intelligenz zu tun hat. Der Begriff der Dyslexie steht damit in engem Zusammenhang.

Und wenn es eine Dyslexie gibt, dann muss es auch eine Dyskalkulie geben, auch wenn sich der Begriff erst wesentlich später in der Welt der Schule eingebürgert hat. Dyskalkulie ist demnach eine Beeinträchtigung des arithmetischen Denkens und damit ebenso wie die Dyslexie für die jeweiligen Kinder ein nicht selbst verantwortetes Problem und ernst zu nehmen.

Aber: Natürlich ist heutzutage nicht jeder, der sich mit Lesen und Schreiben oder mit Rechnen schwertut, ein Dyslexiker oder Dyskalkulierer. Damit eröffnet sich eine Schattenseite. Clevere Eltern beginnen zunehmend, die Begriffe für ihre lese- oder rechenschwachen Kinder zu reklamieren, um sie durch die weiterführenden Schulen zu bugsieren, denn dort dürfen bei entsprechendem Attest die Rechtschreibleistungen und mathematischen Fähigkeiten nicht notenmäßig erfasst werden. Atteste dazu gibt es in einem Schulsystem, das in Bezug auf Diagnostik gravierende Mängel und Engpässe aufweist, in rauen Mengen. Also grob und etwas pauschal-unfair formuliert: Eltern können sich derartige Atteste für ihr Kind relativ leicht besorgen. Kaum ein sowieso überlasteter Schulpsychologe wird sich bei der

Flut der Fälle dagegenstemmen. So gelangt das Kind unter Umständen relativ bequem ohne viel Lese-, Rechtschreib- oder Mathematikleistung in die Nähe einer Abschlussprüfung oder des Abiturs. Die gleichen Eltern werden versuchen, die Diagnose wieder unter den Tisch fallen zu lassen, da eine derartige Bemerkung im Zeugnis (»Die Rechtschreibleistung des Schülers konnte aufgrund einer anerkannten Legasthenie nicht berücksichtigt werden« etc.) naturgemäß beim Eintritt ins Berufsleben vom potenziellen Arbeitgeber als verdächtig betrachtet wird und sich bei der angedachten Einstellung entsprechend negativ auswirken kann. Ein wunderbarer Nährboden für Konflikte zwischen Schule und Elternhaus mit hohem Empörungspotenzial. Die Wahrheit aber ist, dass sich kaum einer mit diesen Problematiken richtig auskennt, auch wenn darüber noch so viel publiziert wird und sich viele als selbsternannte Experten ausgeben. Ein echt heikles Thema, das bei Beteiligten und Betroffenen für Verwirrung sorgt.

Und der »Burn-out-Schüler«? Niemand weiß genau warum, aber er tritt in letzter Zeit gehäuft in Erscheinung. Ging man lange Zeit davon aus, dass es »Burnoutler« nur unter wildgewordenen Managern, Profit maximierenden Firmen-Tycoons und auf Shareholder Value schielenden Finanzmafiosi gibt, so greift man inzwischen allzu gerne auch bei allen anderen darauf zurück, die vorgeben, irgendwelchem Stress nicht mehr gewachsen zu sein oder sich von der Bürde der Arbeitswelt überbordet zu fühlen.

Irgendwann haben Eltern von »Problemkindern« oder lernunwilligen Schülern den Begriff für ihr Kind entdeckt und besetzt. »Unser Kind leidet unter einem Burn-out-Syndrom« klingt besser als »Unser Kind hat keinerlei Lust zu lernen« oder »Unser Kind kapiert leider gar nichts und bringt auch nichts auf die Reihe«. Selbst wenn das Burn-out-Syndrom auf vereinzelte Schüler zutreffen mag, liegt es doch häufig genug in der Nähe gestelzter Vertuschung von

Tatsachen, die man nicht so gern benennt. Schulpsychologen leisten bei der Diagnose immer mal wieder Vorschub und bedienen sich manchmal gerne dieses Euphemismus für Desinteresse, Faulheit und Lernunwilligkeit.

So weit, so schlecht. Doch mit den angerissenen Problemfällen von ADS, ADHS, LRS, Legasthenie, Dyslexie, Dyskalkulie und Burn-out sollte man das komplexe Kapitel »Schüler von heute« wohl lieber nicht abschließen. Deshalb folgt an dieser Stelle noch etwas eher Heiteres und Leichtes.

11. Komiker und Kauze

»Wer kann denn die Kernaussage des Gedichtes noch einmal in eigenen Worten zusammenfassen?«

Stille in der Klasse. Alle schauen. Der Lehrer harrt geduldig einer Antwort. Die Zeit zieht sich dahin.

»Also, hat jemand eine Idee? Ist doch nicht so schwer.«

Plötzlich meldet sich Jan aus der vorletzten Reihe. Der Lehrer ist erstaunt und freut sich, dass einer etwas sagen will.

»Okay, Jan! Also?«

»Kann ich mal austreten gehen?«

Jan grinst leicht verschämt. Allgemeines Gelächter. Alles ist ruiniert. Das Gedicht kann der Lehrer in die Tonne treten. Es wird kein gescheites Fazit in dieser Stunde mehr geben.

Solche Figuren unter den Schülern, die mit eigenartigen und unpassenden Unterrichtsbeiträgen aufwarten, gibt es in allen Klassen. Ein Lacher an der falschen Stelle, eine dümmliche Frage ins Nirwana, eine doofe Bemerkung mitten in einem Unterrichtsgespräch. Und nie wissen die Lehrkräfte genau, ob das eine gezielte Provokation oder Naivität ist. Dümmliche Bemerkungen funktionieren übrigens in allen Fächern.

»Und wie müsste die Gleichung richtig lauten?«

Hmhm.

»Also kommt, das hatten wir doch schon besprochen. Wo schneidet die Kurve denn unsere Gerade?«

Patrick hebt die Hand.

»Ja, Patrick?«

»Ich glaube, es hat geklopft.«

Hat es natürlich nicht. Aus die Maus.

Oder:

»Sagt mal, wieso braucht ihr 15 Minuten, um Kreide zu holen?«

»Ja, ja, schrecklich, wir wissen schon, aber der Hausverwalter musste erst in den Keller in sein Depot und im Lehrerzimmer war auch keiner, der uns welche hätte geben können.«

»Das glaubt euch doch kein Mensch!«

»Doch, doch. Wir sind ehrliche Menschen.«

Ein treuherziger Blick, aber der Zigarettengeruch der kleinen Zusatzpause auf der Jungentoilette ist unverkennbar.

Oder so:

»Herr Strobel, da ist ja ein wirklich komisches Bild von Ihnen auf Facebook.«

»Ich bin überhaupt nicht auf Facebook.«

»Das denken auch nur Sie.«

Manchmal auch so:

»Also, wie hieß der deutsche Kaiser in der Zeit vor und während des Ersten Weltkriegs?«

Nach einer geraumen Weile und enervierender Stille plötzlich ein Zuruf aus der mittleren Reihe:

»Gustav IV.!«

»So ein totaler Schwachsinn! Da gabs keinen Gustav! Überhaupt nie!«

»Wieso? Den hab ich doch gerade auf meinem iPhone recherchiert!«

»Vielleicht hast du ja eine schwedische Software, du Pfeife. Und außerdem hast du kein Handy zu verwenden im Unterricht.«

»Jawoll, Herr Oberlehrer.«

Aber wenn es weiter keine Probleme gibt im täglichen Schulbetrieb, dann ist ja alles gut.

Doch aus dem Kapitel »Typische Schüler von heute« gilt es eine grundlegende Erkenntnis zu ziehen, nämlich die, dass in jeder Klasse, landauf, landab, 20 oder eher 25 oder häufig sogar 30 und mehr Kinder und Jugendliche sitzen, die alle individuelle Typen und eigenständige Charaktere sind. Sie alle sollen stets aufmerksam sein, möglichst das Gleiche lernen und vor allem funktionieren. Darauf ist die Schule von heute immer noch mehrheitlich ausgerichtet. Wie aber soll das sinnvoll gehen? Mit einem Lehrer vor der Klasse, der gleichzeitig mit dem Stoff, unterschiedlichen Schülern, Vermittlungsstrategien und zudem mit Abfragen, Leistungsnachweisen, Korrekturen, formalem Kram und so weiter zu kämpfen hat? Es scheint völlig unmöglich, allen Schülern gerecht zu werden, solange nicht durch viel mehr zusätzlich eingestellte Lehrkräfte eine bessere Differenzierung ermöglicht wird.

Das ist ein weites Feld für später. Noch sind wir jedoch beim Thema »Der Schüler als Individuum und der Schüler im Kollektiv«, denn etliche Schüler spielen im Schulbetrieb neben der elementaren Schülerrolle noch andere …

12. Klassensprecher und Schülervertreter

Es ist löblich, dass an den Schulen Klassensprecher und Schülersprecher gewählt werden. Damit wird garantiert, dass bereits junge Menschen wählen und gewählt werden können und demzufolge Verantwortung für die Gemeinschaft übernehmen. Ein Klassensprecher hat die Aufgabe, seine Klasse im Umfeld der Schule zu vertreten, ein Schülersprecher gar die Gesamtheit der Schüler. Das klingt nach gelebter Basisdemokratie.

Ob der gewählte Klassensprecher der geeignete Kandidat ist und seine Aufgaben ordentlich erfüllt, stellt sich oft erst im Laufe des Schuljahres heraus. Wie in der kleinen und großen Politik, wie im richtigen Leben also, erweisen sich auch in der Schule manche Gekürte als adäquate oder gute Wahl, andere als Gaukler, Kasper, Aufschneider oder Vollpfosten. Es gibt Klassensprecher, die ihre Sache ernst nehmen und sich um die Belange der Klasse kümmern. Sie diskutieren sachlich mit Lehrern über Klassenarbeiten, Hausaufgaben, Notengebung, Probleme in der Klasse, aber auch Banalitäten wie Ausflüge und Pausenverkauf. Oft führen sie nur Scheingefechte, denn manche Lehrer und Schulleiter nehmen Klassensprecher nicht ernst, auch wenn sie ihnen gegenüber und in den Gremien der Schule so tun.

Aus der Klassensprecherversammlung – oder wie immer dieser Ausschuss in den verschiedenen Bundesländern heißt – werden die Schülersprecher gewählt. Diese sind oft schon aufgrund ihrer Erfahrung und ihrer langen Schulkarriere von anderem Kaliber als die Vertreter der jüngeren Klassen. Entsprechend bedeutsam führen sie sich mitunter in Sitzungen auf. Sie wollen über vieles mitgackern, über angeblich miserable Stundenpläne, öde Pausenhofgestaltung, planlose Busfahrpläne, den Tag der offenen Tür, das bestehende und in ihren Augen dreiste Rauchverbot, meist aber über den Pausenverkauf des Hausverwalters. Letzteres ist eines ihrer

Lieblingsthemen. Wieso kann der gute Mann zusammen mit seiner guten Frau nicht McDonald-Ware verkaufen, dazu Cola in acht Varianten, Haribo-Konfekt und italienisches Eis? Und außerdem muss die ständige Kontrolle der Raucher abgeschafft werden, die Toiletten müssen ästhetischer gestaltet werden, und nur wenn die Schulleitung endlich einsieht, dass sie einige Lehrer der Schule verweist, werden sich Schülervertreter gnädig zeigen und am jährlichen Schulfest einbringen. Nein, so schlimm ist es meist nicht, aber manchmal kurios:

An einer Gesamtschule war der Bürgermeister der Stadt eingeladen, was diesem recht war, weil Kommunalwahlen anstanden und er mit einem Auftritt in der Schule sein Verständnis für die jungen Bürger des Landes demonstrieren konnte. So stand er denn an einem Schultag vormittags inmitten von 800 Schülern in der Turnhalle. Die Schüler freuten sich über die unerwartete Unterbrechung der Unterrichtsroutine und ließen großmütig die warmen Worte des Bürgermeisters über sich ergehen, einige Male sogar applaudierend. Der Bürgermeister war sehr angetan von der Atmosphäre an dieser Schule seiner Gemeinde, die Lehrer standen herum und taten so, als ob sie das interessiere. Der Direktor der Schule strahlte, weil der Glanz des Besuchs auf seine Anstalt abstrahlte. Der Pressebericht würde das Image der Schule in der Region weiter aufwerten.

Dann beendete der Bürgermeister seine hehre Rede und bat die Schüler um Fragen. Er hatte sich gedanklich vorbereitet und sah den positiven Pressebericht vor seinem geistigen Auge. Fragen zur Schulpolitik, Aspekte der Finanzierung der Schule durch die Kommune, der Bau einer neuen Sporthalle, das von ihm initiierte Jugendparlament der Stadt, das Lob der Schüler für seine weitsichtige Jugendpolitik, das alles waren Themen, mit denen er rechnete. Dann meldete sich der erste Schülersprecher, ein wagemutiger junger Mann von 18 Jahren und es war plötzlich still im Saal. Er fummelte ein bisschen am Mikrofon herum und krähte dann überhastet in die Turnhalle:

»Herr Bürgermeister, könnten Sie dafür sorgen, dass wir in der Pausenhalle ein neues Tischfußballgerät bekommen?«

Dem Bürgermeister verschlug es die Sprache, er ruderte mit den Armen, sah seinen persönlichen Referenten an und murmelte etwas davon, dass er »mal sehen« werde, was er in dieser Angelegenheit tun könne. Peinliche Stille, denn selbst die Mitschüler spürten, wie dämlich und deplatziert diese Frage gewesen war, der Schulleiter hätte im Boden versinken mögen. Da kommt einmal im Leben der Bürgermeister an die Schule, und dann stellt der erste Schülersprecher solch eine blödsinnige Frage. Die Presse würde sich einen Jux daraus machen und ihn und seine Schule diskreditieren.

Am nächsten Tag hieß es im Lokalteil der Zeitung: »Bürgermeister M. spendiert der X-Schule ein Tischfußballgerät.« Na denn, Ziel erreicht, alles richtiggemacht, oder etwa nicht? Fazit: Klassensprecher und Schülersprecher können tatsächlich etwas bewirken.

13. Streitschlichter oder Mediatoren

Eine gute Schule hat Streitschlichter, die sich manchmal etwas nobler »Mediatoren« nennen. An jeder Schule gibt es Streit zwischen Schülern und Schülern und zwischen Schülern und Lehrern. Eine Schule, das weiß jeder, ist nie ein konfliktfreier Raum. Streitschlichter werden für ihren Job in speziellen Seminaren ausgebildet und zeichnen sich oft durch einen geradezu vehementen Gerechtigkeitssinn aus. Dem Bemühen um Schlichtung wird allerdings von jugendlichen Streithammeln nicht immer richtig Folge geleistet, auch wenn sie sich zunächst freiwillig in die Mediation begeben haben. So passiert es Streitschlichtern leider des Öfteren, dass sie unverhofft neuem Streit den Boden bereiten. Das ist wiederum fast so wie im richtigen Leben.

Doch erfreulicherweise klappt die Mediation recht häufig, weil die meisten Mitschüler diese Art der Besänftigung akzeptieren. So können Konflikte bereinigt werden, ohne dass die Lehrer oder die Schulleitung den großen Knüppel der Drohgebärden herausholen müssen. Das kann den betroffenen Schülern schließlich nur recht sein.

Zu einer besonderen Form der Streitschlichter haben sich in den letzten Jahren sogenannte »Coolrider« entwickelt. Schüler mit diesem eher martialischen Namen sollen in den notorisch überfüllten Schulbussen für Recht und Ordnung sorgen. Dort sind schon frühmorgens und erst recht mittags oder spätnachmittags Raufereien an der Tagesordnung. Zudem werden die Schulbusse durch Vandalen unter den Schülern sehr gerne demoliert. Das zeigt sich in herausgerissenen Nothämmern an den Busfenstern, aufgeschlitzten Sitzen, verbogenen Armlehnen und dergleichen Unfug mehr.

So ist das Ansinnen der Busunternehmen und Verkehrsbetriebe einerseits verständlich, Jugendliche als Aufpasser im Bus mitfahren zu lassen. Doch andererseits ist das eine problematische Angelegenheit, weil sich die jungen Streitschlichter im Bus im öffentlichen Raum bewegen und nicht nur Schüler der eigenen Schule mit den Schulbussen fahren. Damit sind neue, handfeste Scherereien vorprogrammiert und oft genug bekommen die ambitionierten Streitschlichter im Schulbus morgens oder mittags selbst eins auf den Kopf. Das wird unter Umständen dadurch kompensiert, dass ihr Bild in der Lokalzeitung auftaucht und sie vom Bürgermeister belobigt werden. Die Eltern und die Schule sind dann stolz auf ihre kleinen Hilfssheriffs.

Doch wenn man über die Coolrider in den Bussen redet, muss man auch ein paar Worte über die Leute in den Schulbussen selbst verlieren, nämlich über die:

14. Fahrschüler

Im Gegensatz zu Schülern, die in der Schulgemeinschaft freiwillig Aufgaben übernehmen, sind Fahrschüler eine Kategorie von Schülern, die sich ihr herbes Schicksal nicht selbst ausgesucht haben, sondern ihm ausgeliefert sind. Sie wohnen an entlegenen Orten, die selbst keine Schule mehr haben. Im Zuge des Drangs – oder vielleicht manchmal Zwangs – zur Schaffung größerer Bildungseinheiten, also der aus der Wirtschaft bekannten Gigantomanie und Konzentration sind immer mehr Schulzentren an – genau! – zentralen Orten geschaffen worden. Das ist bei Grund- und Hauptschulen eine bedauerliche Entwicklung, denn ortsnahe Schulen wären besonders für die jüngeren Schüler eine feine Sache, weil sie Geborgenheit vermitteln können. Aber die meisten kleinen Grundschulen hat man wegrationalisiert, und das ist bedauerlich. Dass nicht in jedem Dorf oder jeder Kleinstadt eine weiterführende Schule sein kann, ist selbstverständlich, denn bei ihnen redet man über andere Dimensionen, über Differenzierungen und riesige Lehrerkollegien. Egal wie, es müssen viele Schüler, eben auch die jüngeren, nolens volens den Schul- oder Linienbus nehmen.

Nun besteht in diesem Land ja der Wahn einer sehr früh morgens beginnenden Schule, weil viele Eltern schon um acht Uhr oder noch eher zu arbeiten beginnen. Es gibt Schulen im ländlichen Raum, die sogar vor halb acht Uhr mit dem Unterricht anfangen. Das heißt für manche besonders bemitleidenswerten Fahrschüler, dass sie noch viel früher auf den Beinen sein müssen. So stehen manche von ihnen im Winter vor sechs Uhr morgens irgendwo in der Prärie oder in der romantischen Hügellandschaft im Schneetreiben an einer zugigen Bushaltestelle, um sich später freudig dem Schulalltag zu widmen. Der Biorhythmus bedankt sich dafür.

Im Schulbus selbst, der meist nicht gerade der neueste ist, finden sie, wenn sie Pech haben oder sich gegen ältere Schüler nicht durchsetzen können, nicht einmal einen Sitzplatz. Zudem sind nirgendwo Mobbing und Gerangel schlimmer als im Schulbus. So sind manche Fahrschüler bereits beim Eintreffen in der Schule angeknackst und mitgenommen und das sind keine guten Voraussetzungen für einen harmonischen und erfolgreichen Schultag.

Nur die robusteren Schüler können der Fahrt im Schulbus etwas Positives abgewinnen. Sie treffen ihre Kumpels, spielen Karten oder schreiben schnell noch die Hausaufgaben in Krakelschrift ab, bevor sie dann auf dem Weg von der Bushaltestelle zur Schule noch ein bisschen herumblödeln und eine Zigarette rauchen.

»He, sagt mal, wieso kommt ihr schon wieder acht Minuten zu spät? Das scheint neuerdings die Regel zu sein. So geht das wirklich nicht!«

»Tut uns leid. Der Schulbus hatte Verspätung/eine Panne/ist in einen Stau geraten/war voll und wir mussten den nächsten nehmen.« (Zutreffendes bitte ankreuzen.)

15. Schülerzeitungsredakteure

Schülerzeitungsredakteure sind junge, konstruktive Menschen, die der Welt der Schule etwas mitteilen wollen. Manchmal haben sie – aus welchen Motiven auch immer – einen fast missionarischen Artikulationsdrang, der sich darin manifestiert, dass sie den anderen Schülern und den Lehrern ihr Weltbild und ihre Ideen vermitteln wollen, was oft nur bedingt gelingt.

Wichtig ist vielen von ihnen, dass sie von der Schulleitung einen Schülerzeitungs-Redakteur-Ausweis ausgestellt bekommen, mit dem sie bei allen wichtigen und nebensächlichen Events dieser Welt gern gesehen und willkommen sind. Die damit verbundene leichte Hybris wird von den großen Printmedien der Republik gerne mit allerhand Schülerzeitungs-Wettbewerben und -Aktionen unterstützt beziehungsweise geschürt, denn in deren Augen wachsen mit den Redakteuren die nächsten potenziellen Zeitungsleser und Printmedien-Multiplikatoren heran. Diese jungen Zeitungsmacher in den Schulen spüren diese Bedeutung natürlich und legen sich neben dem Redakteurs-Ausweis noch einen Redakteurs-Button zu, den sie stolz tragen.

Das klingt alles etwas hämisch, ist aber durch langfristige Beobachtungen unterfüttert und nicht böse gemeint. Nur wenige Schulen im Lande haben wirklich gute Schülerzeitungen, bei den meisten besteht viel Luft nach oben. Für diese wenigen guten zeichnet meist ein betreuender Lehrer verantwortlich, der, wenn er clever ist, den redaktionellen Teil weitgehend selbst schreibt, weil er sonst zu viel herumdiskutieren, korrigieren, ändern und optimieren muss. Darüber sind schon viele Schülerzeitungs-Betreuungslehrer verzweifelt oder gar verrückt geworden.

In einer Stadt in Westdeutschland erschien an einer Hauptschule alle paar Monate eine fulminante Schülerzeitung mit mehr als hundert Seiten abwechslungsreichem, kritischem, lustigem und spannendem Inhalt. Sie gewann in der Region alle von verschiedenen Zeitungen und Institutionen ausgeschriebenen Schülerzeitungswettbewerbe haushoch. Die Mitkonkurrenten verzweifelten nahezu an diesem Leuchtturm-Blatt, gelang es ihnen doch trotz aller Bemühungen nicht, redaktionell auch nur in die Nähe des hohen Niveaus zu kommen. Eines Tages war Schluss und es stellte sich heraus, dass es an der betreffenden Hauptschule überhaupt nur dem Namen nach eine sozusagen fiktive Schülerzeitungsredaktion gab, dafür aber eine Schülerzeitungsbetreuerin, die über Jahre 90 Prozent selbst geschrieben hatte und nun in Pension gegangen war. Zu den Preisverleihungen hatte sie einfach die stolzen, aber ziemlich untätigen »Redakteure« mitgenommen, die sich das gerne gefallen ließen.

Der Normalfall ist das selbstverständlich nicht. Der geht eher wie folgt: Mehrere Male – manchmal auch nur ein- oder zweimal – im Schuljahr erscheint mit viel Getöse die neue Schülerzeitung. Sie wird von vielen gekauft, auch von sonst eher geizigen Lehrern, die natürlich wissen wollen, ob sie mit einem doofen Spruch auffällig geworden und zitiert worden sind.

Wenn den betreuenden Lehrer der Schülerzeitung nur interessiert, dass er eine Anrechnungsstunde erhält und er sich ansonsten nicht richtig um die Jungredakteure kümmert, sieht das Inhaltsverzeichnis einer Schülerzeitung in etwa so aus:

- Titelblatt: Pferdezeichnung von Carolin Sumser (6a)
- Inserat der örtlichen Raiffeisenbank
- Impressum (fettgedruckt): alle 18 verantwortlichen Redakteure, auch die, die gar nichts geschrieben haben
- Die Redakteure stellen sich einzeln vor.
- Die Redakteure beklagen, dass sich nicht noch mehr Redakteure einbringen.
- Neue Pferdezeichnungen von Carolin Sumser (6a)
- Lehrer werden vorgestellt (»Haben Sie ein Haustier?« – »Wie gefällt es Ihnen an unserer Schule?« – »Worüber müssen Sie lachen?« – »Was ist Ihre Lieblingsspeise?« und so weiter)
- Die sensationelle Alien-Attacke der Monster-Saurier-Hybriden (Teil 1) von Kevin Kloß (9e)
- Inserat der Fahrradhandlung »Lauffaul« (halbe Seite)
- Inserat der schulnahen Bäckerei Klotz (halbe Seite)
- Schul-Kreuzworträtsel von Robert Kleinfuß (7b)
- Die Schach-Ecke (geklaut aus dem Südwestdeutschen Kurier)
- Die Redaktion stellt vor: Sekretärin Susi Greiner
- Wie man einen »Kalten Hund« bäckt von Deborah Wolf (8b)

- Die seltsamsten Lehrersprüche der letzten Monate
- Interview mit unserem Hausverwalter Siggi »Rammbock« Mohl (»Warum verkaufen Sie keine Hamburger?« – »Spielen Sie ein Instrument?« – »Essen Sie den Leberkäse aus dem Pausenverkauf auch selbst?« – »Mögen Sie überhaupt Schüler?«)
- Aus dem Leben eines Schülerzeitungsredakteurs
- Meine 10 Lieblingsmusikgruppen von Bobby Boblanek (10c)
- Wir basteln einen Weihnachtsstern von Jacqueline Kerbel (5a)
- Vorschau auf das nächste Heft
- Inserat der örtlichen Sparkasse

So in etwa muss man sich das vorstellen. Und das ist ja letztendlich nichts Schlechtes.

16. Schülercafébetreiber

Schülercafébetreiber, das sind die netten Mädels aus den Hauswirtschaftsklassen, denen es Spaß macht, Waffeln, Crêpes und Marmorkuchen zu backen, Kanapees zu garnieren und Kürbissuppe zu kochen. Das machen sie auch ganz hervorragend. Sie haben dabei meist ein paar Trittbrettfahrer, nämlich Jungs, die erkannt haben, dass sie sich als Mitglieder der Schülercafé-Crew immer wieder mal elegant aus dem Unterricht abseilen und die Pausen beliebig verlängern können und zudem den Mädels näherkommen.

Das läuft zum Beispiel in der 9d in schöner Regelmäßigkeit folgendermaßen ab:

»Was ist jetzt wieder los, Benjamin?«

»Sorry Herr Stumpf, ich müsste jetzt runter ins Schülercafé. Wir backen heute nämlich Nussschnecken.«

»Jetzt aber! Es ist 9:10 Uhr, Mann! Die Pause fängt erst um 9:30 Uhr an.«

»Ja, schon, aber ich muss den Mädels helfen, die warten sehnsüchtig auf mich. Und außerdem müssen die Nussschnecken für den Pausenverkauf fertig werden.«

»Haha. Du weißt aber, dass wir jetzt einen wichtigen Mathe-Beweis führen. Und wenn du den nicht mitbekommst, schaust du nächste Woche in der Klassenarbeit wieder wie ein hölzerner Fuchs.«

»Ach wo. Die anderen können mir ja was über den Beweis erzählen. Und außerdem hat es der Konrektor erlaubt, dass ich manchmal früher aus dem Unterricht rausgehe.«

»Na toll. Sehe ich eigentlich nicht ein. Aber bitte. Wenn die hochwürdige Schulleitung meint, dass …«

»Ach kommen Sie, Herr Stumpf, lassen Sie mich gehen, ich bringe Ihnen auch zwei besonders schöne Nussschnecken in das Lehrerzimmer. Umsonst.«

»Na dann.«

So geht das Geschäft. Zwei Nussschnecken umsonst sind nicht zu verachten. Außerdem ist es ja nicht das Problem des Lehrers, wenn der Schüler sich abseilt und nichts vom Unterricht mitbekommt, oder?

Und so wird gebacken, gerührt und gekocht, dass die Schulküche wieder mal von oben bis unten pappt. Die Stunden werden von den Schülercafébetreibern gnadenlos verkürzt oder zu spät begonnen. Andererseits: Ein Schülercafé ist eine soziale und daher lobenswerte Sache, gut für die Schulatmosphäre, für das Miteinander. So sieht das selbst der fächerübergreifende und handlungsorientierte Rahmenlehrplan oder wie das Ding heißt. Duften tut es auch gut in der Aula. Und die Lehrer und die Schulleitung werden mit Kulinarischem regelmäßig bestochen. Also alles okay. Nur der geschäftstüchtige Hausverwalter brummt, weil die Aktion wieder nicht angekündigt war und er seine Ware im Pausenverkauf nicht loswird.

17. Andere aktive Schüler

Für Schule gilt: Wer glaubt, dass viele Schüler einfach faul, desinteressiert und widerborstig sind, hat von ihnen keine Ahnung. Wenn eine Schule bunt, kreativ, vielfältig im Angebot und sozialintegrativ ist und wenn Lehrer auf die Schüler zugehen und Extra-Angebote machen, wird die Schule zu einem Spielplatz von Aktivitäten. Die alle zu benennen, wäre so unsinnig wie anmaßend. Doch die häufigsten unter ihnen sollen nicht unerwähnt bleiben.

Manche Schüler haben spezielle Fähigkeiten und Vorlieben. Sie spielen mit Begeisterung in Theatergruppen und lieben es, sich zu präsentieren und zu exponieren. Andere sind in den Musikgruppen, in der Schulband oder im Schulchor aktiv. Ruhigere und analytischere unter ihnen spielen Schach, ein Sport, der jeder Schule gut ansteht. Die Kunstgruppen unter den Schülern gestalten das Schulhaus mit, machen es attraktiv und man wird niemals erleben, dass die anderen Schüler dieser Schule diese Kunstwerke beschmieren oder gar zerstören. Die Schulsanitäter verarzten im Bedarfsfall ihre Mitschüler. Die betreuenden Schüler des Schulshops produzieren und verkaufen Memorabilien und Kleidung, die Identität mit der jeweiligen Schule herstellen und sie lernen nebenbei kaufmännisch zu denken. Stillere Gemüter betreiben die Schülerbibliothek und machen sie im günstigsten Fall zu einer Schatzkammer, in der andere Schüler gerne verweilen und lesen. Tutoren kümmern sich um die jüngeren Mitschüler, andere Schüler engagieren sich in einer »Schule-gegen-Rassismus«-Gruppe oder in der Umweltgruppe.

Das sieht alles sehr nach heiler Schulwelt aus und nach lauter bieder-braven Schülern in einer romantisch-verklärten Schulgemeinschaft. Das ist diese natürlich nicht und sie sollte es nicht sein. Schule braucht durchaus Reibung und Konflikte, und die liegen jeden Schultag auf der Lauer. Am grundsätzlichen Engagement unserer Schüler sollte jedoch niemand zweifeln.

Damit aber die Tonlage nicht zu idyllisch wird, noch etwas für diejenigen, denen das alles zu sehr nach Friede-Freude-Eierkuchen klingt ...

18. Schüler und ihre Smartphones

Diese Überschrift mag seltsam klingen, sind das Telefonieren, Spielen, Posten, Twittern oder Surfen im Web doch keine Alleinstellungsmerkmale. Es geht dabei auch nicht um Schüler, die Probleme haben, oder um Schüler, die sich um die Schulgemeinschaft verdient machen oder irgendwelchen sonstigen Kriterien unterliegen, sondern um einen Phänotyp unserer digitalen Welt. Und der surft, spielt, postet und telefoniert zu jeder Tages- und Nachtzeit leidenschaftlich gerne. Hier ein Chat, dort ein »Like«, da eine SMS und ein »Post« und dort ein bisschen WhatsApp oder Facebook. Und zwar ganz besonders gerne als junger Mensch und erst recht in der Schule und noch lieber während des Unterrichts.

Irgendwann sagten Experten, dass dies nicht gut gehen könne, wenn die Kids nur noch Wissens-Häppchen ertragen würden, permanent abgelenkt wären und schlussendlich sich das Gehirn anders entwickeln würde, als es heute funktioniert. Es bestünde die Gefahr, dass das Lesen längerer Texte nicht mehr möglich sei, das Schreiben mit der Hand erst recht nicht, dass sich kein Schüler mehr beim Lehrervortrag konzentrieren könne und dass der traurige Rest an Wissensvermittlung möglichst digital aufgemotzt sein müsse. Das wäre das Ende der tradierten Schule. Also gab und gibt es Schulen, die den Handygebrauch verbieten, um dem drohenden Unheil Einhalt zu gebieten. Einige Eltern respektierten diese Entscheidung, andere hingegen schossen sich auf diese Schulen ein:

»Was ist bei einem Unfall, einer Katastrophe, einem Einsturz des Schulgebäudes, einem ausfallenden Schulbus? Dann muss mein Kind doch versuchen, mich zu erreichen«, war und ist die Argumentation.

Doch ist das Handy erst einmal in der Schule erlaubt, kann man davon ausgehen, dass es immer und überall verwendet wird, also auch heimlich im Unterricht unter der Schulbank oder während einer Klassenarbeit. Da kann die Schule von heute so viel Aufklärungsarbeit über die Probleme und Gefahren der Smartphone-Manie betreiben, wie sie will: Sie wird dem Ding nicht mehr Herr. Also zappen, wischen, spielen und posten die Kids auf Teufel komm raus. Nur ein paar progressive Schulen können das noch mühsam kanalisieren, die meisten resignieren trotz IT-Unterricht, Einsatz von Tablets und Whiteboards und Infoveranstaltungen über den digitalen Schwach- und Wahnsinn. Der Riss geht oft quer durch die Lehrerkollegien, die sich in Befürworter des Smartphone-Gebrauchs und Gegner spalten.

So ist sich der Smartphone-Schüler seiner multimedialen Mehrheitsfähigkeit bewusst und weiß, dass ihm letztendlich keiner was kann. Und wenn schon, dann findet sich immer eine Ausrede. Die wahre Gefahr dieser unvermeidlichen Entwicklung liegt dort, wo Problemschüler und User Hand in Hand gehen, in Personalunion auftreten, denn dann liegt die Gefahr des Cybermobbings nicht fern und die ist eine der hässlichsten Fratzen der Jugendkriminalität. Sie ist anonym, widerwärtig und oft skrupellos. Sie hat schon manche Schüler sozial erledigt oder gar in den Suizid getrieben. Die Dunkelziffer ist hoch.

19. Abwesende Schüler

Wieso bedürfen sogar die abwesenden Schüler eines eigenen kleinen Kapitels? Die Frage scheint berechtigt, weil sie doch gar nicht da sind und also nicht stören oder die Lehrer ärgern können. Das ist eine feine Sache, oder nicht?

Gemeint sind natürlich nicht die Schüler, die wirklich krank sind oder die zum Beispiel einen nicht vermeidbaren Arzt- oder Vorstellungstermin am Vormittag haben. Gemeint sind diejenigen, die sich morgens schon auffällig-unauffällig in der Einkaufsstraße der Stadt oder im Shopping-Center herumtreiben, weil sie keinen Bock auf die Schule haben oder weil eine Klassenarbeit ansteht oder weil sie sich mit ihren Kumpels treffen wollen. Sich abseilen ist eine einfache Angelegenheit: Anruf in der Schule morgens genügt. Und wenn den nicht Mami oder Papi machen, erledigen sie ihn eben selbst. Nicht immer kann sich das Schulsekretariat, das die Inflation von Anrufen morgens entgegennimmt, sicher sein, ob der Anruf fingiert oder echt ist, ob er nur eine faule Ausrede für Schulschwänzen ist oder ob der Schüler tatsächlich ermattet im Bett liegt. Und selbst wenn: Was soll das Sekretariat anderes machen, als die Information weiterzugeben?

Morgens um acht ist die Lage in vielen Klassen unklar, besonders wenn eine Arbeit oder ein mit unangenehmen Fächern besetzter Tag ansteht. Manchmal könnte man den Eindruck gewinnen, dass Schüler gleitende Arbeitszeit haben. In vielen Klassen der weiterführenden Schulen sind nur zwei Drittel oder maximal drei Viertel der Schüler der Klasse anwesend. Ein paar trudeln noch ein.

»Sorry, hab den Bus verpasst«, oder »Tut mir leid, da war ein Stau in der Bahnhofstraße«, oder »Der Wecker hat nicht geklingelt, aber heute kaufe ich neue Batterien«, oder »Ich habe erst unterwegs gemerkt, dass ich keine Schuhe anhabe und musste nochmal umkehren«. Und ähnlicher Quatsch.

Nun kommt es vor, dass zwanzig Minuten nach Schulbeginn immer noch fünf Schüler fehlen, also Gegencheck im Sekretariat. Denn es könnte mit dem einen oder anderen sonst was passiert sein. Gegencheck ist Fürsorgepflicht der Schule.

Der Klassensprecher wird zur Kontrolle ins Sekretariat geschickt und kommt von diesem kleinen morgendlichen Ausflug in die Klasse zurück, nicht ohne noch einen Ausflug über die Jungentoilette gemacht zu haben, um mit seinen Kumpels eine zu rauchen und die Lage der Bundesliga zu klären. In der Hand hält er fünf Entschuldigungszettel, die das Sekretariat ausgefüllt hat: Die üblichen Verdächtigen sind aufgelistet und jeder weiß, dass die blaumachen. Aber Wissen und Beweis sind zweierlei. Also Eintrag ins Klassentagebuch unter Absenzen, damit ist die Pflicht erfüllt. Die Betreffenden aber sind sonst wo, gehen shoppen oder gammeln, liegen gemütlich im Bett oder sitzen vergnügt in einem Café.

Dieses Szenario häuft sich bei manchen Schülern bedenklich, sodass kein regelmäßiger Schulbesuch und damit keine kontinuierliche Leistung mehr möglich sind. Aber warum sollte man auch mit dem Kater vom Vorabend oder der Aussicht auf eine ruinierte Klassenarbeit in die Schule gehen? Hinzu kommt, dass viele Eltern gar nicht um die Absenzen ihrer Kinder wissen, weil sie früh in die Arbeit gehen oder es ihnen egal ist, was der Junior so treibt oder weil die alleinerziehende Mutter auf die Ausreden ihres Sprösslings hereinfällt.

Häufen sich die Absenzen, ist der Schulerfolg des Jugendlichen gefährdet. Darum weiß dieser selbst, drückt sich erneut und so geht es bergab. Und die Schule selbst? Die kann wenig machen, jedenfalls nicht jeden Morgen mehrmals die Polizei anrufen und diese auf Suche schicken.

Wobei: Ein wunderbares Betätigungsfeld gibt es bei absenten Schülern für die Polizei denn doch, und zwar den

Flughafen. Da einige Eltern inzwischen die Angewohnheit entwickelt haben, ihre Ferien beliebig um einige Tage früher zu beginnen als zum eigentlichen Schulende oder sie um ein paar Tage nach Schulbeginn zu verlängern, werden immer mehr Familien mit ihren Kindern an Flughäfen aufgegriffen. Die geben sich dann oft einfältig-ahnungslos und sind sich keiner Schuld bewusst. Haben unsere Schulen wirklich starre Arbeitszeit? Ist denn das Fernbleiben am Schuljahresende oder zu Schuljahresbeginn echt so schlimm? Wir mussten diese Flüge nach Mallorca nehmen, weil sie billiger waren als in den Schulferien, das muss man doch verstehen. Kinder sind feine Beobachter und lernen durch Imitieren. Tja, wenn das so einfach ist und die Alten das auf diese Weise inszenieren, warum sollte ich dann nicht auch mal ...?

20. *Schüler unserer Zeit – reloaded*

Da sitzen sie nun alle in ihren Klassen: Jana, Jessica, Hannes, Dominik, Luca, Frederik, Sebastian, Laura, Lucas, Elena, Emily, Alyssa, Moira, Berkan, Selim, Duy-Ann, Arjanita, Esteban, Meva, Kevin, Jessica, Justin, René, Ronny, Mandy und Chantal. Und neuerdings dazu noch Akilah, Naomi und Ibrahim. Die drei sind Flüchtlingskinder und müssen irgendwie integriert werden.

Flüchtlingskinder benötigen besondere Aufmerksamkeit und die Lehrer müssen sie fördern und bei der Integration unterstützen. Die meisten von ihnen tun sich anfangs mit der deutschen Sprache schwer. Etliche sind dafür in Mathematik und Naturwissenschaften so gut, dass unsere Schüler nur noch mit offenem Mund dasitzen, wenn sie Aufgaben lösen. Einige dieser Kinder wiederum sind infolge ihres Lebenswegs verhaltensauffällig oder gar traumatisiert und müssen entsprechend betreut werden.

Wie auch immer. Integration – wie auch Inklusion – macht die Welt der Schüler in den Klassen dieses Landes noch bunter und vielfältiger, die Arbeit der Lehrer aber nicht leichter. Dringend benötigte zusätzliche Lehrer und Sozialpädagogen gibt es immer noch zu wenige. Meist sind sie nur ein Tropfen auf dem heißen Stein.

Alle diese Kinder – auch die Problemschüler und die Flüchtlingskinder – haben auf ihre individuelle Weise Fähigkeiten, haben Talente, sind begeisterungsfähig, wollen etwas lernen, wollen sich einbringen, haben eine soziale Ader, auch wenn man ihnen all das nicht immer sogleich ansieht und manche von ihnen vorverurteilt, weil sie nicht so leicht zu handhaben sind.

»Talents are buried deep«, heißt es bei William Butler Yeats. Und: »I lay my dreams before you, don't tread on my dreams.« Inwiefern wir versteckte Talente unserer Kinder nicht entdecken und in welcher Weise wir immer wieder auf ihre Träume treten, das gilt es noch zu betrachten. Und damit verlassen wir zunächst einmal die vielfältige Welt der Schüler, ohne sie völlig zu verlassen, denn im Grunde geht es nur um sie.

WER WEIß ALLES (ODER GLAUBT DAS ZUMINDEST)? DIE ELTERN …

Schule wird geprägt vom Dreiklang Schüler – Eltern – Lehrer. Damit sind die Eltern und ihre Interaktion mit der Schule die zweite Säule, die es etwas näher zu betrachten gilt. Werfen wir zunächst einmal einen Blick in zwei gar nicht so fiktive Elternhäuser, unter dem Aspekt der angeblichen schulischen Chancengleichheit und nach dem Motto:

21. Morgens vor Schulbeginn – Szenario 1

Theresa Wilferth, nennen wir die Frau einmal so, hat eine ruhelose Nacht verbracht. Kurz nach vier Uhr war sie zum ersten Mal wach geworden und aufgestanden. Sie saß eine Zeit lang am Fenster, blickte auf die Wohnblocks der Umgebung. Nur in zwei Wohnungen brannte schon Licht. Entweder lebten da Menschen, die zur Arbeit mussten, oder aber sie litten so wie sie selbst an Schlaflosigkeit. Gegen halb fünf hatte sie sich wieder hingelegt, doch ihre Sorgen und Existenzängste verhinderten geruhsamen Schlaf.

Sie versuchte, Ordnung in ihre Gedanken zu bringen. Die Lage war schwierig genug: Sie war 44 Jahre alt, seit neun Jahren geschieden und infolgedessen alleinerziehende Mutter einer 13-jährigen Tochter. Die zu geringen Unterhaltszahlungen waren ein Problem, das sie ständig begleitete. All das bedeutete für sie vormittags Arbeit an der Kasse eines Supermarkts und, weil das Geld nie reichte, nachmittags eine Putzstelle, zwischendurch Haushalt und Kochen in der kleinen Dreizimmerwohnung in dieser hässlichen und ziemlich heruntergekommenen Genossenschaftssiedlung, in der die Mieten gerade wieder einmal erhöht worden waren.

Ihre Tochter Melanie bereitete ihr noch mehr Sorgen als ihre perspektivlose finanzielle Lage. Melanie ging zwar in die Realschule, aber sie hing, nunmehr in der siebten Klasse, in fast allen Hauptfächern durch. Sie hatte die sechste Klasse nur knapp geschafft, das neue Schuljahr drohte schwierig zu werden. Die Lehrer hatten schon im letzten Schuljahr erhebliche Zweifel angemeldet. Vielleicht hätte Melanie nicht in die Realschule gehen, sondern in der Hauptschule bleiben sollen. Aber die Tochter sollte es – Klischee, Klischee – einmal besser haben als die Mutter. Das zumindest hatte sich Theresa Wilferth so gedacht. Sie würde Melanie eine gute Schulbildung ermöglichen, eigene desolate Existenz hin oder her.

Doch schon die ständigen Kosten des Schulbesuchs waren mitunter erdrückend: Hefte und Bücher zu Schuljahresbeginn, ein erster Wandertag, der sich als teure Busfahrt in den Freizeitpark entpuppte, wieder neue Kleidung, auch wenn sie nur aus dem Billigmarkt war. Jetzt drohten noch die Ausgaben für das Schullandheim und für einen grafikfähigen Taschenrechner. Irgendwann in naher Zukunft schien die Anschaffung eines iPad anzustehen. Sicher, sie könnte beim Elternbeirat einen Antrag auf finanzielle Unterstützung stellen. Dann aber müsste sie ihre Misere offenlegen. Das konnte sie nicht mit ihrem Stolz vereinbaren. Sie würde das auch so schaffen. Ihre Tochter war ihr Ein und Alles, sie war es ihr wert.

6:15 Uhr. Wo blieb Melanie eigentlich? Es war fast jeden Morgen das gleiche Spiel. Sie selbst musste vor sieben Uhr aus dem Haus, um rechtzeitig zur Arbeit zu kommen. Melanie war dann auf sich allein gestellt, musste die zwei Kilometer zur Realschule laufen. Nur wenn das Wetter schlecht war, nahm sie den Bus.

Im Fernsehen lief das Frühstücksfernsehen. Nicht dass man das wirklich sehen musste, aber es gehörte irgendwie zum morgendlichen Ritual: aufstehen, waschen, Zähne putzen, Glotze an, Kaffee kochen, frühstücken, Pausenbrot schmieren.

»Melanie! Aufstehen! Los jetzt!«

»Ich bin ja schon da. Ich bin noch so müde.«

Melanie sah blass aus. Und traurig.

»Was ist los mit dir?«

»Nichts. Mir ist nur ein bisschen schlecht. Und ich bin noch nicht wach.«

»Na komm schon. Erzähl. Hast du Probleme mit deiner Freundin? Oder mit der Schule?«

»Mit der Schule. Mit Englisch.«

»Aber du hast doch gestern viel gelernt.«

»Ich kann es trotzdem nicht. Alles weg.«

»Wie weg?«

»Ich kann mich an keine einzige Vokabel erinnern.«

»Mmh. Schau sie dir halt noch einmal kurz an. Dann wird das schon wieder.«

»Ich glaub, wir schreiben heute eine Klassenarbeit.«

»Jetzt, gleich nach Schuljahresanfang?«

»Ich denk schon. Der Obermüller hat den Stoff so schnell durchgehetzt. Und uns einen neuen Text mit über 20 Vokabeln aufgegeben.«

Melanie trank ihren Kakao und aß ein Hörnchen. Sie schaute nicht auf.

»Ich glaub, ich bin zu dumm für die Realschule. Ich schaff das nicht.«

»Jetzt komm! Du versuchst es eben einfach. Vielleicht

klappt die Englisch-Arbeit ja doch. Wenn der Obermüller überhaupt eine schreibt.«

»Bestimmt. Und dann wird es eine Sechs. Und er schreit wieder herum.«

Theresa Wilferth nahm ihre Tochter in den Arm.

»Und wenn du eine Sechs schreibst, dann geht die Welt auch nicht unter. Ist ja erst der Anfang des Schuljahres.«

»Ich hab Angst. Vor der Schule. Und heute vor Englisch.«

»Melanie, du weißt, auch wenn du eine schlechte Note schreibst, bin ich dir nicht böse. So, ich muss jetzt weiter. Vergiss deinen Schlüssel nicht. Ich bin mittags nicht zu Hause, weil ich noch bis drei Uhr eine Kollegin vertreten muss.«

»Ist schon okay.«

»Pass auf dich auf. Und denk dran: Egal wie, wir beide schaffen das. Egal, wie Englisch ausgeht.«

Als ihre Mutter weg war, räumte Melanie den Tisch ab und schaltete den Fernseher aus. Sie machte sich fertig und um 7:30 Uhr verließ sie das Haus. Auf dem Weg zur Schule war ihr mulmig zumute.

Auf dem Nachhauseweg um 13:30 Uhr war ihr klarer denn je, dass sie dieses Schuljahr nicht schaffen würde. Sie hatte die Englischarbeit wohl vermasselt. Den neuen Stoff in Mathematik hatte sie auch nicht so recht durchschaut. Sie wärmte sich das Essen auf, das ihre Mutter bereitgestellt hatte und aß lustlos in der kleinen Küche. Dann verkrümelte sie sich in ihr Zimmer.

22. *Morgens vor Schulbeginn – Szenario 2*

Walter Jeschke, so nennen wir den Mann einfach mal, hatte wie üblich einen anstrengenden Tag vor sich. Es war Viertel vor sieben und er war gerade vom morgendlichen Joggen zurückgekommen. Um acht Uhr würde er im Büro sein, um halb neun war das erste Meeting, dann ging es Schlag auf Schlag: erstes Briefing, Besprechungen, Absprache mit dem Chief Financial Officer, Empfang einer chinesischen Wirtschaftsdelegation, Arbeitsessen, Board Meeting, Abschluss eines wichtigen neuen Kooperationsvertrags mit einem finnischen Unternehmen.

Nun saß er mit seiner Frau und seinen beiden Kindern André und Mark am Frühstückstisch in seiner Villa im Nobelvorort. Mark ging in die vierte Klasse der Grundschule und würde nächstes Jahr auf das altehrwürdige Dr.-Hubert-Holzmann-Gymnasium wechseln, an dem André schon nach der sechsten Klasse gescheitert war. Im Gegensatz zu André war Mark wie immer gut gelaunt.

»Noch Kaffee oder Tee?«, fragte Walter Jeschkes Frau.

»Danke, Schatz. Ich nehm noch einen Kaffee.«

Walter Jeschke blickte vom Wirtschaftsteil der Zeitung auf, hinter der angeblich immer ein kluger Kopf steckt.

»Sag mal André, was ist los mit dir? Warum bist du heute wieder so schlecht drauf?«

»Nichts Wichtiges, Dad. Es ist nur das doofe Englisch bei diesem Obermüller.«

»Wieso, was ist damit?«

»Der hat gestern eine ganze Lektion durchgeboxt und uns über zwanzig neue Wörter aufgegeben.«

»Ja und? Da musst du durch. Ging uns früher auch nicht anders.«

»Ich kann das nicht. Ich schaff das nicht.«

Walter Jeschke sah seine Frau an.

»Du hast doch gestern mit André gelernt, oder?«

»Ja, ja. Wir haben uns bemüht. Aber ich konnte mich nicht den ganzen Nachmittag um ihn kümmern. Ich war schließlich noch beim Tennis und bei der Kosmetik. Und er war, wie du ja wohl hoffentlich registriert hast, auch noch eine Stunde bei der Schülerhilfe.«

»Ich versteh das nicht. Das kann doch wohl nicht sein. Wieso kriegt ihr das nicht auf die Reihe? Da waren gerade erst die großen Ferien, jetzt muss mal ein bisschen gearbeitet werden, ein paar lumpige Vokabeln sind zu lernen, und schon läuft das wieder aus dem Ruder. Das gibts doch wohl nicht. Erst kommt der Herr Sohn mit dem Gymnasium nicht klar und steigt in die hochintellektuelle Realschule ab. Und dann packt er es immer noch nicht. Wegen Englisch! Englisch kapiert doch heutzutage jeder Depp.«

»Jetzt lass mal aus, Walter! André wird das schon irgendwie schaffen.«

»Was heißt hier ‚irgendwie'? Ich erwarte erstens, dass das klappt. Und ich erwarte zweitens, dass das mit einer guten Note klappt.«

André schaute zögerlich auf.

»Und wenn nicht?«

»Dann kannst du was erleben, mein Freund. Ich rackere mich hier tagein tagaus ab, arbeite von früh bis spät und die Herrschaften kriegen nicht mal so eine lächerliche kleine Klassenarbeit in Englisch auf die Reihe.«

Frau Jeschke blickte ihren Mann an.

»Jetzt hör auf damit, Walter! Reg dich nicht am frühen Morgen schon so auf.«

»Ich reg mich auf, wann es mir passt.«

Er blickte wieder auf seinen Sohn André.

»Und wenn du zu dumm bist, am Nachmittag die paar Vokabeln zu lernen, dann musst du morgens eben eher aufstehen und alles nochmal wiederholen. Ich steh schließlich auch jeden Tag schon um fünf Uhr auf, gehe joggen und bin dann fit für den Tag. Meine Güte.«

Walter Jeschke stand abrupt auf und ging in sein Arbeitszimmer. Seine Frau wandte sich an André.

»Also, du hast es gehört. Schau, dass du das hinkriegst! So. Und dann zum Nachmittag. Ich hole dich an der Schule ab und wir fahren zum Reiten. Anschließend gehst du von drei bis um fünf ins Nachhilfestudio. Mathe und Deutsch hast du heute, richtig?«

»Ich denk schon.«

»Um halb sechs bring ich dich nach Hause. Dann kannst du deine Hausaufgaben machen. Ich muss noch zum Yoga. Aber um sieben bin ich auch daheim. Und wenn Dad kommt, essen wir zu Abend. Alles klar?«

»Schon.«

»Und bei dir, Mark?«

»Alles bestens. In der Kantine gibts heute Schnitzel, glaub ich. Und danach geh ich in die Nachmittagsbetreuung. Da können wir heute hoffentlich wieder Handball oder Basketball spielen. Passt.«

7:45 Uhr. Familie Jeschke ging aus dem Haus.

»Hast du die Alarmanlage eingeschaltet?«

»Klar doch.«

Herr Jeschke verabschiedete sich von seiner Frau mit einem flüchtigen Kuss.

»Gut. Ich schau, dass ich gegen sieben Uhr zu Hause bin. Aber ich kann es nicht versprechen. Ist ein wichtiger Tag heute. Da habt ihr es alle einfacher. Aber einer muss die Kohle ja verdienen.«

Er schaute auf André.

»Und bau keinen Mist. Ich sage es dir hier und jetzt: Wenn du gleich die erste Arbeit vermasselst, dann kannst du dich auf etwas gefasst machen. Dann kannst du das neue Bike knicken. Und die Raftingtour obendrein. Kein Witz, mein junger Freund. Hast du mich verstanden?«

»Ja doch.«

Zehn Minuten später setzte Frau Jeschke ihren Sohn André vor der Albert-Kruckenhauser-Realschule ab. Er stieg wortlos aus dem SUV und schlich davon. Das würde böse enden.

Es kam, wie es kommen musste. In der vierten Stunde ließ Obermüller tatsächlich eine Englisch-Arbeit in der 7d schreiben. Mit einem hämischen »Kleiner Scherz zur Morgenstunde« zog er die Aufgabenblätter aus seiner Aktentasche. Er tat, als wäre es die größte Selbstverständlichkeit auf Erden, so etwas gleich zu Beginn des neuen Schuljahres zu tun. Kaum ein Schüler der 7d hatte mit diesem schnellen Leistungsnachweis gerechnet, die wenigen Streber und ein paar Angsthasen wie üblich ausgenommen. Die Klasse wurde auf breiter Front kalt erwischt. Aber so schien Schule eben sein zu müssen, die Schüler kannten das ja. Stoff – Hausaufgabe – Test – Stoff – Hausaufgabe – Abfrage und so weiter.

Zwei Tage später hatte Obermüller die Arbeit korrigiert. Das ging bei ihm in der Tat ratzfatz, denn er achtete immer darauf, dass die Arbeiten korrekturfreundlich waren. Jetzt stand er wieder vor der Klasse.

»So, meine werten Damen und Herren der 7d. Hier habt ihr eure Arbeit zurück. Eine einzige Bankrotterklärung! Dabei war alles so einfach, jeder hätte eine gute Note schreiben können. Was habe ich denn schon abgefragt? Einen kleinen Text mit ein paar Lücken für die neuen Vokabeln und drei lumpige Fragen dazu. Aber bitte, wenn ihr nicht lernen wollt, dann müsst ihr eben die Konsequenzen tragen. Eure Faulheit stinkt zum Himmel. Glaubt ja nicht, dass ihr damit bei mir weiterkommt. Bei mir nicht!«

Die Klasse hörte Obermüllers Tiraden schweigend an. Die Köpfe der Schüler waren gesenkt. Melanie fühlte sich hilflos. Sie wusste, was gleich kommen würde. André nestelte an seinem Federmäppchen herum. Auch ihm war klar, was folgen würde.

»So, Herrschaften. Ich gebe euch nun die Arbeiten zurück. Notenschnitt 4,82. Ein Trauerspiel. Die allermeisten von euch sind schlicht und einfach dumm und obendrein faul. Dass es auch anders geht und die Arbeit nicht zu schwer war, beweisen Peter und Andrea. Beide eine Note Eins.

Super gemacht. Dann kommt lange nichts, dann Katharina mit einer Drei, Jan mit einer Vier, der Rest nur Fünfer und Sechser. Hier, André, drei Punkte von 21! Bodenlos! Und der Gipfel: Susanne und Melanie mit jeweils zwei Punkten! Was wollt ihr beiden eigentlich an einer Realschule? Seid ihr nur zum Aufwärmen hier? Es gibt schließlich auch andere Schularten! Aber was rege ich mich auf. Nein, ich rege mich überhaupt nicht auf! Ist ja schließlich nicht mein Problem.«

Nein. Es war wohl nicht in erster Linie Obermüllers Problem. Melanie wusste, dass es ihr Problem war. Sie fühlte sich miserabel und suchte die Schuld bei sich selbst. Sie war eben unfähig. Nicht viel anders erging es André. Er hatte die Erwartungen seiner Eltern wieder einmal enttäuscht. Er war ein Versager. Diese Erkenntnis war für ihn schlimmer als die Strafen, die nun folgen würden.

Aus den zwei Varianten des Szenarios folgten konsequenterweise auch zwei Reaktionen in den Elternhäusern. Die sahen in etwa wie folgt aus:

23. *Elterliche Reaktion – Variante 1*

»... und laden wir Sie, liebe Eltern und Erziehungsberechtigte, sehr herzlich zu einer ersten Klassenelternversammlung mit anschließendem Elternsprechabend am Donnerstag, 18. September, ab 19:00 Uhr in unsere Albert-Kruckenhauser-Realschule ein. Wir freuen uns auf Sie und auf interessante Gespräche.«

So lautete der Kern des Schreibens, den André seinen Eltern beim Abendessen zusammen mit seiner katastrophalen Englisch-Arbeit kommentarlos auf den Tisch gelegt hatte. Seine Mutter hatte nichts gesagt, nur betreten geguckt. Sie wusste um den unvermeidlichen Tobsuchtsanfall des Vaters und hoffte insgeheim, dass er nicht zu heftig ausfallen würde.

Vater Jeschke hatte die Englisch-Arbeit und das Info-Schreiben zusammen mit einem Antipasti-Happen an sich gerafft und zunächst wortlos mit sich verfinsternder Miene überflogen. Dann nahm er das Info-Schreiben der Schule, zerknüllte es und warf es auf den Tisch. Frau Jeschke schaute ihren Mann eher verzagt an. André blickte vor sich auf den Boden, wohin auch sonst.

»Idioten, alles Idioten! Ich bin von Idioten umzingelt!«, brüllte Vater Jeschke, musste dann aber pausieren, da er sich an einer getrockneten Tomate verschluckt hatte. So entstand eine noch unangenehmere Pause, weil André und seine Mutter wussten, dass der echte Furor verzögert kommen würde. Nach einem unmäßigen Schluck Barolo hatte sich Vater Jeschke so weit erholt, um zum Rundumschlag ansetzen zu können. Ihm wurde jäh klar, was die Stunde geschlagen hatte und wie er die Situation angehen würde: Zweifrontenkrieg. Jawohl. Erstens gegen seinen Sohn, zweitens gegen diese selten dämliche Schule.

»So, Freund, zuerst mal zu dir«, schrie er André an. »Wenn du glaubst, die Arbeit verweigern zu können, dann hast du dich getäuscht. Dass du dumm bist, haben wir inzwischen kapiert. Dass du noch dazu so stinkfaul bist und es nicht einmal schaffst, ein paar lumpige Vokabeln zu lernen, geht zu weit. Ab sofort sind Tennis, Fußball und Computerspiele gestrichen.«

Er blickte seine Frau missmutig an.

»Und du machst für den werten Herrn Sohn noch zwei zusätzliche Nachhilfetermine für Englisch aus. Das wäre ja gelacht, wenn ich das nicht auf die Reihe bekommen würde. Bis Weihnachten gilt jetzt harte Welle. Und wenn es dann immer noch nicht klappt, schicke ich den Herrn Sohn eben künftig aufs Internat.«

Am Tisch herrschte betretenes Schweigen. André schlich mit Tränen in den Augen in sein Zimmer und sein kleiner Bruder begann Zweifel zu hegen, ob nächstes Jahr wirklich etwas Positives mit einer weiterführenden Schule auf ihn zukommen würde. Das schien ihm mittlerweile eher eine bedrohliche Angelegenheit zu sein. Frau Jeschke wollte ein paar Einwände machen, aber ihr Mann war nicht zu bremsen.

»So, und jetzt noch Folgendes. Den Herrschaften in der Realschule werde ich es zeigen. Das ist ja unglaublich. Unmittelbar nach Schuljahresbeginn eine unangekündigte Klassenarbeit! Die sind wohl verrückt geworden! Wie heißt dieses Rindvieh von Englischlehrer überhaupt? Obermüller? Na, dem werde ich was erzählen! Und dem Herrn Schulleiter obendrein. Scheint seinen Laden nicht im Griff zu haben. Wenn wir in der Industrie so arbeiten würden!«

Herr Jeschke griff nach dem zusammengeknüllten Zettel und glättete ihn halbherzig.

»Aha, Elternversammlung und Sprechabend. Passt ja. Da werde ich diesmal hingehen. Notfalls mit meinem Anwalt.«

Er blickte auf Andrés Arbeit.

»Das lass ich mal überprüfen. Vielleicht findet sich ja ein Formfehler. Irgendwas, was nicht stimmig ist. Gib mir mal Andrés Englischbuch. Das muss ich vergleichen.«

Er verzog sich in sein Arbeitszimmer. Seine Frau war den Tränen nahe. Das konnte ja heiter werden.

24. *Elterliche Reaktion – Variante 2*

Melanie und ihre Mutter saßen beim Abendessen. Die Stimmung war gedrückt.

»Siehst du, ich hab es dir gleich gesagt. Ich bin eben dumm und unfähig. Ich hab gleich gewusst, dass das eine Sechs werden würde.«

»Tja, schade, echt. Aber nun ist es halt einmal so. Trotzdem, davon geht die Welt auch nicht unter. Versuch halt einfach, beim nächsten Mal eine bessere Note zu schreiben. Oder vielleicht kann der Herr Obermüller dich mal mündlich drannehmen, damit du das ausgleichen kannst. Du weißt, ich kann dir nicht helfen. Ich kann dir auch keine Nachhilfe zahlen.«

»Ich versuchs, ich versprechs dir. Aber ich weiß nicht, ob es klappt.«

»Kann dir denn die Schule nicht helfen? Haben die keinen Zusatzunterricht in Englisch? So eine Art Nachhilfe am Nachmittag?«

»Ich glaube nicht. Jedenfalls hat unser Klassenleiter nichts davon erzählt. Und der Obermüller auch nicht. Da kümmert sich eh keiner. Ich glaube, die haben sowieso zu wenige Lehrer. Sagen sie zumindest.«

»Hm.«

»Ach ja, und noch was. Hier habe ich noch die Einladung zur Elternversammlung meiner Klasse. Anschließend machen die noch eine Elternsprechstunde.«

»Na ja, da geh ich halt mal hin. Obwohl, ich weiß auch nicht so recht. Ich kenn mich da nicht so aus. Weiß gar nicht, was ich sagen soll. Aber gut, nachfragen kann ich ja mal. Vielleicht kann die Schule doch irgendwie in Englisch weiterhelfen.«

25. Interaktion mit der Schule

Die triste Aula der Albert-Kruckenhauser-Realschule war zu zwei Drittel gefüllt, die Atmosphäre eine Mischung aus Erwartung und Beklemmung. Man sah den Eltern die Fragen an, die über ihnen schwebten, die sie aber nicht laut artikulierten: Müssen Schulen eigentlich immer noch so trostlos aussehen? Kann man nicht außer den üblichen Bildern der Bundespräsidenten, den Hinweisen des Berufsinformationszentrums, einigen lose hängenden Zetteln auf dem Info-Brett und der auf einer Stellwand ein tristes Dasein fristenden Projektarbeit über Patenkinder in der Dritten Welt nicht noch ein bisschen etwas anders gestalten? Musste Schule im bunten multimedialen Zeitalter immer noch so hoffnungslos verhunzt und desolat daherkommen? Wer arbeitete gerne in solch einer öden Atmosphäre? Aber egal.

Jetzt sprach der Herr Direktor und die Eltern schwiegen. Er parlierte umständlich über Statistisches, die Schülerzahlenentwicklung und die Klassenverteilung, das Einfordern des Engagements der Eltern und die bevorstehende Wahl des neuen Elternbeirats, alles in eingefahrenen, abgedroschenen Gleisen. Gegen Ende seiner Rede jedoch nahm er nochmals Fahrt auf und kam auf die innere Schulentwicklung der Albert-Kruckenhauser-Realschule zu sprechen, darauf, dass man nun innovativere Schule gestalten wolle, neue Unterrichtsformen einführen und insgesamt eine kooperativere Linie fahren werde. Das jedenfalls sei die neue Tendenz des Kultusministeriums, der man sich nicht entziehen wolle. Das aber, so tönte der Herr Direktor, benötige die Akzeptanz aller Lehrkräfte und natürlich der Eltern. Er jedenfalls hoffe, dass sich insbesondere die Eltern gegenüber Projektarbeit, geplantem Doppelstundenprinzip, fächerübergreifenden Aktionen und der angedachten Öffnung der Schule hinaus in die Gesellschaft aufgeschlossen zeigen würden. »School as the heart of the community«, das sei das aktuelle Motto, das es umzusetzen gelte. So jedenfalls tönte er in von eigenartigem Dialekt gefärbtem Englisch. Die Eltern hatten den Eindruck, dass der Schulleiter selbst nicht genau wusste, wovon er sprach. Wahrscheinlich hatte er das auf einer Direktorentagung aufgeschnappt. Vertane Zeit! Sie schauten misstrauisch und skeptisch. Was ging sie als Eltern das überhaupt an? Was sollten sie mit diesem Gerede anfangen? Was wollte der da draußen eigentlich genau von ihnen?

Auch Herr Jeschke fragte sich, wo der gute Mann wohl dieses Schlagwort herhabe. Frau Wilferth war der Sinn der Schulleiterrede überhaupt nicht klar. Wo war sie denn hier hineingeraten?

Dann schloss der Schulleiter die Versammlung und entließ die Anwesenden mit der Hoffnung auf rege Teilnahme beim sich unmittelbar anschließenden Sprechabend der Lehrkräfte der einzelnen Klassen. Eilig liefen die Eltern in Richtung Klassentrakt. Vor den Klassenzimmern bildeten sich lange Schlangen. Herr Jeschke war genervt. Alles kam ihm altmodisch und dilettantisch vor, wie zu seinen eigenen Schulzeiten. Um 20:35 Uhr war er endlich an der Reihe und betrat missmutig das Klassenzimmer, in dem Englischlehrer Obermüller behäbig und mit sich und der Welt zufrieden hinter seinem Pult saß.

»So, guten Abend, Herr Obermeier.«

»Obermüller.«

»Von mir aus. Sie sind also der Englischlehrer der 7d. Richtig?«

»Genau.«

Er blickte Obermüller von oben herab an, da dieser ja hinter seinem Pult saß.

»Ists dem Herrn Lehrer genehm, wenn ich mich setze?«

Obermüller blickte misstrauisch auf.

»Bittschön, Herr …«

»Jeschke. Dr. Walter Jeschke. Hier, meine Karte.«

»Danke. Sie haben ein Kind in der 7d?«

»Entschuldigen Sie mal, das fragen Sie mich? Kennen Sie Ihre Schülerinnen und Schüler nicht? Sie werden den Namen Jeschke doch wohl schon einmal gehört haben?«

»Äh, natürlich. Zumindest gelesen. Auf der Englischarbeit. Ich habe die Klasse zu Schuljahresbeginn erst übernommen.«

»So so. Und da wollten Sie dann gleich mal testen, was die so können.«

Obermüller witterte Morgenluft.

»Genau. Da hab ich mir gedacht, gleich mal ne Arbeit schreiben zu lassen.«

»Haben Sie sich gedacht. Und was denken Sie jetzt?«

»Na ja, hm, das ging ziemlich schief. Miserabler Notenschnitt. Aber ich muss denen schon zeigen, wo der Hase läuft, wenn Sie verstehen.«

»Jetzt passen Sie mal gut auf, Herr Oberlehrer. Ich gebe Ihnen bis morgen, 14:00 Uhr, Zeit, um die Arbeit zurückzuziehen. Sollten Sie das nicht tun, werde ich mich an den zuständigen Ministerialrat der Dienstaufsicht wenden. Oder besser gesagt, meine Anwälte werden das für mich erledigen. Ich rate Ihnen, das nicht für einen Scherz zu halten. Bei Ihrem Direktor werde ich noch heute Abend vorsprechen und ihn über diese unglaubliche Sache unterrichten.«

»Äh, wie? Aber ich ...«

»Unterbrechen Sie mich nicht, wenn ich spreche. Und bilden Sie sich nicht ein, dass Sie bei uns Eltern und speziell bei mir mit solchem Notenterror durchkommen. Lehrer wie Sie haben an einer öffentlichen Schule nichts zu suchen. Sie spielen mit dem Seelenfrieden unserer Kinder. Sie sind ein Totengräber der Pädagogik.«

Walter Jeschke blickte Obermüller kalt an und stand auf.

»Darf ich ...«

»Deadline morgen, 14:00 Uhr. Auf Wiedersehen. Oder besser nicht.«

Obermüller sackte in sich zusammen. Eigentlich war er dafür bekannt, ein harter Hund zu sein. Er schien seinen Meister gefunden zu haben.

»Verdammter Mist«, murmelte er.

Schulleiter Rumpler öffnete auf das Klopfen hin die Tür zum Rektorat. Normalerweise verbrachte er an solchen Abenden ein paar geruhsame Stunden in seinem Büro. Wenn er erst mal seine Ansprache gehalten hatte, konnte er sich liegengebliebenem Krimskrams widmen. Nur selten wurde er von Eltern behelligt, wenn doch, dann meist nur wegen Schullaufbahnempfehlungen oder sonstiger harmloser Beratungsangelegenheiten. Na ja, ab und zu kam irgendein Idiot von Elternteil daher und führte sich auf, aber das war sehr selten der Fall. Plötzlich klopfte es heftig und gleichzeitig flog die Tür auf. Schulleiter Rumpler schreckte auf.

»Äh, ich muss schon sagen, also, guten Abend, Herr …«

»Jeschke. Dr. Walter Jeschke.«

»Herr Jeschke. Was kann ich für Sie tun?«

»Das werden wir sehen. Ich mache es kurz. Was ist denn dieser Lehrer Obermeier für einer?«

»Sie meinen Herrn Obermüller?«

»Von mir aus.«

»Äh, wie meinen Sie das? Er ist ein langjähriges Mitglied unseres Kollegiums.«

»Und damit brav und redlich und ein guter Pädagoge.«

»Äh, schon, durchaus. Aber dürfte ich bitte erfahren, was konkret …?«

»Dürfen Sie. Dieser Herr Obermüller hat in der zweiten Englischstunde des Schuljahres eine nicht klar angekündigte Englisch-Arbeit mit einem Notenschnitt von fast 5,0 geschrieben. Ein absolutes Unding! Eine bodenlose Unverschämtheit. Ich erwarte, dass er die zurücknimmt. Ohne Wenn und Aber.«

»Aber …«

»Nichts aber. Machen wir es kurz. Ich habe ihm ein Ultimatum bis morgen, 14:00 Uhr, gestellt. Und damit Sie es wissen, ich meine das ernst. Wenn er die Arbeit nicht selbst zurücknimmt, dann werden Sie ihn dazu bringen, sie zurücknehmen. Ansonsten hören Sie von meinen Anwälten. Ich werde es nicht zulassen, dass unsere Kinder in derartiger Weise mit der Notenpeitsche terrorisiert werden. Sie als Schulleiter sollten ein Interesse daran haben, die Sache nicht eskalieren zu lassen.«

»Also, Herr Jeschke, etwas heftig, wie Sie das so formulieren, ich meine, sollten wir nicht … Aber gut, ich werde mir die Sache anschauen.«

»Und dann lassen Sie gleich mal das Aufgabenblatt von einem Fachkollegen durchsehen. Dieser Herr Obermüller ist nicht nur ein Schülerhasser, er hat auch fachliche Defizite. Da sind zwei Fehler in seinem Aufgabenblatt. Das darf doch wohl nicht wahr sein. Selbst fehlerhaft arbeiten und die Schüler tyrannisieren. So nicht, Herr Schulleiter. Ich hoffe, Sie haben mich verstanden.«

Schulleiter Rumpler war perplex. Er war zwar allerhand Auftritte eigenartiger Eltern gewöhnt, aber so eine Vorstellung war sogar für ihn ein Novum. Nachdem Walter Jeschke das Direktorat verlassen hatte, tappte er noch ein paar Minuten unschlüssig in seinem Büro herum. Das war wieder ein Konflikt, wie er ihn hasste. Eigentlich sah er nicht ein, dem Ansinnen einfach nachzugeben. Andererseits war die Angelegenheit doch heikel. So ein miserabler Schnitt gleich in einer der ersten Unterrichtsstunden! Dieser Trottel von Obermüller! Das war ja nicht das erste Mal, dass er so einen Klops lieferte. Wenn er ihm aber in den Rücken fiel, würde wieder der Personalrat gerannt kommen. Andererseits die Öffentlichkeit. Er sah den Aufruhr der anderen Eltern kommen. Pädagogische Unmenschen an der Albert-Kruckenhauser-Realschule. Und dann die Dienstaufsicht! Die würde wieder alles nachkontrollieren und am Schluss würden sie die Arbeit sowieso zurücknehmen müssen und wie die Deppen dastehen. Man kannte das ja. Keine Rückendeckung. Wie man es drehte, es gab keine vernünftige Lösungsstrategie. Eine Win-win-Situation war nicht in Sicht. Schulleiter Rumpler ließ sich ermattet in seinen Direktorensessel plumpsen.

Am nächsten Schultag in der zweiten Pause zog Obermüller nach entsprechend klaren Worten des Schulleiters und nach »eigener, reiflicher Überlegung« die Englisch-Klassenarbeit in der 7d zurück. Der Klasse teilte er diesen Entschluss in der fünften Stunde mit und verkaufte seine Entscheidung als generöse Ausnahmetat, weil er eben ein guter, ja geradezu wohlwollender Pädagoge sei. Die Schüler schauten ihn erstaunt an.

Obermüller tat die ganze Unterrichtsstunde recht scheinheilig. Innerlich aber sann er auf Rache. Er würde sie irgendwie anders drankriegen, irgendwie geschickter und subtiler, diese faule Saubande.

Melanie Wilferth, deren Mutter es am Vorabend aufgrund der Menschenschlangen vor dem Klassenzimmer der 7d gar nicht mehr gelungen war, bis zu Englischlehrer Obermüller vorzudringen, war erleichtert. Die Note 6 in der Englisch-Klassenarbeit war aufgehoben. Endlich einmal eine gute Nachricht, wenn auch nur für einen Moment. Denn ihre Probleme waren ja damit langfristig nicht gelöst. Ihre Mutter würde sich trotzdem riesig freuen.

Gewiss, das sind zwei plakative und ziemlich diametrale Episoden. Sie sind jedoch keineswegs untypische Einzelfälle und sie ereignen sich in dieser oder ähnlicher Weise tagtäglich überall im Land, denn Schule erzeugt immer noch und immer wieder Beklemmung, Verdruss und Konflikte, besonders wenn der Schüler den normativen Ansprüchen der Schule oder den hohen Erwartungshaltungen der Eltern nicht genügt. Häufig sind es gerade die Eltern, die das Leben der Schüler komplizierter und unbehaglicher gestalten. Denn neben sympathischen und sozialintegrativen Eltern gibt es eben unangenehme, und zwar sowohl für das Kind selbst als auch für die Lehrer.

Das führt zu Fragen: Welche Elterntypen gibt es im Lande? Welche Schüler können sich mit ihren Eltern glücklich schätzen? Welche Schüler haben Pech?

26. *Elterntypen – eine Annäherung*

In Journalen, Magazinen, Elternratgebern und im Internet geistern sie alle herum, die stereotypen Elternkategorien von heute. Meist werden dem Leser in diesen Zeitschriften und auf den entsprechenden Plattformen mehr oder weniger alberne, schnell zusammengeschusterte Kurzcharakteristika von Eltern angeboten. Zu finden sind unter anderem folgende Begriffe für typische Eltern von heute:

Lifestyle-Eltern, Kraken-Eltern, Bildungs-Eltern, Überehrgeiz-Eltern, Angeber-Eltern, Möchtegern-Eltern, Schuldzuweis-Eltern, Experten-Eltern, Verdränger-Eltern, Anarcho-Eltern, Demokraten-Eltern, Gesundheits-Eltern, Helikopter-Eltern, Ignoranten-Eltern.

Sie alle kommunizieren in irgendeiner Weise mit der Schule, wobei selbstverständlich auch Nicht-Kommunikation eine Art von Kommunikation ist, denn man kann schließlich nicht »Nicht-Kommunizieren«. Kurz gefasst präsentieren sich die Elterntypen wie folgt:

Lifestyle-Eltern stellen die Schulen mit ihrem herausgeputzten und stylish aufgemotzten Einzelkind aufgrund ihrer vielfältigen, anderweitigen Interessen nicht vor große Probleme. Solange der Laden irgendwie läuft, sind sie an Schule wenig interessiert und der Umgang mit anderen Neidhammel-Eltern ist ihnen eh zuwider.

Kraken-Eltern kleben auch noch an ihren Kindern, wenn diese im fortgeschrittenen Alter sind. Sie nerven mit ihrer treudoofen Anhänglichkeit und Fürsorglichkeit die Lehrer – und oft die Kinder selbst. Die Lehrer versuchen meist, vor ihnen zu fliehen, da diese Eltern Umstandskrämer sind und oft gar nicht recht erklären können, warum sie in der Schule vorstellig werden. Sich-Kümmern ist ihr Grundanliegen.

Bildungs-Eltern melden ihr Kind nach der Geburt am Gymnasium an, geben sich anspruchsvoll und betrachten alle Schularten außer dem Gymnasium als persönliche Beleidigung. Sie neigen dazu, Lehrkräfte zu belehren, mit pompösen Zitaten aufzuwarten und in Gesprächen ins bildungspolitisch Fundamentale zu versinken. Das interessiert in der Schule natürlich niemanden, doch das merken sie nicht oder wollen es nicht wahrhaben. Solange die Noten stimmen, sind sie eher harmlos.

Überehrgeiz-Eltern sind nicht immer die hellsten unter der Sonne, bilden sich das aber ein und projizieren ihre Zukunftssorgen auf die Kinder, die es einmal besser als sie selbst haben sollen. Mit dieser egoistischen Attitude quengeln sie in den Schulen herum und versuchen ihre mehr oder weniger intelligenten Kinder zu pushen.

Angeber-Eltern überschätzen sich und ihre Sprösslinge, was zu einem Auseinanderklaffen von Anspruch und Wirklichkeit führt. Sie machen viel sinnlosen Wirbel, stehen aber in der Diskussion mit den Lehrern auf tönernen Füßen. Nur selten fallen die Lehrer auf sie herein, meistens verachten sie diese Art von Eltern herzlich. Typisches Lehrerzitat in der Pause: »Sag mal, waren diese doofen Schnösel auch schon in deiner Sprechstunde?«

Möchtegern-Eltern kommen den Angeber-Eltern nahe, können aber aus schichtenspezifischen Gründen nicht ganz mithalten. Routinierte Lehrkräfte haben mit ihnen ein relativ leichtes Spiel und lassen sie in Gesprächen wegen ihrer eher seichten Argumentation abfahren.

Schuldzuweis-Eltern sind unangenehm für Lehrer und Schulleitung. Sie projizieren alle eigenen Probleme und die der ganzen Welt auf das Umfeld ihrer Kinder und vornehmlich auf die Schule, die diese besuchen. Motto: Right or wrong, my child. Sie sind zudem leicht beleidigt, meist sogar dauerbeleidigt und daher enervierende Gesprächspartner. Lehrer verabscheuen sie völlig zu Recht.

Experten-Eltern sind entweder wirklich auf irgendeinem Feld Experten oder sie tun zumindest so. Ihre Litaneien und Belehrungen stoßen bei Lehrern auf keinerlei Gegenliebe, da sich Lehrer selbst als ausgewiesene Experten sehen. Und aus einem Gespräch zwischen lauter Experten entsteht selten etwas Gutes oder Zielführendes. Das macht die Kommunikation sowieso sinnlos. Die Kinder dieser Eltern sind meistens auch irgendwie Experten und wollen stets recht haben.

Verdränger-Eltern neigen dazu, die unter Umständen prekäre schulische Lage ihres Kindes nicht realistisch wahrzunehmen und Maßnahmen aufzuschieben. Sie reden sich Noten und Leistungen so lange schön, bis es zu spät sein kann. Dann mutieren sie oft zu Schuldzuweis-Eltern.

Anarcho-Eltern sind eher sympathische Querschläger, die in der Kommunikation mit der Schule erfrischende Ansichten haben. Diese mögen nicht immer dem gesellschaftlichen Mainstream entsprechen. Wenn die Lehrer auf sie flexibel-interessiert reagieren, gibt es mit diesem Elterntyp kaum Probleme, auch wenn ihre Kinder Klassenfreaks sind.

Demokraten-Eltern sind aufrechte, stets bemühte, gerechte und noch mit weiteren 20 positiven Adjektiven versehene Eltern, die das Gute der Menschen fördern. Leider sind sie oftmals politisch überkorrekte Umstandskrämer und ergehen sich in endlosen Debatten, auch wenn schon alles besprochen und geklärt ist.

Gesundheits-Eltern tauchen gerne im Lebensraum Schule auf, auch wenn es gar nicht um ihre eigenen Kinder geht. Sie wollen den Pausenverkauf biologisch korrekt gestalten und nerven den Schul-Caterer solange mit ihrem Wunsch nach gesundem Essen, bis dieser einknickt. Und mittags dann das von den Schülern verabscheute Grünzeug wieder mitnehmen muss.

Helikopter-Eltern lassen, wie schon der Name sagt, gerne ihre weiten Flügel um ihr Kind kreisen, auf dass diesem aber auch gar nichts jemals passiert. Sie sind aufgrund ihrer Überfürsorglichkeit und Überängstlichkeit die Hauptnervensägen unter den Eltern. Konziliante Schulleiter öffnen ihnen frühmorgens bereitwillig das große Schultor, damit sie ihr Kind mit ihrem SUV bis ins Klassenzimmer fahren können. Dort würden sie gerne bis Unterrichtsschluss neben ihrem Kind sitzen, um es zu beschützen.

Ignoranten-Eltern tauchen in der Schule selten auf. Es sind genau die Eltern, die sich Lehrer mal in ihrer Sprechstunde wünschen, um ihnen etwas über die Leistungen oder das Verhalten ihres Kindes zu erzählen. Doch sie glänzen leider durch Abwesenheit. Und wenn sie einmal vorsprechen, kann das peinlich werden. Es gibt einen herrlichen Cartoon, auf dem ist Folgendes zu sehen: Der Schulleiter sitzt in seinem Büro hinter seinem Schreibtisch, davor sitzen eher betulich wirkende Eltern, die ihn anschauen. Der Schulleiter sagt zu den Eltern:

»Nein, Ihr Kind ist nicht hochintelligent, Sie beide sind nur ganz furchtbar dumm.«

Das würden Schulleiter oder Lehrer niemals zu Eltern sagen. Denken würden sie es hin und wieder aber schon. Wobei es sich in so einem Fall nicht immer um Ignoranten-Eltern handeln muss.

27. Elternabend, Elternsprechtag und Lehrersprechstunde

Elternabend, Elternsprechtag und Lehrersprechstunde sind die Gelegenheiten für Eltern aller Couleur, um mit der Schule in Kontakt zu treten, mit Lehrern zu reden, sich zu informieren und sich nach Lust und Laune in der Schule auszutoben. Elternabend und Elternsprechtag werden in den verschiedenen Bundesländern naturgemäß verschieden bezeichnet, mal als Elternversammlung, mal als Sprechabend, aber egal, jeder weiß, was mit den Begriffen gemeint ist.

Ein Elternabend ist an vielen Schulen zunächst einmal eine reine Eltern-Informationsveranstaltung, zum Beispiel zu Schuljahresbeginn oder während des Schuljahres, wenn es Entscheidungen über schulische Laufbahnen zu fällen gilt oder die Schule sich bemüßigt fühlt, einen Experten über irgendein schulisches Thema einzuladen. Man will ja als aktive Schule gesellschaftlichen Pflichten nachkommen, und es damit in die Lokalpresse schaffen. Bei solchen Veranstaltungen geht es wahlweise um Drogen- und Suchtprävention, Lernprobleme, Burn-out, Berufsmöglichkeiten und so weiter. Ab und zu kommt ein selbsternannter Spezialist für Lerntechniken oder Gedächtnistraining vorbei oder ein dynamischer Mentalcoach verdient sich ein Zubrot mit einem albernen Vortrag. Beliebt, weil kostengünstig, sind Polizeimeister und Sozialpädagogen aus der Region, die vor irgendetwas warnen, meist vor Drogen und bösen Mitmenschen.

Dann sitzen hundert beflissene Eltern und ein paar Besserwisser in der kalten und ungemütlichen Aula und hören dem Herrn Schulleiter und dem Referenten zu. Meist stellen sie nach einiger Zeit fest, dass sie das Gesagte sowieso wissen und es lediglich in neu verpackten Worten serviert bekommen. Der eine oder andere kämpft nach einem langen Arbeitstag sichtlich mit dem Schlaf.

Was soll es in einer Zeit der medialen Informations-Überflutung gerade hinsichtlich pädagogischer Fragen schon Neues geben? Der Herr Direktor hat halt eingeladen (»Liebe Schülereltern, ich freue mich, Ihnen mitteilen zu können, dass es der Schulleitung der Albert-Kruckenhauser-Realschule gelungen ist, einen hochqualifizierten Fachmann zum Thema ‚Die Gefahren des Internet' einzuladen ... und ich freue mich ebenso über Ihren regen Besuch, drücken Sie doch damit Ihre Verbundenheit mit Ihrer Schule, der Albert-Kruckenhauser-Realschule, aus und blablabla ...«), um zu demonstrieren, dass die Schule am Puls der Zeit ist und sich um ihre Schüler und Eltern kümmert. So hören sich die üblichen Verdächtigen unter den Eltern das eben an. Das sind die Mitglieder des Elternbeirats, die Klassenelternsprecher und die Mitglieder der Kraken-, Helikopter-, Experten- und Bildungsfraktionen. Ignoranten-Eltern ignorieren so etwas. Meist stehen ein paar Lehrer in den Ecken oder sitzen angeödet in den hinteren Reihen, um Präsenz zu demonstrieren oder das Rednerpult, den Beamer und andere Gerätschaften aus dem Multi-Media-Fundus der Schule hinterher wieder zu verstauen und die Aula abzuschließen. Sie sind entweder freundlich herbeizitiert worden oder es sind die Streber unter den Lehrern, die ein paar Pluspunkte beim Direx sammeln wollen.

So schleppt sich der Vortrag (»... der, ich sage Ihnen das gerne, sehr verehrte Eltern und Erziehungsberechtigte, jederzeit von Ihnen mit Fragen unterbrochen werden darf«) dahin und nachher stellen die üblichen Verdächtigen unter den Eltern ein paar sinnlose Fragen (»Also ich bin sehr beeindruckt von Ihren Worten, sehr geehrter Herr Murr, aber dieses Internet, das ist ja schon eine komplexe Angelegenheit, nicht wahr, sollte ich das meinem Kind nicht lieber ganz verbieten, oder vielleicht stundenweise?«). Nach dem salbungsvollen Schlusswort des Schulleiters und dem Überreichen einer Flasche Wein an den Referenten (»Sie wissen ja, Herr Murr, wir sind keine reiche Schule, aber wir haben uns gedacht, eine Flasche ‚Ewig Leben' ...«) trollen sich alle in den garstigen Novemberabend. Hoffnungsvollerweise hat der Hausverwalter, dem der Abendtermin herzlich auf den Geist geht, die Außenbeleuchtung vor der Schule angelassen. Ein paar der Eltern treffen sich anschließend noch in der Pizzeria »O sole mio«, um das Gesagte zu diskutieren oder um sich zu betrinken. Am nächsten Morgen weiß sowieso keiner mehr, was eigentlich genau erzählt wurde.

Es gibt Schulen, die halten den Elternabend oder die Elternversammlung kurz, um anschließend noch einen Elternsprechabend durchzuführen. Dann zieht sich die Angelegenheit natürlich fürchterlich und ermüdend in die Länge.

Wobei: Elternsprechabende oder Elternsprechtage haben es sowie in sich – oder auch nicht. Warum? Dafür gibt es einige Gründe.

Der wichtigste: Sie sind weitestgehend sinnfreie Veranstaltungen. Wie sollen Eltern am Elternsprechabend mit der Lehrkraft ein vernünftiges Gespräch führen, wenn vor deren Klassenzimmertür weitere zwanzig Eltern ungeduldig warten, murren und quengeln? Mehr als ein paar mickrige Platituden und Phrasen kommen da nicht rüber im Austausch zwischen Lehrer und Eltern, wenn die Lehrkraft überhaupt kapiert, um welchen Schüler es sich genau dreht. Denn groteskerweise setzen Eltern oftmals voraus, dass der Lehrer sie erkennt und nennen daher ihren Namen nicht. Der Lehrer aber hat unter Umständen keine Ahnung, wer vor ihm sitzt und auch die Vornamensnennung (»Ja, was macht denn meine Chantal bei Ihnen im Unterricht so?«) hilft nicht weiter, denn im Unterricht sitzt davon eine mit diesem Namen vorne in der Fensterreihe, eine hinten in der Mittelreihe und eine neben der Tür in der Wandreihe. Driftet das Gespräch aber schon am Anfang namensmäßig ins Nirwana und fragt die Lehrkraft nicht nach, dann ist das nicht mehr zu korrigieren. Nach ein paar Minuten Palaver kann sie nicht mehr nach dem Namen fragen, ohne sich zum Affen zu machen. Also findet oft genug ein völlig imaginäres Gespräch über irgendwen statt, das eine routinierte Lehrkraft natürlich durchaus souverän führt:

»Ja, klar, die Chantal, ja, sowieso, die Chantal ..., also ich sag mal, ein bisschen mehr könnte sie sich im Unterricht schon beteiligen, aber Sie wissen ja selbst, wie es heutzutage ist, die Mädchen gehen halt nicht so aus sich raus, na ja, das seh ich nicht so eng, also das geht schon, und die Noten, na da ist eigentlich keine große Gefahr, soll halt weiter schön lernen, Sie wissen ja, häusliche Vorbereitung ist echt wichtig, auch mal was wiederholen, aber wem sage ich das, das wissen Sie selbst, also, wenn die Chantal nicht noch leistungsmäßig richtig abfällt, dann kriegen wir das, denke ich, schon hin, das wird schon …«

»Na prima, danke für die Auskunft, Herr Klotz, das werde ich der Chantal sagen. Dann kann ja nichts mehr schiefgehen, gell? Und schönen Abend noch.«

So geht das mehrfach am Elternsprechabend, besonders bei den Lehrkräften, die zweistündige Fächer unterrichten und damit viele Klassen haben.

Und es gibt andere Fallstricke. Wenn eine Lehrkraft ein paar Tage vor dem Elternsprechabend noch eine Klassenarbeit schreibt, braucht sie sich nicht zu wundern, dass sie abends um 11:00 Uhr noch im kalten Klassenzimmer am Ende des trostlosen Gangs sitzt und vor der Tür immer noch 15 Eltern warten, um die neuesten Noten zu erfahren. Wenn sie jedoch diese Arbeit noch nicht korrigiert hat, ist sie sowieso untendurch. (»Ganz schön fauler Typ, dieser Englischlehrer, das sollte man mal seinem Direktor sagen. Was macht der eigentlich den ganzen langen Tag? Und wir stehen uns hier die Beine in den Bauch, völlig für die Katz.«)

Es gibt Lehrkräfte, die schlagen am Elternsprechabend zurück und entnerven die wartenden Eltern gezielt. Sie führen mit ihnen bekannten und geschätzten Eltern ellenlange Gespräche, bis denen draußen vor der Tür der Kragen platzt und sich auf den Gängen tumultartige Szenen abspielen:

»Das gibts doch wohl nicht, jetzt quatscht der Idiot mit der schon 20 Minuten und wir warten bereits eine Dreiviertelstunde! Was gibts denn da so lange zu reden?«

Irgendwann reißt einer die Tür auf und schaut drohend.

»Tja, tut mir leid, manchmal ists halt kompliziert. Da muss man schon mal ausführlicher reden. Und Sie müssen sich bitte ein bisschen gedulden.«

Dafür wird der Drängler, der einfach die Tür aufgerissen hat, später dann billig abgespeist:

»Ihr Sohn Roger, der hat bisher viermal die Drei und fällt sonst nicht auf.«

Pause.

»Ja, und was können Sie sonst noch über ihn sagen?«

Große Pause.

»Eigentlich nichts.«

Ganz große Pause.

»Und das war alles?«

»Ja.«

Sehr lange Pause.

»Und für diese mickrige Information warte ich eine Dreiviertelstunde?«

Kurze Pause.

»Schon.«

Da viele Eltern um die lästige Warterei am Sprechabend wissen, kommen sie an manchen großen Schulen auf die Idee, Listen mit getakteten Sprechzeiten an die Türen der Klassenzimmer zu hängen, auf denen sie sich eine Stunde vor Beginn eintragen können. Nur: Das nützt nichts, denn es gibt neunmalkluge emsige Eltern, die sich dann flugs überall eintragen und alle anderen blockieren. Da sich sowieso immer alles zeitlich verschiebt, ist das System völliger Humbug, selbst wenn es vielleicht irgendwann mal in Paderborn und Braunlage funktioniert hat.

Zu diskutieren wäre noch die Frage, wer überhaupt zum Elternsprechabend kommt. Meistens sind es die Eltern, bei deren Kindern es keine Probleme gibt, die aber gerne etwas Gutes über ihr Kind hören und sich bei den Lehrern eine Portion Lob abholen wollen. Die anderen, die Problemfälle und Ignoranten-Eltern kommen sowieso nicht.

Das Allerwichtigste zum Elternsprechabend aber ist: Es soll Schulleiter geben, die keine Fußballfans sind und einen Sprechabend so legen, dass er mit einem Champions-League-Spiel kollidiert. Das ist ein Quadratfehler und führt zu inneren Tobsuchtsanfällen bei den Lehrkräften. So eine Dummheit verzeihen sie erstens der Schulleitung nie und lassen zweitens ihren Verdruss an den Eltern aus.

Für die Eltern gibt es neben dem Elternsprechabend selbstverständlich noch die Möglichkeit der persönlichen Kontaktaufnahme in der Elternsprechstunde des Lehrers. Das ist zugleich die sinnvollste Möglichkeit, mit ihm ins Gespräch zu kommen. Oder besser: Sie wäre es, denn entweder ist der Lehrer gerade auf einer Fortbildung außer Haus oder er hat eine Vertretungsstunde in der 9c oder er ist krank oder ist »a.d.v.«, also anderweitig dienstlich verhindert, was immer das auch heißen mag. Wenn die Eltern den Lehrer doch erwischen, weil sie schlau genug waren, telefonisch im Sekretariat einen fixen Termin auszumachen, könnte er sich gestört fühlen, weil er in seiner Sprechstunde, die irgendwie in seinen Augen eine Freistunde ist, ein bisschen korrigieren oder sich in der Stadt ein Nusshörnchen kaufen wollte. Aber vielleicht haben Eltern auch Glück und der Lehrer ist auskunftsfreudig und froh, endlich mal wieder mit normalen Menschen zu reden.

Das Fazit aus all dem ist, dass persönliche Gespräche zwischen Lehrern und Eltern zweifellos wichtig sind. Trotzdem lässt sich summa summarum sagen, dass diese Veranstaltungen, Termine und Sprechstunden in der Weise, wie sie heutzutage immer noch fast überall an unseren Schulen üblich sind, in einer Welt der permanenten digitalen Kommunikationsmöglichkeiten weitgehend Makulatur sind und einen Anachronismus darstellen. Penne von gestern eben.

28. Der Elternbeirat

Der Elternbeirat ist das allerwichtigste und allerbedeutendste Gremium heutiger Schulen. Das zumindest denkt der Elternbeirat von sich selbst. Andererseits soll es Schulleiter geben, die der Meinung sind, dass der Elternbeirat das ideale Gremium für alle möglichen lokalen Bildungs- und Kulturkrauterer ist, die dort mit ihrem Halbwissen glänzen beziehungsweise sich damit blamieren und außerdem versuchen, in alle möglichen schulischen Dinge reinzuquatschen.

Die Wahl zum Elternbeirat wird – bis auf das lästige Auszählen der Stimmen – von den in der Elternversammlung anwesenden Lehrern und der Schulleitung in der Regel als ganz große Komödie gesehen. Da hocken nun also, sagen wir, 150 Eltern in der Aula und es sollen Wahlvorschläge eingereicht werden. Frau Dörfel, Frau Schaufel, Frau Blümel und Frau Hampel haben schon in der Vorwoche in der Pizzeria ihres Vertrauens ausgemacht, dass sie sich dieses Jahr zur Wahl stellen wollen, »um denen an der Albert-Kruckenhauser-Realschule einmal so richtig zu zeigen, wo es langgeht.« Herr Göbel, Herr Würfel und Herr Dümpel sind zur Versammlung gekommen, »um sich das Ganze mal anzusehen«, aber eigentlich sind sie bereits hoffnungslos vom Tagwerk übermüdet, gewisse bescheidene Ambitionen für die Wahl jedoch nicht ausgeschlossen, sollte sie jemand vorschlagen.

Dann geht es los. Der Wahlleiter ruft die Versammlung auf, Wahlvorschläge zu machen. Langes Schweigen im Saal, keiner will schließlich vorprellen. Manche würden gerne von anderen gerufen werden, es ruft aber keiner. Das ist ärgerlich, aber, solange die anderen nicht um den heimlichen persönlichen Ehrgeiz wissen, auch wieder egal. Dann schlägt Frau Dörfel Frau Hampel vor, die sich etwas ziert, sich aber als Kandidatin aufstellen lässt. Frau Hampel schlägt nun Frau Blümel vor, die sofort annimmt. Frau Dörfel ist angesäuert, weil sie keiner ruft. So war das nicht ausgemacht. Die erste Basis für spätere Konflikte in den eigenen Reihen ist gelegt. Frau Schaufel schlägt dann doch Frau Dörfel vor, die sich umgehend revanchiert und wiederum Frau Schaufel aufruft. Zwei spätere Verbündete haben sich gefunden.

So geht das weiter, es gibt schließlich noch andere Gruppierungen, die sich kennen. Irgendwann nominiert einer aus dem Plenum Herrn Dümpel, der sich verhalten murrend zur Kandidatur bereit erklärt und seinerseits die Herren Würfel und Göbel aufruft. Nach langem Hin und Her gibt es zum Glück noch fünf weitere Kandidaten. So ist man nun schon zu zwölft, eine Minimalzahl, um davon zehn Mitglieder des neuen Elternbeirats zu küren.

Was die Kandidaten eigentlich genau wollen, das weiß keiner. Es gibt bisher kein Programm, kein Statement. Doch dann stellen sich die Kandidaten dem Plenum vor, das sie schließlich wählen soll.

»Mein Name ist Blümel. Ich habe eine Tochter in der 7c.«

»Mein Name ist Dörfel. Ich war schon mal im Elternbeirat in der Grundschule.«

»Mein Name ist Schaufel, wie beim Bagger. Haha. Ich bin 43 und habe zwei Kinder, eins in der 7. und eins in der 9. Klasse. Halt, Entschuldigung, der Kleine geht erst in die 6., glaube ich. Oder doch nicht? Haha.«

»Mein Name ist Hampel und ich habe da schon ein paar Ideen, die man ins Schulleben einbringen könnte. Mal sehen.«

»Ich bin der Herr Göbel und arbeite bei der Post. Die Schule liegt mir schon am Herzen. Aber wenn Sie jemand anders wählen als mich, ist das auch okay.«

»Mein Name ist Würfel und der ist Programm. Wollen wir zusammen künftig mehr Sechser würfeln, ja? Also, ich würde den Job schon machen.«

»Mein Name ist Dümpel, ich habe einen Sohn in der 9. Klasse. Ich würde schon gerne mitarbeiten, bin aber selten im Lande, weil ich Ingenieur im Außendienst bin, also viel unterwegs.«

So geht das weiter und irgendwann sind die zehn furiosen Mitglieder des neuen Elternbeirats gewählt. Das mag wieder was werden, denkt sich der Schulleiter. Hohoho, denken die anwesenden Lehrer.

Dann erst die Sitzungen! Es gibt ja fleißige und faule Elternbeiräte, wie in allen Gremien und wie bei den Schülern. Manche halten vier Sitzungen im Schuljahr, manche kommen auf zehn oder mehr. So sitzen sie irgendwann am Mittwochabend im kalten Mehrzweckraum der Schule bei grellem Neonlicht zusammen. Die Herren fluchen insgeheim, weil doch heute Abend wieder Fußball im Fernsehen ist. Der Schulleiter sitzt resigniert herum, ist er doch leider, leider zu fast allen Sitzungen eingeladen. Inmitten seiner nach außen vermittelten Apathie ist er jedoch innerlich angespannt und jederzeit bereit, auf dumme Ideen, kuriose Anträge und haltlose Vorwürfe mit einem Repertoire nach oben offener Eskalationsstufen zu reagieren.

Die Tagesordnungen der Elternbeirats-Sitzungen während des Schuljahres ähneln sich und begeistern ihn jedes Mal aufs Neue. Die Sitzung im November sieht so aus: Begrüßung – Vorbereitung des Elternsprechabends – Pausenverkauf des Hausverwalters – Neugestaltung des Pausenhofs – Zuschüsse zu Klassenfahrten – Wünsche, Anträge, Beschwerden.

Die Vorsitzende, zum Verdruss von Frau Blümel, Frau Hampel und Frau Dörfel ist das Frau Schaufel geworden, wohl mit ihrer eigenen Stimme, begrüßt alle Anwesenden sehr umständlich, auch natürlich »den lieben Herrn Schulleiter«. Der weiß schon jetzt, dass beim Tagesordnungspunkt Elternsprechabend nicht viel passieren kann und hakt diesen ab. Erste massive Konflikte tun sich beim Pausenverkauf des Hausverwalters auf: zu viel süßes Zeugs, zu viel ungesunder Leberkäse, zu wenig Obst. Also Antrag auf Äpfel und Bananen im Angebot, zudem mehr Milch statt Cola und Fanta. Der Antrag wird nach einigen sinnlosen Diskussionsbeiträgen mit acht zu zwei (die Männer!) angenommen und der Schulleiter wird aufgefordert, das umzusetzen. Der Schulleiter verspricht es hoch und heilig. Es ist ihm jedoch sowas von wurscht, er kennt das Thema seit Jahr und Tag. Er wird mit dem Hausverwalter reden, weiß aber, dass spätestens nach einem Monat die Äpfel und die Bananen liegen geblieben sind, die Kids ungesundes Happy Happa vom nahegelegenen Supermarkt mitbringen und der Hausverwalter stillschweigend zum alten Verkauf von ungesundem Unsinn übergeht. Die Schokoriegel hat er zwischenzeitlich heimlich aus den Beständen unter dem Tresen verkauft.

Halb zehn abends. Die Diskussion um die Neugestaltung des Pausenhofs hat sich festgebissen. Kein Konzept, kein Geld, alles wie eh und je. Herr Blümel steht kurz vor dem Einschlafen und macht den Vorschlag, dieses Thema auf das Frühjahr zu verschieben, zu dieser Jahreszeit würde das sowieso nichts mehr. Der Antrag wird angenommen, Neuaufnahme des Themas also im April, wo man dann feststellt, dass es für eine Neugestaltung in diesem Schuljahr schon fast zu spät ist, weil man weder Konzept noch Geld hat. Deshalb kommt im April der Vorschlag, das Thema doch wieder im September aufzugreifen, da capo al fine. Der Schulleiter freut sich insgeheim, wieder ein Punkt abgehakt. Bei den »Zuschüssen zu Klassenfahrten« nimmt das übliche Spektakel seinen Lauf. Wie stellt man die tatsächliche Bedürftigkeit von Eltern fest? Vielleicht wollen die sich nur bereichern? Sollte man stets nachfragen? Vielleicht könnte man auf der Vorlage von eindeutigen Verdienstbescheinigungen oder Belegen vom Sozialamt bestehen? Oder ist das ein unschicklicher Eingriff in die Privatsphäre? Oder sollte man die Zuschüsse überhaupt reduzieren oder die Klassenfahrten abschaffen? Also wie oder was und vor allem was jetzt? Inzwischen wird es 23:00 Uhr. Die meisten Elternbeiratsmitglieder sind ermattet, Herr Blümel schon einmal weggeratzt. Der Schulleiter weiß, dass der übelste Tagesordnungspunkt, »Wünsche, Anträge, Beschwerden«, noch kommt.

Und prompt geht es nochmal richtig los. Warum muss dieser Herr Pollinger ausgerechnet die Kinder in der 7c unterrichten? Könnte man Frau Gumpert nicht endgültig rausschmeißen, die Kinder lernen ja nichts bei ihr. Man will dem Schulleiter ja nicht zu nahetreten, aber hat er sich schon mal die miserablen Notenschnitte von Herrn Korb angesehen? So geht das doch nicht weiter! Viele Kinder haben berichtet, dass Frau Schnell ihren Unterricht immer zu spät beginnt. Kann die Schulleitung da nicht durchgreifen? Überhaupt die Schulleitung! Kann sie nicht die Eltern dazu einladen, sich mit in den Unterricht zu setzen? Die Schule müsste doch viel transparenter arbeiten! Und das Mittagessen in der Schulkantine taugt nichts. Und der Caterer liefert lauwarmes Essen! Und in der 8b ist schon wieder eine Stunde ausgefallen! Und, und, und!

Der Schulleiter sieht zwei Möglichkeiten: Beschwichtigung, indem er verständnisvoll tut und auf Zeit spielt, dann allerdings geht der ganze Salat das nächste Mal wieder von vorne an. Oder Gegenangriff und Eskalation, damit klar wird, wer Herr im Hause ist. Am Schluss wird es ein Mischmasch aus Droh- und Beschwichtigungsphrasen und irgendwann um 23:30 Uhr endet die Elternbeiratssitzung. Auf dem dunklen Weg zur Schule hinaus kommen noch ein paar Partikularinteressen von Elternbeiratsmitgliedern auf den Schulleiter zu, das weiß er. Die 9f wünscht einen neuen Mathelehrer, die 6b hat einen doofen Stundenplan und so weiter. Alles tausendmal gehabt, alles immer das Gleiche.

Das Damenkränzchen des Elternbeirats eilt flugs zum nahegelegenen Italiener, eine Pizza geht alleweil noch. Giorgio wird schon was machen. Im Lokal wird über die nichtanwesenden Mitglieder des Elternbeirats, über die faulen Lehrer und den unfähigen Schulleiter hergezogen, hört ja keiner sonst zu. Die Lehrer und der Schulleiter erfahren das alles am nächsten Morgen brühwarm, man hat schließlich seine

Spezis und Informanten überall. Es regt seit Langem keinen mehr auf, alle kennen das Spiel schon ewig.

Geht das immer so zu? Natürlich nicht immer. Und nicht überall. Deshalb gibt es zum Schluss des Kapitels noch die freudige Nachricht, dass man dieses triste Szenario nicht verallgemeinern sollte, denn viele, ach was, 80 bis 90 Prozent aller Elternbeiräte arbeiten auf einem ganz anderen Niveau. Echt!

Die lobenswerten Elternbeiräte kümmern sich um die Schule, sie engagieren sich, sie sammeln Spenden, sie verschönern die Klassenzimmer und die Aula, sie organisieren Referenten für schulische Themen, sie unterstützen die sozial Schwachen, sie schmeißen ganze Schulfeste. Kurz: Sie sind eine Bereicherung und eine Freude für die ganze Schulfamilie.

Aber die dilettantischen gibt es eben trotzdem und das muss auch mal gesagt werden.

29. *Klassenelternsprecher*

Im Vergleich zu den Mitgliedern des Elternbeirats sind die Klassenelternsprecher, eine Art Elternvertretung der jeweiligen Schulklasse, eine quantité négligable. Im Grundschulbereich haben sie sicher ihre Berechtigung und kümmern sich in reizender Weise um die Kleinen. Sie besprechen hin und wieder mit den Grundschullehrern wesentliche Themen der Erziehung, meist jedoch backen sie Kuchen, begleiten die Kinder auf Ausflügen, bereiten kleine Feiern vor, was man halt so macht, wenn man vormittags Zeit hat und glaubt, sich mit Kindern und Schule auszukennen.

In der Sekundarstufe können Klassenelternsprecher eher zum latenten Gegenpol zu Lehrern und Schulleitung werden. Bei Klassenelternversammlungen lassen sie schon mal die Lehrer der Klasse, in die ihr Kind geht, antreten und berichten. Wenn die Lehrer geschickt sind, hängen sie die intellektuelle Latte bei Komplikationen und dummen Fragen schnell ein bisschen höher, um den Wind aus den Segeln übereifriger und neunmalkluger Klassenelternsprecher zu nehmen. Erfahrungsgemäß kommen jüngere und unerfahrenere Lehrer bei diesen fragwürdigen Versammlungen durchaus ins Schwitzen und unter Druck, denn je konzilianter sie im Auftreten sind, desto dreister gerieren sich manche Klassenelternsprecher. Unbedarftere Lehrer müssen aufpassen, nicht im Kreuzverhör wuchtiger Dummdreistigkeit zu landen.

»Wieso haben Sie schon wieder eine so schlecht vorbereitete Klassenarbeit geschrieben?«

»Sie haben in diesem Schuljahr schon viermal gefehlt, wie soll das weitergehen? Ist da nicht der schulische Erfolg unserer Kinder gefährdet?«

»Merken Sie nicht, dass Sie mit Ihrem Verhalten bei unseren Kindern nicht gut ankommen?«

Das sind so typische Totschlagfragen, die nicht jeder gut zu kontern versteht.

Am unangenehmsten sind Klassenelternsprecher, wenn sie sich mit den Lehrern der Klasse statt in der Schule diskret im Nebenzimmer der lokalen Pizzeria treffen, möglichst ohne den bösen Mathelehrer und ohne den nervigen Klassenleiter. Dann fraternisieren sie mit den anwesenden Lehrern und ziehen über die nicht teilnehmenden Pädagogen her, erst noch gemäßigt, nach dem zweiten Rotwein fulminanter. Das nächste Mal geht es gegen die abwesende Englischlehrerin und so weiter und so fort.

Klar, alles viel zu bösartig gesehen, aber tendenziell nicht falsch und in der schulischen Realität leider immer wieder der Fall. Und weil nun gerade das Negative angesprochen ist, noch ein kurzer Exkurs zum Thema …

30. Streitbare Eltern

Sie stehen regelmäßig in der Schule auf der Matte, lungern während der Pausen vor dem Lehrerzimmer herum, belagern das Rektorat: die Quengler und Streithammeln unter den Eltern. So manche dieser Spezies gehören zur militanten Helikopter-Fraktion, die ihre Kinder überbehüten und ständig auf der Lauer sind, damit diesen nichts Böses widerfährt. Diese mentale und psychische Überversorgung kombinieren sie mit einem Schuss Aggressivität und der Pflege eines Feindbildes. Und wer hat es in bösartiger Absicht auf die Kleinen abgesehen? Natürlich die Schule, der üble Schulleiter und die inkompetenten Lehrer. Ihre Anklagen und Drohungen gegen Lehrer und Schulleitung ähneln sich all überall:

»Ich erwarte von Ihnen, dass Sie meinem Junior noch die Chance auf eine gute mündliche Note geben. Wenn Sie ihn durchfallen lassen, werden Sie das bereuen.«

»Was fällt Ihnen ein, solch eine schlechte Klassenarbeit herauszugeben? Sie sind ein Schülermörder!«

»Sie haben Ihre Aufsichtspflicht verletzt. Wenn Sie im Pausenhof besser aufgepasst hätten, hätte mein Sohn keinen Schneeball ins Auge bekommen.«

»Meine Tochter hat zu Hause den ganzen Stoff noch gekonnt. Nur weil Sie repressiv arbeiten und die Klasse unter Druck setzen, kann sie ihre Leistung nicht entfalten.«

»Glauben Sie ja nicht, dass ich dieses Zeugnis akzeptiere und unterschreibe. Sie werden von meinen Anwälten hören.«

»Ich erwarte von Ihnen, dass Sie diese katastrophale Deutschlehrerin aus der Klasse meiner Tochter herausnehmen. Ansonsten werde ich mich an die Dienstaufsicht wenden.«

Und egal, ob diese Eltern recht haben oder nicht, sie lösen des Öfteren mit ihren Beschwerden eine Papierkrieg-Lawine an Stellungnahmen, Gegendarstellungen, Erklärungen gegenüber der Dienstaufsicht, Gesprächsprotokollen und so weiter aus. Lehrer sind dabei schnell verunsichert, Schulleiter hassen das, weil es Zeit kostet.

Manchmal haben die Eltern durchaus das Recht auf ihrer Seite, da die Schule nie ein konfliktfreier Raum ist und jeder weiß, dass es Komplikationen geben muss, wenn mehrere Hundert Schüler, Lehrer und Eltern mit all ihren vitalen Eigeninteressen aufeinandertreffen. Ab und zu jedoch übertreiben Eltern und projizieren ihre eigenen häuslichen Konflikte und Unzulänglichkeiten auf die Schule. Irgendeinen Fußabstreifer für seinen eigenen Unrat braucht man schließlich im Leben. Und außerdem muss das Kind reüssieren, koste es, was es wolle.

Doch es gilt, gerecht zu sein, denn natürlich wird das Miteinander in der Schulgemeinschaft von der Elternseite her nicht vom Negativen dominiert. Unter den Elternbeiräten, Klassenelternsprechern und der riesigen Mehrheit der anderen Eltern, die keine schulischen Funktionen innehaben, gibt es glücklicherweise:

31. Eltern als schulische Wohltäter

Die wohlmeinenden und konstruktiven Eltern sollte jede Schule hegen und pflegen. Sie kann von ihnen nur profitieren. Und das geht in vielfältiger Weise.

Viele Eltern bringen sich heutzutage – es sei noch einmal erwähnt – konstruktiv ins schulische Leben ein. Sie gestalten die Schulfeste mit, sie hübschen die Klassenzimmer ihrer Kinder auf, sie organisieren eine Tombola zugunsten schulischer Projekte, sie nehmen Austauschschüler auf, sie geben großzügige Spenden und sponsern schulische Belange. Wenn eine Schule nicht betriebsblind ist, macht sie sich die Expertise von Eltern zunutze und pflegt Elternkontakte, denn diese Eltern arbeiten in Dienstleistung, Handel, Wirtschaft und Industrie und können bei der Stellenvermittlung für Absolventen weiterhelfen. Oder sie sind Mitglieder in Sport- und Kulturvereinen, eventuell im Gemeinde- oder Stadtrat, in Institutionen und Verbänden und damit Ansprechpartner für schulische Interessen und Belange.

Das ist doch Antichambrieren und Lobbyismus? Ja klar, aber wieso sollte es im schulischen Leben anders zugehen als im wirklichen Leben? Schulen sind schon lange keine isolierten Inseln der Seligkeit mehr und auf Außendarstellung und Kontakte im Umfeld angewiesen. Also müssen sie ran an diese Wohltäter unter den Eltern. Sie brauchen sich ja nicht von ihnen abhängig zu machen. Und wenn einfältigere unter den wohltätigen Eltern anbieten, dass sie der Lehrkraft einen Fresskorb oder der Schule einen neuen Beamer spendieren, wenn sich die maroden Leistungen ihres Sohnes im Fach Physik notenmäßig verbessern lassen, dann müssen sich Schule und Lehrer das eben verbieten. Denn eines ist klar: Wohltätigkeit ist nicht immer aus Altruismus geboren und im kapitalistischen täglichen Rattenrennen muss jeder schauen, wo er bleibt. Genau das tun diese Eltern selbstredend auch.

UND WER WEIß NOCH MEHR? DIE LEHRER

32. Der Dreiklang Schüler – Eltern – Lehrer

Schüler – Eltern – Lehrer: Das ist der Dreiklang von Schule, in dem die Schüler und die Eltern naturgemäß nicht diejenigen sind, die Rahmen und Ablauf des Schulbetriebs vorgeben beziehungsweise initiativ prägen.

Die Schüler stehen im Zentrum allen Tuns, sie sind es, um die es eigentlich geht. Die Eltern schauen quasi von außen zu und können höchstens reagieren. Beide – Schüler wie Eltern – sind demnach in erster Linie Betroffene mit gewissen, eher beschränkten Mitgestaltungsmöglichkeiten. Beide sind abhängig von Rahmenbedingungen, von den Lehrern, der Schulleitung, der Schulaufsicht, der Ministerialbürokratie und all den Lehrplänen, Regularien, Erlassen, kurz von dem, was man gemeinhin »Schulsystem« nennt. Die Schüler werden »beschult«, sie erhalten Noten, sie werden versetzt oder nicht, sie werden gelobt oder kritisiert.

Die dritte agierende Gruppe, also die der Lehrer, ist ebenfalls nicht wirklich unabhängig oder gar autonom, selbst wenn das auf den ersten Blick so aussehen mag. Bei genauerer Betrachtung stehen sie nicht so souverän da, wie es zunächst den Eindruck erweckt. Trotzdem sind sie in diesem

Dreiklang Schüler – Eltern – Lehrer das prägende, tonangebende und stilbildende Element. Die Schüler müssen den Lehrern (mehr oder weniger) folgen, sie sind von ihnen notenmäßig abhängig, ihrem Unterricht ausgesetzt, ihnen bis zu einem gewissen Grad ausgeliefert.

Die Schüler erleben die Lehrer im Unterricht, in den Klassen, manchmal in den Pausen, bei Veranstaltungen. Sie erleben sie nicht im Lehrerzimmer, nicht in ihren Beziehungen zur Schulleitung, nicht in ihren dienstlichen und dienstrechtlichen Vorgaben, Hierarchien und Zwängen, nicht unter dem Aspekt, dass auch Lehrer beurteilt werden und damit Abhängige sind.

Macht das einen Unterschied? Ja, einen großen sogar, weil jeder der Beteiligten die Schule subjektiv aus seinem Segment von Welt sieht, mit oft unterschiedlichen Erwartungshaltungen. Das führt natürlich zu einer grundlegenden Frage: Ist die wirkliche, also die im Hier und Jetzt bestehende, vorgegebene Schule, die »wirklich *wahre* Schule«? Oder könnte eine »wirklich *wahre* Schule« sich unter Umständen markant unterscheiden von der bestehenden, von der realen Schule, wie jeder sie kennt? Was würde das für Schüler, Eltern und insbesondere für die Lehrer bedeuten?

Deshalb gilt es, nicht nur einen Blick zu werfen auf die Lehrer und die heutige Realität von Schule, sondern hin und wieder auf die Optionen. Kurz: Es gilt, die Frage zu stellen, ob Schule so sein muss, wie sie ist. Könnte Schule nicht anders und damit vielleicht besser sein? Wo hakt es im System? Gibt es realistische Möglichkeiten, Schule zu verändern? Was könnten die Lehrer dazu beitragen?

Damit also zunächst einmal zu den Lehrern, von denen die Schüler bis zu einem gewissen Grad abhängig sind, die aber selbst ebenfalls abhängig sind.

33. Lehrertypen – ein paar Beispiele

Eine kurze Recherche zu den diversen Lehrertypen von heute in den entsprechenden Journalen, Magazinen, pädagogischen Zeitschriften und im Internet ergibt eine bunte Mischung. Da tauchen unter vielen anderen auf: der Hilflose, der Tyrann, der Erbsenzähler, der Fachidiot, der Beamte, der Medienfreak, der Kränkelnde, der Überlastete, der Faulpelz, der Resignierte, der Diktator, der Halbtagsjobber, der Choleriker, der Neuling, der Altmodische, der Künstlertyp, der Sozialintegrative, der Könner, der Überfürsorgliche, der Kumpel, der Strenge, der Clevere, der Engagierte, der Anspruchsvolle, der Gerechte, der Humorvolle. Und das sind keineswegs alle.

Erstaunlicherweise sind relativ wenige von ihnen positiv, lediglich einige neutral, die meisten negativ konnotiert.

Weil die Wahrheit bekanntermaßen immer konkret ist, nehmen wir einfach einmal zehn Lehrertypen heraus, so wie sie vor ihren oder inmitten ihrer Klassen stehen.

Realschullehrer Bertram Voit (45, Wirtschaft/Erdkunde) scheint Opfer des trostlosen Faches Wirtschaft zu sein. Erdkunde ist ihm sowieso vergällt, obwohl es einmal sein Hobby war. Aber wer kann sich auf Dauer mit seinem Hobby identifizieren, wenn er ignorante Jugendliche unterrichten muss, die weder die leiseste Ahnung noch irgendwelches Interesse an der schönen weiten Welt und ihren Begleiterscheinungen haben. Man soll sein Hobby nicht zum Beruf machen, das ist eine alte Weisheit, an der bevorzugt Lehrer scheitern. Insbesondere Kunst- und Musiklehrer können ein Lied davon singen. Fächer wie Wirtschaftslehre und Rechnungswesen wiederum sind trocken und genießen bei den Schülern wenig Sympathie, was auf den Lehrer abfärben kann. So unterrichtet Bertram Voit eben vor sich hin, nicht vollkommen schlecht, nicht sonderlich gut, nicht mit Schwung und Perspektive.

Jedes Jahr gehen bei ihm ein paar Prozent pädagogisches Engagement flöten, sind ihm die Schüler ein bisschen mehr egal. Er reißt seinen Job herunter wie andere in anderen Berufen auch. Aber in der Schule geht es schließlich um junge Menschen! Egal, er hat sich eingerichtet, tut keinem richtig weh, lockt keinen hinter dem Ofen hervor, ist nicht sonderlich beliebt an seiner Schule, aber auch keine Hassfigur. Notenmäßig lässt er die Schüler überleben, was soll er sich auch mit schlechten Schnitten herumärgern und sich womöglich noch vor den Eltern und dem Schulleiter rechtfertigen. Da nimmt er lieber die seit Jahren bewährten Vorlagen für Klassenarbeiten und variiert sie höchstens ein wenig. So wissen die Schüler, was sie erwartet und es schafft jeder Depp und Faulpelz einen Vierer oder gar einen Dreier bei ihm. Ist ja eh wurscht.

Noch circa zwanzig Jahre muss er unterrichten, eine Vorstellung, vor der ihm graut. So minimiert er die Anforderungen an sich selbst, erzählt in Erdkunde irgendwas, weil es sowieso egal ist, und ödet die Schüler mit den unumgänglichen Buchführungsprogrammen an. Hauptsache, es wird 13:00 Uhr und er kann raus aus der Schule und sich anderen Dingen widmen, die ihn mehr interessieren. Er ist schließlich noch Kassier im Schützenverein, zweiter Vorsitzender des Kegelclubs und Schriftführer im Angelverein. Gegen Nachmittagsunterricht wehrt er sich mit Kräften, weil der seinen Mittagsschlaf gefährdet und sowieso nur Zinnober ist. Überhaupt sind all die Änderungen im schulischen Leben in seinen Augen Kokolores.

In welche Kategorie der Lehrertypen kann man Bertram Voit einordnen? In eine eindeutige wohl nicht, er ist eher eine Kombination aus Resignierter, fauler Sack, Halbtagsjobber und Frustrierter.

Grundschullehrerin Sabine Thomann (34) ist die gute Seele ihrer Schule. Sie ist wegen ihrer liebevollen und vertrauenswürdigen Art eine bei allen Kindern beliebte Lehrerin und für viele eine Art Ersatzmutti. In den Unterrichtsstunden fressen ihr die Schüler aus der Hand, in den Pausen ist sie stets von ihnen umschwärmt.

Sie ist eine Lehrerin, die sich kümmert, die viel Extrazeit opfert und der nichts zu viel wird. Das merken die Schüler schnell. Der Unterricht mit den Kleinen wird ihr nicht zur Routine, sie sorgt mit viel Spiel, Sport, Tanz und Musik für Abwechslung. Kaum jemals kommt sie ohne einen Fundus an Utensilien in ihre Grundschule: Bastelmaterial, Puppen, selbst gebastelte Rate- und Quizspiele und natürlich hin und wieder einem extra gebackenen Kuchen, von den kleinen Belohnungen für Leistungen ihrer Kids gar nicht zu reden.

In den dritten und vierten Klassen der Grundschule wächst normalerweise der Druck auf die Kinder, weil in dem Bundesland, in dem sie unterrichtet, der Übertritt in eine andere Schulart ansteht. Es geht um Noten. Das ist Sabine Thomann ein Graus. Sie wünscht sich, dass alle ihre Schülerinnen und Schüler weiterkommen, aber auf sanfte Weise, möglichst ohne viel Leistungsdruck. Das ist nicht immer leicht und so unterstützt sie besonders die schwächeren Kinder, um ihnen keinen Weg zu verbauen. Sie weiß um die schlimmen häuslichen Verhältnisse, die bei manchen Schülereltern herrschen. Sie investiert zusätzliche Zeit zu Mittag oder am Nachmittag, um Kindern aus sozial schwachen und problematischen Familien zu helfen. Ein bisschen ist sie wohl auch eine Sozialromantikerin.

Der Dank der Eltern für ihr Engagement ist ihr genauso gewiss wie die Sympathie der Kinder. Die Schulleitung ist entzückt, so eine Perle an der Schule zu haben, stellt sich aber öfter die Frage, wie lange diese Lehrerin das aushalten wird. Es ist schwierig, sich in diesem Beruf über Jahre immer wieder neu zu motivieren und das selbst auferlegte hohe Niveau zu halten. So kann man sagen, dass Sabine Thomann engagiert, sozialintegrativ und fürsorglich ist, genau das, was es an der Grundschule ganz besonders braucht.

Studienreferendar Thomas Wolfrum (26, Deutsch/Geschichte) ist der Chaot vom Dienst. Warum das schon in jungen Lehrerjahren der Fall ist, ist ihm selbst ein Rätsel. Er hatte immer Lehrer werden wollen, die eher weichen Fächer Deutsch und Geschichte schienen ihm für ein Studium prädestiniert. Das Studium selbst hatte er mit Bravour und besten Ergebnissen gemeistert, in pädagogischer Theorie war er beschlagen. Was sollte schon schiefgehen mit dem Lehrberuf.

Dann kam das Referendariat und alle seine Ambitionen und Träume zerstoben im Nu. Obwohl er seine Stunden akribisch vorbereitete und keineswegs 08/15 arbeitete, lief fast jede Stunde ins Chaos. Seine Seminarlehrer ahnten Böses, versuchten aber, ihn zu stärken und lobten sein Wissen und seine Gewissenhaftigkeit.

Die Klassen, in denen er zunächst Lehrbeispiele hielt und die er dann übernahm, machten in seinem Unterricht, was sie wollten. Er konnte bitten, betteln, flehen, schimpfen, drohen, es half nichts. So gut wie alle von ihm gehaltenen Stunden endeten in Tumulten. Lag es an seiner Haltung vor den Klassen? An seiner soften Körpersprache? An seiner etwas verquasten Artikulation?

Sein Leidensweg begann an der Seminarschule und setzte sich an der Einsatzschule fort. Obwohl ihm seine Seminarlehrer aus gutem Grund rieten, vielleicht doch lieber etwas anderes als Lehrer zu werden, gab er nicht auf. Was hätte er auch tun sollen? Was kann ein junger erfolgloser Lehrer mit den Fächern Deutsch und Geschichte sonst für einen Beruf ausüben? So viele Verlage, Organe der Erwachsenenbildung und sonstige Institutionen gibt es schließlich nicht.

So wurschtelt sich Thomas Wolfrum durch und wird irgendwann aufgrund seiner guten theoretischen Noten eine Stelle auf Lebensdauer bekommen und damit selbst unglücklich werden. Und für die Schule, die ihn zugewiesen bekommt, wird er zum Dauerproblemfall. Wieso das so ist, das weiß er bis heute nicht. Aber ist der Ruf eines Lehrers an einer Schule erst einmal ruiniert, ist das fast nicht mehr korrigierbar. Die Kids haben Blut geleckt, haben seine Schwächen aufgespürt und sie nutzen sie gnadenlos aus. Sie passen im Unterricht nicht auf, sie lernen nichts, sie schreiben miserable Arbeiten, verhandeln mit ihm über die Noten und es bleibt ihm nichts anderes übrig, als klein beizugeben. Er will ja nicht schon wieder beim Rektor auffällig werden. Ein wahrer Teufelskreis. Auf Jahre hinaus.

Trotz aller Hilfestellung durch Kollegen und Schulleitung ist in diesem Fall nichts zu machen: Manche noch so ambitionierten Lehrer werden von den Schülern nicht akzeptiert, aus welchen Gründen auch immer.

Mittelschullehrerin Conny Baumeister (42, Deutsch/Sozialkunde), macht, wie man Neudummdeutsch sagt, einen Klasse-Job. Sie unterrichtet ihre Fächer auf gutem Niveau, was in einer Mittelschule keine leichte Aufgabe ist, denn keinen Schüler interessiert Deutsch, und Sozialkunde erst recht nicht. Sie arbeitet projektorientiert, fast nie frontal, und damit hält sie die Schüler bei der Stange. Sie wissen nie im Voraus, was auf sie zukommt. Das kann Gruppenarbeit, Recherche, Freiarbeit oder Lernen vor Ort, also außerhalb der Schule sein. Und damit wird auch das eher jenseits ihres unmittelbaren Erfahrungshorizonts liegende Fach Sozialkunde halbwegs greifbar und zugänglich, denn die Schüler gehen mit ihrer Lehrerin ins Rathaus, in Gerichtssitzungen, in Stadtratssitzungen, zu örtlichen Kulturvereinen und in ortsansässige Unternehmen.

Der eigentliche Lehrplan steht für Conny Baumeister nicht im Fokus, denn Projektarbeit und Kompetenzförderung der Schüler kosten viel Zeit. Den von vielen Lehrern immer noch gepflegten, typisch deutschen Vollständigkeitswahn, also das systematische Abarbeiten der Lehrpläne, hat sie sich längst abgeschminkt. Damit ist sie immer gut gefahren, weil ihr Unterrichtsstil bei den Schülern ankommt und sie auch den Schwächeren unter ihnen immer eine Chance gibt.

Natürlich bleibt einiges auf der Strecke, Rechtschreibung und Grammatik in Deutsch zum Beispiel. Andererseits wird häufig festgestellt, dass die Schüler bei anderen, mehr formalistisch arbeitenden Lehrkräften in Deutsch auch nicht viel mehr lernen, oder? Man kann eben nicht alles haben, muss Prioritäten setzen. Und das tut Mittelschullehrerin Conny Baumeister an ihrer Schule außerhalb des Unterrichts ebenso. Sie ist präsent, bietet nachmittags zusätzliche Kurse für Flüchtlingskinder und Problemschüler an, schaut dabei weder auf Zeit noch Geld. Manche ihrer Kollegen halten sie daher für ein bisschen naiv oder zu altruistisch. Doch diese Kollegen verstehen nicht, dass sie im Grunde stets belohnt wird, nicht materiell, sondern mit Sympathieeffekten und Zuneigung ihrer Schüler. Diese haben feine Sensoren und fühlen sich angenommen, mit all ihren Schwächen. So ist im Unterricht von Conny Baumeister das Konfliktpotenzial der Schüler sehr gering. Damit wird locker die Zeit wieder eingespielt, die bei anderen Lehrern mitunter wegen allerhand Streitereien und deren Schlichtung verloren geht. Konflikte jedoch sind an dieser Mittelschule mit ihrem sozial komplizierten Umfeld an der Tagesordnung. Der Schulleiter jedenfalls wünschte sich, einige Lehrer mehr vom Kaliber dieser Lehrerin zu haben.

Gesamtschullehrerin Silke Kunstmann (36, Mathematik/IT) hat alles richtiggemacht: die Entscheidung Lehrerin zu werden, die Wahl ihrer Fächer Mathematik und Informationstechnologie und die Entscheidung für die Schulart Gesamtschule. Man hat den Eindruck, dass diese souveräne und überzeugende Lehrerin eigentlich gar keine Ausbildung gebraucht hätte, weder die theoretische an der Universität noch die praktische im Referendariat. Sie ist ein Naturtalent in praktischer Pädagogik. Weder kämpft sie jemals mit dem zu vermittelnden Stoff noch mit den Schülern in den Klassen, und das, obwohl Mathematik nicht gerade das Lieblingsfach der Kids ist und Informationstechnologie sich als Schulfach wesentlich tiefgründiger präsentiert als lediglich mit dem Computer herumzuspielen, wie sie es gewohnt sind.

Es scheint plötzlich alles so relativ einfach zu sein für die Schüler in ihren Klassen. Sie haben kaum noch die üblichen Probleme in Algebra oder Geometrie. Das liegt nicht nur daran, dass Gesamtschullehrerin Silke Kunstmann so gut und verständlich erklären kann, sondern dass sie den Schülern die Angst vor Mathematik zu nehmen versteht. In den Klassenarbeiten hat jeder Schüler, auch der schwache, eine faire Chance, denn die Aufgaben sind immer fair und im Schwierigkeitsgrad sinnvoll gestaffelt. So können sich die mathematisch unterbelichteten unter den Schülern zumindest auf eine Mittelfeldnote retten. Eine ganze Reihe von Schülern hat jedoch wirklich gute oder sogar ausgezeichnete Noten, ein ganz neues Lebensgefühl im Fach Mathematik.

Gesamtschullehrerin Silke Kunstmann mag ihre Fächer und sie mag ihre Schüler und das ist in ihrem kreativen Unterricht zu spüren. Vieles ist multimedial aufbereitet, mit visuellen Effekten präsentiert oder kann von den Schülern mit mathematischen Strategieaufgaben und zu logischem Denken anregenden Spielen selbst erarbeitet werden. Dabei kommen ihr natürlich ihre IT-Kenntnisse zu Hilfe.

Sie war es, die es an der Gesamtschule geschafft hat, in ihren Klassen iPads einzuführen. Vorbei der alte Käse mit nicht funktionierenden Computern in den wenigen IT-Räumen der Schule, die oftmals nicht zur Verfügung standen. Die iPads arbeiten instant-on, schnell und problemlos. Für die Eltern, die sie gekauft haben, wurden spezielle Finanzierungsmodelle entwickelt, damit sie nicht zu einer kostenmäßigen Belastung wurden. Es gelang ihr sogar Sponsoring für die Eltern aufzutreiben, die sich die iPads nicht leisten konnten. Insofern hatte auch die Schulleitung nichts zu meckern. Und neuerdings werden die iPads von anderen Lehrern in der Klasse ebenfalls verwendet. Da kann ein »Computer-im-Unterricht-Gegner« wie Professor Spitzer so viel herummäkeln, wie er will. Es kommt schließlich auf den sinnvollen Einsatz an und der ist im Unterricht dieser hervorragenden Lehrerin durchgehend gewährleistet.

Studienrätin Irene Hartmann (57, Mathematik/Physik) kommt als das andere, negative Extrem einer Mathematiklehrerin daher. Kein Schüler – und wahrscheinlich auch kein Lehrer – kann sich daran erinnern, sie einmal lächeln gesehen zu haben. Sie ist im Laufe ihres langen Lehrerlebens eine kalte, hartherzige und verbitterte Pädagogin geworden: zu viele Konflikte, zu viel Frustration.

Ihr Dasein als Lehrerin war immer von Durchsetzung und Kampf geprägt. Kampf gegen die ignoranten und aufsässigen Schüler, die mit jedem Jahr noch dümmer und rotziger daherkamen, Kampf gegen deren Eltern, die ihren Fratzen den Rücken deckten und sie sogar gegen die Lehrer aufhetzten, Kampf gegen andere Lehrer der Schule, die sie als Softies ohne pädagogisches Rückgrat betrachtete, Kampf gegen den windelweichen Schulleiter, der immer herumlavierte und sie nicht in ihren Disputen unterstützte, auch wenn sie sich noch so sehr im Recht fühlte.

Die Schule von heute, insbesondere in den Hardcore-Fächern Mathematik und Physik: ein einziges Schlachtfeld und mittendrin sie, Studienrätin Irene Hartmann. Das ist ihre Sicht der Dinge, das ist ihr Weltbild, dem sie nicht mehr entrinnen kann und will.

Ihr rechthaberisches und streitbares Wesen hat sie zu einem einsamen Menschen inmitten all der Schüler und Lehrer werden lassen. Und wenn man sich einmal ein Bild von jemandem gemacht hat, dann kommt der oder die Betroffene nicht mehr davon los, das gilt in der Welt einer Schule in ganz besonderem Maße. Aber das ist ihr inzwischen egal, sie wütet in ihrem beständigen Kampfmodus herum, arbeitet mit Drohungen und der Notenpeitsche, wirft bei minimalen

Anlässen mit Verweisen und anderen Schulstrafen um sich. Die meisten Schüler ducken vor ihr weg, hoffen darauf, nicht im Unterricht aufgerufen zu werden und irgendwie im Jahreszeugnis wenigstens eine Vier zu schaffen. Die Herausgabe von verkorksten Klassenarbeiten wird stets zum Tribunal, es hagelt schlechte Noten und aggressive Sprüche. Dagegen kam nicht einmal fortwährender Protest der Eltern an. Die haben inzwischen resigniert.

Viele fragen sich, wie es eine so unangenehme Lehrerin so lange an einer Schule aushalten kann, ja, wie sie es überhaupt selbst ertragen kann, so unbeliebt zu sein. Aber so ist das nun einmal in der Welt der Schule: Wenn eine Lehrkraft an einer Schule eingestellt, womöglich gar verbeamtet ist, kann ihr so gut wie nichts mehr passieren. Egal wie sehr alle unter ihr leiden, egal was der Schulleiter gegen sie unternehmen möchte und wie miserabel er sie beurteilt, egal wie viele andere, qualifizierte und positiv eingestellte Lehrer auf der Straße stehen und gerne in den Schuldienst gelangen würden. Zum Glück gibt es nicht mehr viele solche Lehrer, doch nahezu jede Schule muss einige wenige dieser Spezies heutzutage noch ertragen.

Seminarrektorin Bettina Kolb (58, Deutsch/Kunst) hat den großen Vorteil, dass ihr die unterrichteten Fächer Deutsch und Kunst in die Karten spielen. Beide sind so genannte weiche Fächer mit großzügig interpretierbaren Lehrplänen. Es geht also nicht so zu wie in Mathematik und in den Naturwissenschaften, wo der Stoff kontinuierlich aufeinander aufbaut und eine Lehrkraft ihn möglichst vollständig abarbeiten sollte, um den nachhaltigen Lernerfolg der Schüler nicht zu gefährden. Denn falls sie ihn zum Beispiel in Mathematik nicht schafft, stehen die Schüler im Folgejahr dumm da, weil die Grundlagen fehlen und wie üblich nicht genug Zeit zum Repetieren des Vorjahresstoffes besteht.

Das ist in Deutsch und Kunst zum Glück anders. Aber: Diesen Vorteil muss sich eine Lehrkraft auch zunutze machen. Sie muss mit dem Stoff im Interesse der Schüler spielen können. Seminarrektorin Bettina Kolb ist dafür prädestiniert, hat sie doch ein schier unerschöpfliches Repertoire an Themen, Stundenbildern und Strategien zur Vermittlung des Lernstoffes entwickelt. In ihrer Funktion als Seminarrektorin ist sie mit der Lehrerausbildung vertraut und profitiert von vielen kreativen Stundenbildern, die die Referendare entwickeln, und von Musterstunden, die sie im Laufe der Jahre gestaltet hat und demzufolge selbst hält. Das färbt auf ihren Unterricht in bestechender Weise ab.

Sie wählt die richtigen Lektüren für Deutsch aus und bringt damit die Schüler zum Lesen, was heutzutage fast schon wie das Schreiben eine immer mehr vernachlässigte Kulturtechnik zu sein scheint. Sie weiß, dass Lesen Spaß machen muss. Also lässt sie die Schüler lieber etwas Spannendes oder Humorvolles lesen. Für die hehren klassischen Werke ist später im Leben immer noch Zeit.

Kunst ist für sie Kreativität pur. Die Schüler arbeiten in einem selbst gestalteten Kunstraum an ihren Werken. Es wird diskutiert, gelacht, zwischendurch einmal eine bewegte Pause eingelegt. Schüler stellen Kunstwerke vor, die ihnen gefallen, und versuchen, diese den anderen Klassenkameraden zu vermitteln. Man hat gar nicht den Eindruck, in einer Schule zu sein, eher in einem permanenten Workshop.

Diese lockere und Gewinn bringende Atmosphäre kommt bei den Schülern an. Sie gehen gerne in Bettina Kolbs Unterricht, sind zu Stundenbeginn pünktlich und immer bei der Sache. Die Lehrerin kann oft gar nicht verstehen, wieso es im Unterricht bei anderen Lehrern Disziplinschwierigkeiten mit diesen netten jungen Wesen gibt. Sie kennt so etwas nicht, weiß aber natürlich, dass diese Haltung mit den Fächern und damit, wie sie von ihr unterrichtet werden, zu tun hat.

Die Schule profitiert erheblich von der Arbeit von Seminarrektorin Bettina Kolb und ihren Schülern, denn im Laufe der Jahre ist sie zu einer Kunstgalerie geworden. Überall hängen Bilder und stehen moderne Kunstwerke. Bei den jährlich stattfindenden Vernissagen in der Schulaula merkt man dem Schulleiter an, wie stolz er auf seine Seminarrektorin ist und darauf, wie der Lebensraum Schule sich so positiv entwickelt hat. Tja, man muss die Talente nur entdecken und fördern.

Gymnasiallehrer Stephan Albert (48, Englisch/Französisch) ist ein fürchterlicher Langweiler. Das ist erstaunlich, denn er unterrichtet mit Englisch und Französisch zwei lebendige und populäre Sprachen, mit denen man im Leben etwas anfangen kann. Für Französisch haben sich die Schüler noch dazu bewusst entschieden. Da muss doch etwas draus zu machen sein!

Allein, er tut es nicht. Er arbeitet ab, dasselbe Schema, seit Jahr und Tag: Begrüßung auf Deutsch statt auf Englisch oder Französisch, stures Abfragen von jeweils zehn Vokabeln, Verbesserung der Hausaufgaben, Arbeitsanweisungen auf Deutsch statt in der Fremdsprache, Lehrbuch aufschlagen, Text lesen, einige gestelzte Fragen zum Text, Übersetzen wichtiger Stellen, Grammatik auf Deutsch, zwei Übungen dazu im Lehrbuch, Hausaufgabe, auf Wiedersehen. Dazwischen mit müdem Lächeln wiederholt dieselben matten Witze (»Paris ist eine sehr laute Stadt. An jeder Straßenecke steht ‚Rue'. Noch dazu schreiben es die Franzosen falsch, haha. Aber jetzt Spaß beiseite, Ernst in die Mitte, haha«). Die Schüler sind wechselweise genervt und angeödet. Alles ist so vorhersehbar, alles ist schwunglos, zäh. Die Zeit geht nicht vorbei. Wenn sie eine Doppelstunde bei Gymnasiallehrer Stephan Albert haben, ist alles besonders furchtbar. Doch die Schüler haben aufgegeben, leisten nicht einmal mehr Widerstand, weil selbst der bei diesem trostlosen Typen hoffnungslos ins Leere läuft.

Gymnasiallehrer Stephan Albert hat sich in seiner tristen Schulwelt eingerichtet. Ja, man könnte den Unterricht ab und zu aufmöbeln mit DVDs oder Gruppenarbeit oder

Sprachspielen und so modernistischem Zeug. Aber der Aufwand! Er verdient sein stattliches Lehrersalär schließlich auf simple und kräfteschonende Weise genauso wie die engagierten anderen Lehrer. Werden will er im System nichts und so nimmt er die mittelmäßigen Beurteilungen durch den Schulleiter eher desinteressiert in Kauf. Richtig übel stellen sich ihm diese Beurteilungen außerdem gar nicht dar, weil der Schulleiter modernen Fremdsprachenunterricht nicht richtig einsortieren kann und denkt, das gehöre sich schon so, wie Gymnasiallehrer Stephan Albert es macht. Die Ergebnisse der Klassenarbeiten und die Noten sind dem Unterrichtsstil adäquat: Alles pendelt sich bei Dreiern oder Vierern ein, zwischendrin ein paar Fünfer. Einen Einser oder Zweier gibt es nur, wenn es irgendeinen sprachlich gewandten oder strebsamen Schüler in eine seiner Klassen verschlagen hat.

Gymnasiallehrer Stephan Albert hat mit seinen Fächern nicht viel am Hut und inhaltlich längst mit ihnen abgeschlossen. In England und Frankreich war er ein paarmal im Urlaub und während seines Studiums musste er jeweils zumindest einen kurzen Studienaufenthalt absolvieren. Das ist alles, was ihn mit den Ländern, deren Sprachen er unterrichtet, noch irgendwie vage verbindet. In seinem drögen Lehrerleben interessiert er sich mehr für seine Arbeit als örtlicher Vorsitzender des Lehrerverbandes, eine übersichtliche, andere würden sagen stumpfsinnige Angelegenheit. In Versicherungsfragen, im Steuerrecht und bei der Altersvorsorge der Lehrer kennt er sich prima aus. Davon profitieren seine Kollegen.

Seine Schüler sähen es sicher lieber, wenn er mehr in seinen Unterricht investieren würde. Sie können einem leidtun. So viel verschenktes Potenzial, so viel Tristesse, so viel Langeweile.

Mittelschullehrer Roger Edelmann (44, Biologie/Chemie/Sport), ist eine illustre Lehrkraft und die Meinungen über ihn gehen auseinander. Die einen, nämlich diejenigen, die ihn in Biologie oder Chemie haben, sehen in ihm einen eher durchschnittlichen Lehrer, der nichts besonders gut, aber auch nichts wirklich schlecht macht. Die anderen schätzen ihn als Sportlehrer, der so richtig für Bewegung sorgt.

Das ist von Schülerseite durchaus klug beobachtet, denn Chemie und Biologie machen zwar 50 Prozent des Stundendeputats von Mittelschullehrer Roger Edelmann aus, er unterrichtet beide Fächer aber mehr notgedrungen, weil er eben nicht nur Sport geben kann. Seine Vorbereitung auf den Unterricht in Chemie und Biologie ist wenig aufwendig, um es milde zu formulieren. Er weiß selbst, dass er viel mehr investieren müsste und damit besser sein könnte.

Eigentlich ist er ja ein guter Lehrer, oder besser gesagt, er war es einmal. Entsprechendes Feedback erhält er von ehemaligen Schülern. Doch über »Tafelchemie« kommt er heute kaum hinaus, Versuche sind ihm seit Langem zu mühsam im Aufbau und oft genug gehen sie sowieso schief. Also entwickelt er lieber Formeln an der Tafel oder auf dem Smartboard. Sauber, schnell und griffig. Und Biologie unterrichtet er am liebsten bei den »Kleinen«, da lässt sich schön irgendetwas über Fuchs und Igel erzählen. Die Flora ist nicht so sein Ding, komplexe biochemische Prozesse sind es auch nicht.

Aber der Sport! Für Sport und Spiel ist Mittelschullehrer Roger Edelmann jederzeit zu haben und da liefert er Unterricht auf hohem Niveau ab. Das kommt sicher davon, dass er selbst vielseitig sportlich tätig ist. Er war früher Fußballprofi, sozusagen im Zweitberuf neben seinem Lehrerdasein. Inzwischen ist er mehr auf Tennis, Langlauf, Skifahren und Aerobic spezialisiert. Unermüdlich versucht er, seine Schule zu einer bewegten Schule umzugestalten, die Schüler zur gesunden Bewegung zu motivieren. In dieser Hinsicht ist er fast missionarisch und begnügt sich nicht mit der Gestaltung von albernen Bundesjugendspielen und kleineren Turnieren. Nein, er hat bewegte Pausen initiiert, in der die Schüler sich unter seiner Anleitung und Aufsicht in der Dreifachturnhalle auf vielfältige Weise sportlich betätigen können: Basketball, Badminton, Handball, Zirkeltraining und vieles mehr sind an der Tagesordnung. Er geht mit den Schülern mittags laufen, spielt mit ihnen nachmittags Fußball, organisiert Sportfeste, bei denen für jeden, also auch für die unsportlichen und tollpatschigen Schüler etwas dabei ist. Keiner darf dabei lächerlich gemacht werden, jeder soll sich im Rahmen seiner Möglichkeiten bewegen. Das ist sein Ziel. Er weiß schließlich darum, welch jämmerlicher Sportunterricht, der oft noch als Erstes gekürzt wird, an den Schulen stattfindet und er weiß, wie notwendig körperliche Betätigung für die Jugendlichen ist. »Bewegung ist alles«, lautet sein unermüdlich vorgetragenes Mantra.

So kann man ruhigen Gewissens sagen, dass eine Schule froh sein kann, wenn sie einen Sportlehrer wie Roger Edelmann in ihren Reihen hat, lausiger Biologieunterricht hin, öder Chemieunterricht her.

Gesamtschullehrer Hakan Ülker (38, Naturwissenschaften) ist ein schräger Vogel, ein Unikum. Er ist zwar Lehrer an einer integrierten Gesamtschule, an der fast 70 Prozent der Schüler Migrationshintergrund haben und die in einem Brennpunktviertel der Großstadt liegt, er würde sich aber genauso gut als Sozialpädagoge und noch besser als Streetworker eignen. Damit ist er an seiner Schule genau richtig.

Als Lehrer ist er ein routinierter Profi und es gibt an seiner Schule keinen zweiten, der so gut mit Problemschülern umgehen kann. Wenn es zwischen den Ethnien wieder mal so richtig knallt, dann ist er gefordert. Nicht umsonst hat der Schulleiter seine reine Unterrichtsverpflichtung trickreich gekürzt, um ihn als Streitschlichter, man könnte auch sagen als Mann für das Grobe, einsetzen zu können. Egal ob sich die Balkan-Fraktion mit der Türken-Mafia schlägert oder die russischen Schüler mit den deutschen an der nahen U-Bahnstation raufen, Hakan Ülker ist allzeit bereit einzugreifen, die Übeltäter auseinanderzuhalten, zur Ordnung zu rufen und zu beruhigen.

Seine mächtige Statur kommt ihm dabei ebenso zu Hilfe wie seine offenkundige Akzeptanz bei den Schülern. Ja, er ist ein beliebter Lehrer, die Schüler wissen, dass er das Herz auf dem rechten Fleck trägt und dazu eine gewaltige Lebenserfahrung im Umgang mit Problemkids entwickelt hat. Die Schüler können es vielleicht nicht artikulieren, aber sie spüren, dass er authentisch ist und keiner Gruppe schaden will. Sie wissen ebenfalls, dass er letztendlich keinen hinhängt oder im Rektorat verpetzt.

Einen Teil seines Naturwissenschaftsunterrichts opfert er zwangsläufig für niederlagenfreie Konfliktlösung und nachhaltige Streitschlichtung, wie man heutzutage so schön formuliert. Gut, Puristen sehen das nicht so gerne, denn für sie hat das rein Faktische des Unterrichts Priorität. Doch ob das reine Stoff-Abarbeiten an allen Schulen der beste Ansatz ist, muss bezweifelt werden. Man darf das wohl nicht mehr so eng sehen, denn was nützt es insbesondere in komplizierten Schulen in Problemvierteln, wenn nur der Stoff durchgezogen wird, die Konflikte und Kleinkriege aber ignoriert werden. Dann kommt auch nichts im Unterricht heraus.

So trifft es sich gut, dass es Lehrer wie Hakan Ülker gibt, die sich nicht verbiegen lassen, die zudem auf innerschulische Hierarchien pfeifen und denen Pseudo-Autoritäten zuwider sind.

Einzig für die überhandnehmenden Konflikte des Internet-Mobbings und all der Postings, die die Schüler in ihrer sorglosen Dummheit produzieren, fühlt sich Hakan Ülker nicht zuständig. Dieses Terrain ist ihm zu intermediär und damit zuwider, zu unsäglich dämlich, zu anonym und zu wenig greifbar. Insofern ist er altmodisch, ansonsten jedoch passt er wunderbar in die Welt der Schule und jede müsste einen wie ihn in ihrem Kollegium haben.

34. *Lehrer von heute – eine Zusammenschau*

Bereits diese wenigen Beispielen zeigen: Unter diesen Lehrerinnen und Lehrern, genauso wie unter allen anderen im Lande, sind gute, schlechte, mittelmäßige, faule, fleißige, gelangweilte, desinteressierte, gutmütige, aufbrausende, freundliche, mürrische, frustrierte und so weiter. Mit allen muss die Schule, müssen die Schüler zurechtkommen. Alle diese Lehrer sollten die Schüler möglichst optimal fördern, ihnen, so gut sie es können, individuell gerecht werden. Eine große Aufgabe!

Die obigen Lehrer sind natürlich frei erfunden – und doch sind sie in ihrer Typisierung real und unterrichten in ähnlicher Form überall im Land an unseren Schulen. Jeder hat den einen oder die andere schon erlebt, mit seinen oder ihren charakteristischen Eigenschaften, Verhaltensweisen und Vorlieben, Vorzügen und Macken.

Viele Charakterisierungen und Klassifizierungen von Lehrern hat es schon gegeben. Man kann ihnen problemlos weitere adäquate Adjektive zuordnen, es gibt autoritäre, konfuse, humorvolle, hypermoderne, langweilige, originelle, sich kümmernde, gereizte, tyrannische Lehrer und so weiter. Meistens sind sie jedoch – wie alle anderen Menschen auch – Mischtypen. Da ist der humorvolle Lehrer ab und zu auch ein strenger, da mutiert der sozialintegrative zum autoritären, der verständnisvolle zum tobsüchtigen, der großzügige zum detailversessenen.

Woran liegt das? Weitgehend daran, dass alle möglichen und unmöglichen, geeigneten und ungeeigneten Menschen sich zum Lehrer berufen fühlen. Doch die Realität des Lehrberufs entspricht oft nicht der Erwartungshaltung. Schule hat wegen des menschlichen Faktors etwas Unkalkulierbares an sich. Die am Schulleben Beteiligten, also Schüler, Lehrer und Eltern, haben oft verschiedene Interessen. Hinzu kommt, dass der Schulalltag schnelle Reaktionen und Entscheidungen erfordert und konfliktträchtig ist. Lehrer sind ständig von Schülern oder Kollegen umgeben und haben kaum Rückzugsräume, nicht einmal im Lehrerzimmer. Sie stehen im Fokus. Lehrer brauchen eine stabile Psyche. Die Gefahr, in diesem Beruf verschlissen zu werden und ursprüngliche pädagogische Ideale über Bord zu werfen, ist groß.

So kommt es, dass Lehrer nicht selten als eigenartige Menschen dastehen, die misstrauisch betrachtet werden. Zudem war ein jeder selbst einmal in der Schule und bildet sich daher ein, über Lehrer urteilen zu können. Man kann über Lehrer immer und überall fröhlich parlieren, sie kritisieren, über sie Leserbriefe schreiben und böse Kommentare veröffentlichen.

Im Alltag sind die Urteile zumindest in einer Hinsicht klar. In einem Lehrerbuch stand sinngemäß zu lesen, dass der Lehrer machen kann, was er will, er macht es sogar außerschulisch meistens falsch. Sieht man den Lehrer nachmittags in der Stadt oder im Supermarkt, heißt es: Da schau her, da läuft er wieder rum, der faule Sack. Sehen die Leute ihn nicht, denken sie sich: Was treibt der eigentlich den lieben, langen Tag?

Und so sind die Klischeebegriffe über Lehrer leider häufig negativ besetztes, tradiertes Gemeingut: Lehrer gelten hierzulande wahlweise als besserverdienende Halbtagsarbeiter, faule Ferienkönige, ungerechte Schülermörder und so weiter. Zum Glück hört man ab und zu auch einmal Stimmen im Volke sagen, dass sie die Lehrer bewundern und deren Job nicht machen wollten.

Unbestritten ist, dass auch in Deutschland sich die verschiedensten Institutionen, Universitäten, pädagogischen Hochschulen, Kultusministerien und Bildungsbehörden um Verbesserung der Qualität der Lehrerausbildung und Aufwertung des Images dieses Berufsstandes redlich bemühen.

Deshalb sollte man gerecht sein. Auch wenn unter den Lehrern an unseren Schulen immer noch erbsenzählende Beamte, schülerfeindliche Unsympathen, desinteressierte Faulpelze, im langen Berufsleben verschlissene Biedermänner und oberflächliche Luftikusse zu finden sind, so hat sich doch vieles im weiten Feld der Schulpädagogik zum Positiven verändert. Es gibt nicht mehr so viele autoritäre und rechthaberische Figuren unter den Lehrern wie früher. Lehrer sind heute umfassender ausgebildet, schülerfreundlicher und sozialintegrativer geworden. Es ist ein Stück Normalität in den Lehrerkollegien unserer Schulen eingekehrt.

Schüler und Eltern bleibt gar nichts anderes übrig, als mit ihnen irgendwie umzugehen. Das ist mal leichter, mal schwieriger und es ist kein Wunschkonzert.

35. Hackordnung unter Lehrern

Wer denkt, alle Lehrer sind in diesem Lande in etwa gleich oder gleichgestellt, der irrt. Allein die Berufsbezeichnungen variieren von Bundesland zu Bundesland, von Schulart zu Schulart, ein Luxus, den man sich in einer multiplen Leistungsgesellschaft so nebenbei leistet. Es gibt also zum Beispiel Grundschullehrer, Hauptschullehrer, Mittelschullehrer, Berufsschullehrer, Realschullehrer, Gesamtschullehrer, Gymnasiallehrer, Studienräte, Oberstudienräte, Studiendirektoren, Fachlehrer, Fachoberlehrer Seminarlehrer, Seminarrektoren, Förderlehrer und so weiter.

Der König aller Lehrer ist der Gymnasiallehrer, manchmal auch noch Studienrat genannt. Er sieht sich als Großfürst im Reiche des Geistes und zelebriert in den Augen der anderen Lehrer des Landes die unerfreuliche Tendenz, auf sie herabzuschauen. Er hat länger studiert als die anderen, arbeitet infolgedessen wissenschaftlicher und verdient selbstredend mehr als all die anderen. Als Lehrer am Gymnasium unterrichtet er an der »vornehmsten« Schulart, auch wenn diese inzwischen prozentual von mehr Schülern als je zuvor besucht wird. Er kann sich den Luxus erlauben, missliebige und seiner Meinung nach weniger helle Schüler in andere Schularten abzudrängen, was der Haupt- und Mittelschullehrer nicht kann, denn der muss mit allen zurechtkommen. Ein weiteres Auffangbecken gibt es schließlich nicht.

Zum Dank dafür, dass die Haupt- und die Mittelschullehrer sich mit problematischeren Schülergruppen herumärgern müssen, bekommen sie weniger Geld. Den Grundschullehrern, am unteren Ende der finanziellen Lehrerleiter angesiedelt, wird zwar immer wieder beteuert, wie wichtig und aufreibend ihr Job mit den kleinen Putzelchen ist, besser bezahlt für ihre tägliche Plage mit ihnen werden sie nicht. Da können die Lehrerverbände jammern, schimpfen und drohen wie sie wollen, die Hierarchie im System ist standes- und bezahlungsmäßig betoniert. Der Philologenverband nimmt sowieso keine anderen Lehrervertretungen ernst und ist unangefochten Top of the Pops.

Doch die offizielle Hierarchie ist nicht die einzige im Lande. Es gibt schließlich noch weitere Unterschiede, wie etwa verbeamtete Lehrer und angestellte Lehrer. Das ist von Bundesland zu Bundesland verschieden und hängt oft von Zufälligkeiten bei der Einstellung, deren Zeitpunkt und der politischen Situation ab. Zwar muss der angestellte Lehrer sicher nicht am Hungertuch nagen, im Vergleich zu seinen mit vielen Privilegien versehenen Beamtenkollegen ist er trotzdem der Dumme. Manche angestellten Lehrer haben noch dazu das Pech, zum völlig falschen Zeitpunkt Lehrer werden zu wollen, zum Beispiel wenn ein Bundesland wieder mal pleite ist. Dann bekommen sie eventuell gerade noch einen befristeten Zeitvertrag. Das betrifft leider derzeit viele der jungen, hoch qualifizierten Lehrkräfte und ist eine widerwärtige Entwicklung: Einstellung im September, im nächsten August Rausschmiss, damit kein finanziell relevanter Folgevertrag entsteht, Wiedereinstellung im September, erneuter Rausschmiss im August und so weiter. Wie bei einer solchen Systematik – selbst bei guten jungen Lehrern – eine Bindung an die jeweilige Schule entstehen soll und Nachhaltigkeit in der inneren Schulentwicklung vorangetrieben werden kann, wissen wahrscheinlich nur die zuständigen Ministerien und deren Bildungsverwalter.

Der Lehrer und ihrer Vertrags- und damit Hierarchiebedingungen sind also viele. Nun könnte der Schluss gezogen werden, dass zumindest innerhalb eines Kollegiums einer Schule Harmonie, Solidarität oder gar Nibelungentreue herrschen, weil ja alle in einem Boot sitzen. Das mag zwar für Außenstehende so erscheinen, weil sie die Binnenstrukturen an der Schule ihres Kindes nicht kennen, doch mit dieser Meinung gehen sie fehl. Innerhalb einer Schule gibt es Hackordnungen, an denen jeder Sozialdarwinist seine Freude hätte. Diese beginnen mit Berufsbezeichnungen und Rang, setzen sich über die gegenseitige Missgunst aufgrund hirnrissiger Beurteilungsmechanismen fort und enden in persönlichen Animositäten wegen unterschiedlicher Beliebtheit beim Schulleiter oder bei den Schülern. Kollege A ist dem Kollegen B nicht grün, weil der in seinen Augen den besseren Stundenplan erwischt hat, Kollegin C erklärt Kollegin D die Feindschaft, weil sie diese Person des Öfteren wegen angeblicher Krankheit vertreten muss, Kollege E hasst Kollegen F, weil der frühzeitiger Oberstudienrat geworden ist als er selbst, Kollege G misstraut dem Fachkollegen H, weil dieser bessere Notenschnitte zaubert, Kollegin X blickt dünkelhaft auf die rangniedere Hauswirtschaftslehrerin Z.

Wem all das noch nicht reicht, der kann einen Blick auf die nach außen nie klaren Gruppen- und Grüppchenbildungen innerhalb eines Kollegiums werfen – wenn er es als Außenstehender denn könnte. Nur der langjährige, geschulte

Blick der Insider erkennt im Lehrerzimmer, wer von wem ein Stück Kuchen angeboten bekommt, wer sich aus welchem Fach ein paar Bonbons nehmen darf, wer wem einen frechen Witz erzählt, wer mit wem etwas zu vertraulich oder intim ist, wer mit wem in der Lehrerküche Kaffee trinkt, wer mit wem kungelt und gegen das Rektorat hetzt und so weiter. Man muss das alles auch nicht wissen. Es ist die Realität eines jeden Kollegiums. So weit zum Thema »Wir sitzen als Lehrer alle in einem Boot«.

36. Lehrerkonferenz

Alle diese Lehrerinnen und Lehrer sind Mitglieder der Lehrerkonferenz, die aus verschiedenen Anlässen ein paar Mal im Schuljahr tagt. Es gibt Schuljahresanfangskonferenzen, pädagogische Konferenzen, Notenkonferenzen und aus irgendwelchen Anlässen einberufene Konferenzen. Alles ist wie immer mustergültig in den einschlägigen Schulordnungen der Bundesländer geregelt. Manche Schulleiter halten nur wenige Konferenzen, weil sie ihnen lästig sind und sowieso nur alle Tagesordnungspunkte langatmig zerquatscht werden, andere zelebrieren sie und damit ihre eigene Bedeutung. Bei manchen Schulleitern dauern Konferenzen von 14:00 Uhr bis 21:00 Uhr, weil jedes Detail, jede kultusministerielle Verlautbarung, jeder Pipifax vorgelesen und kommentiert werden muss, andere reißen sie ratzfatz runter, weil sie wissen, dass eh keiner über Stunden zuhört.

Doch wie muss man sich eigentlich solch eine Lehrerkonferenz, sagen wir eine Schuljahres-Anfangskonferenz, vorstellen? Was geschieht da im Lehrerzimmer? Bevor wir lange spekulieren und theoretisieren, werfen wir einfach einen Blick ins Lehrerzimmer, der heiligsten Halle einer Schule, genau zum Zeitpunkt einer Konferenz. Das sieht dann so aus:

Montag, 01. September, 14:00 Uhr, Lehrerzimmer der Albert-Kruckenhauser-Realschule: Die erste Lehrerkonferenz des Schuljahres oder: Haben innovative Ideen im Schulleben eine Chance?

»Liebe Kolleginnen und Kollegen, damit hätten wir also die unvermeidbaren Formalitäten und Regularien abgehandelt und ich komme zu den angenehmeren Dingen des Schuljahres, zum kreativen Teil dieser ersten Lehrerkonferenz. Ich danke Ihnen, dass Sie alle den Formalkram so geduldig über sich ergehen lassen haben.«

Schulleiter Rumpler steht am Pult und blickt auf sein Kollegium. Gerade hat er alle Regularien abgearbeitet, die den Schulen von der Dienstaufsicht so aufgebürdet werden, jedoch keinen der Routiniers im Raum mehr interessieren. Doch jedes Jahr kommen ein paar neue Lehrer und die wissen noch nicht um den Larifari-Charakter der Verlautbarungen, Statistiken und Anordnungen.

Schulleiter Rumpler hat Pläne für seine Schule, pädagogische Visionen sogar. Diese gilt es gleich zu Beginn ins Kollegium zu tragen. Neues Schuljahr, neues Spiel, neues Glück. Er hat sich so einiges für seine Schule vorgenommen und die Ideen muss er nun seinen Lehrern verkaufen. Von dieser ersten Lehrerkonferenz hängt viel ab. Für ihn und für die Zukunft der Albert-Kruckenhauser-Realschule. So hebt er an:

»Liebe Kolleginnen, liebe Kollegen, ich denke, wir sind uns einig, dass Schule von heute nicht nur eine Lernanstalt ist, sondern dass wir uns gerade in diesem neuen Schuljahr darum bemühen müssen, Schule mehr als bisher als Lebensraum zu gestalten. Sie wissen, dass die Anforderungen an ein modernes Schulprofil in diesen Zeiten vielfältig sind. Ich nenne nur die Stichpunkte Ganztagsangebote, Bildungslandschaften, Lebensraum Schule und Inklusion. Jeder von uns kann dazu beitragen, dass das Schulleben bunter wird, dass wir über den reinen Unterricht hinaus aktiv sind, für die Schüler da sind, ihnen etwas bieten und dass damit unsere Schule attraktiver wird. Der Möglichkeiten sind viele.

Ich denke, dass wir in Zeiten leben, in denen immer weniger Kinder im Elternhaus die notwendige Geborgenheit finden. Das ist zum Beispiel so, weil beide Elternteile arbeiten oder weil die Familie vielleicht zerbrochen ist, weil Alleinerziehende mit Bildungsfragen überfordert sind oder weil Computer und Fernsehen den Alltag der Kinder dominieren. Wir alle wissen, dass neue Aufgaben auf die Schulen zukommen, denen wir uns stellen müssen.«

Schulleiter Rumpler weiß darum, dass er Gemeinplätze formuliert, die trotzdem tendenziell wohl nicht völlig falsch sind. Er meint es ernst. Er blickt in die Runde. Sein Blick fällt auf Realschullehrer Fuchs, der unmittelbar vor ihm an einem Tisch sitzt, und er weiß schlagartig, dass sich Unheil zusammenbraut.

Realschullehrer Eberhard Fuchs ist Personalratsvorsitzender der Schule und in dieser Funktion allzeit bereit, jedwede zusätzliche Arbeit für das Kollegium zu vermeiden und Aktivitäten auszubremsen. Fuchs ist gut vernetzt im Kollegium und weiß als alter Haudegen genau, wie man Stimmung für oder insbesondere gegen etwas macht. Rumpler sieht, wie Fuchs, der die Arme in Abwehrhaltung vor seinem breiten Bauch verschränkt und die Stirn in Denkerfalten gelegt hat, mürrisch, ja missmutig dreinblickt. Gleich wird er sich melden und dann zu einer seiner üblichen Tiraden gegen jegliche Neuerung und besonders gegen angedachte außerunterrichtliche Tätigkeiten loslegen. Rumpler fährt fort:

»Ich denke, dass jeder von uns das Potenzial hat, etwas in den schulischen Alltag einzubringen. Das kann ein nachmittäglicher Kurs sein, ein zusätzliches Lernangebot für schwächere Schüler, die Teilnahme an einem Wettbewerb, etwas Musisches, Sportliches oder Künstlerisches, eine besondere Veranstaltung. Da sind keine Grenzen gesetzt. Und ich denke zudem, dass eine kleine persönliche Mehrleistung dadurch kompensiert wird, dass die Schüler und natürlich auch die Eltern dies honorieren werden und wir als Schulgemeinschaft alle davon profitieren. In einer harmonischen Schulwelt gibt es weniger Konflikte, wir alle können entspannter und erfolgsorientierter arbeiten. Sie wissen ja, liebe Kolleginnen und Kollegen, ‚there is no profit where there is no pleasure taken', wie die Engländer so schön sagen.«

Die meisten im Kollegium begreifen nicht so recht, was der Schulleiter damit genau sagen will. Das sieht er an den eher indifferenten Gesichtern und den imaginären Blasen über den Köpfen, in denen er ein »Häh?« zu entdecken glaubt.

Da! Realschullehrer Fuchs zeigt an, dass er zu Rumplers Ausführungen etwas anzumerken hat.

»Herr Kollege Fuchs, Sie möchten etwas sagen, Sie haben das Wort. Bitteschön.«

Rumpler flucht innerlich. Jetzt geht es los. Die Torpedos gegen seine Ideen würden abgefeuert werden. Das würde wieder eine schwere Kiste werden. Jetzt bloß keinen Totalschaden erleiden. Realschullehrer Fuchs erhebt sich umständlich, räuspert sich bedeutungsschwanger, setzt seine Bedenkenträgermiene auf und blickt leidgeprüft in die Runde, dann eher mitleidig auf Rumpler und hebt mit sonorer Stimme an.

»Liebe Kolleginnen und Kollegen, werter Herr Schulleiter! Ich bin nun seit sieben Jahren Personalratsvorsitzender an dieser Schule und in dieser Funktion muss ich leider feststellen, dass sich die Rahmenbedingungen zunehmend verschlechtert haben. Sie wissen, wovon ich rede: hohe Klassenstärken, oft genug um die dreißig Schüler pro Klasse, immer dreister und frecher werdende Schüler und, jawohl, auch zunehmend unangenehme, fordernde Eltern! Wir Lehrer werden außerdem Jahr für Jahr durch ausufernde Verwaltungsarbeit drangsaliert und mit Statistiken und Protokollen zugemüllt. Die Gehälter hingegen stagnieren, es ist ja in diesen Zeiten nicht einmal mehr ein Inflationsausgleich gewährleistet. Das sind fürwahr schwere Zeiten für die Lehrer!

Liebe Kolleginnen und Kollegen, Sie wissen, dass es nicht meine Art ist zu lamentieren und zu klagen, aber ich muss es im Interesse von uns allen in diesem Raum in aller Deutlichkeit zum Ausdruck bringen: Es ist genug mit all den Zumutungen. Wir brauchen keine zusätzlichen Aktivitäten, sondern eine Phase der Konsolidierung. Im Grunde müsste ich zu einem Streik aufrufen, aber als Beamte ist uns das bedauerlicherweise verwehrt. Jedenfalls: Genug ist genug. Im Namen des Kollegiums stelle ich fest, dass wir nicht bereit sind, in diesem Schuljahr weitere außerunterrichtliche Dinge zu leisten.

Werter Herr Schulleiter Rumpler, lassen Sie ab von Ihren hochfliegenden Ideen und Plänen. Praktizieren Sie den Schulterschluss mit der Basis und seien Sie mit uns dahingehend solidarisch, dass wir uns jedweder zusätzlichen Arbeit und Belastung verweigern. So, das musste einmal in aller Deutlichkeit gesagt werden.«

Irgendwann bring ich ihn um, denkt Rumpler. Er weiß, dass er den Kampf nun aufnehmen muss, bevor es tatsächlich zu größerem Flurschaden kommt und das neue Schuljahr von Anfang an in derselben Mittelmäßigkeit dahindümpeln wird wie alle anderen zuvor. Dieser Personalrat stellt eine nicht zu unterschätzende Gefahr für seine Pläne dar. Er muss ihn ausbremsen, ohne sich ihn komplett zum Feind zu machen. Natürlich hat er einige Trümpfe im Ärmel. Natürlich hat er in weiser Voraussicht mit einigen Kolleginnen und Kollegen gesprochen und sich vorab Zustimmung zu seinen Plänen eingeholt. Er hat ja ein äußerst gutwilliges und konstruktives Kollegium, das einsatzbereit, aktiv und schülerfreundlich ist. Aber ebenso natürlich hat dieser Fuchs seine Anhänger und völlig verderben kann er es sich mit ihm nicht, sonst würde es das ganze Schuljahr nur Störfeuer und

Querelen geben. Zudem braucht er als Schulleiter den Personalrat bei vielen anderen Entscheidungen. Was bin ich als Schulleiter doch für ein armes Schwein, denkt er.

Rumpler sieht, dass das Kollegium nunmehr hellwach ist. Gespannt harrt man der Dinge. Würde es zu einem Showdown kommen? So eine Konfliktsituation finden viele Lehrer hochinteressant, einige richtig prima. Endlich ist etwas los in der Bude. Die Lehrerinnen und Lehrer der Schule schauen erwartungsvoll, einige unter ihnen gedankenschwer, andere feixen ungeniert. Rumpler gibt sich einen Ruck.

»Lieber Herr Kollege Fuchs, ich danke Ihnen für Ihre Ausführungen. Glauben Sie mir, ich habe volles Verständnis für Ihre Haltung. Ich versichere Ihnen, dass ich diese Überlegungen sehr gut nachvollziehen kann, und ich sehe selbstverständlich die Belastungen für Sie alle, für uns alle, die wir quasi im selben Boot sitzen.«

Fuchs blickt böse auf. Was ist das jetzt wieder für eine verständnisinnige Masche? Versucht der werte Herr Schulleiter, auf Konsens zu machen, sich irgendwie an ihn heranzuwanzen? Er würde aufpassen müssen. Mal schauen, was der Alte noch bringen wird. Erst mal die Klappe halten.

»Liebe Kolleginnen und Kollegen, Sie alle wissen, dass die Führung dieser Schule, und da bin ich mir mit meinen Schulleitungskollegen einig, immer auf Ihrer Seite steht und weiterhin stehen wird. Aber wie gesagt, es reicht in Zeiten wie diesen nicht mehr, nur guten Unterricht zu gestalten, nein, wir sind alle gefordert, den Lebensraum Schule aufzuwerten. Ich weiß, dass ich auf Sie zählen kann, auf alle in diesem Kollegium, na ja, sagen wir, auf fast alle.«

Realschullehrer Fuchs schaut genervt nach links an die Decke. Rumpler weiß, dass er Phrasen von sich gibt und grollt innerlich gegen sich selbst. Das ist wirklich eine billige Masche. Aber wenn es ihm jetzt und hier nicht gelingt, den Großteil des Kollegiums herüberzuziehen und für seine Ideen zu gewinnen, kann er das ganze Schuljahr knicken.

Dann wird alles wieder wie üblich Durchschnittsware bleiben. Er weiß, dass noch zu viele Schulen auf die Billigheimer-Tour machen, den Unterricht mehr oder weniger schlecht herunterspulen, ansonsten den ganzen Laden mehr verwalten als gestalten. Solange sie damit nicht irgendwie auffällig werden und nur formaljuristisch funktionieren, ist das der Dienstaufsicht ziemlich egal, Hauptsache, es herrscht Ruhe im Lande.

Doch andererseits gibt es immer mehr gute Schulen im Lande, die die Idee der inneren Schulentwicklung aufgreifen, progressive Ideen umsetzen und damit Sympathien und neue Schüler gewinnen. Aber eigentlich geht es Rumpler darum, aus eigenem Impetus fortschrittliche Schule zu gestalten und nicht, weil es die Bildungsverwalter so postulieren. Eigeninitiative der Basis muss doch das Ziel sein. Das alles geht ihm schlagartig und unstrukturiert im Kopf herum, hier vorne an seinem Stehpult, vor seinem Kollegium. Dann hat er eine Idee.

»Werte Kolleginnen und Kollegen, lassen Sie mich moderne Schulentwicklung und Schulgestaltung mit der Welt des Fußballs, sagen wir mit der Bundesliga vergleichen. Wir können an dieser Schule doch kein Interesse daran haben, irgendwo im unteren Mittelfeld der Tabelle herumzuspielen oder vielleicht gar auf den unteren Rängen. Das wäre nicht ambitioniert, das macht keinen Spaß! Gut, wir müssen nicht Erster der Liga sein, aber um die Spitze wollen wir schon mitspielen. Das ist doch eine attraktive Idee! Ich weiß, sie erfordert mehr Training und Inspiration, in unserem Falle also Einsatz und Kreativität. Dafür werden wir alle belohnt! Ich darf mich deshalb wiederholen: Wenn wir uns öffnen, wenn wir in Richtung Ganztagsangebote und Zusatzförderung gehen, dann werden die Schüler gerne an unsere Schule kommen, die Konflikte mit den Eltern werden weniger, wir werden in der Stadt – und ich darf daran erinnern, dass dies eine Schulstadt mit entsprechender schulischer Konkurrenz ist –, wir werden in der Stadt ein besseres Image haben, eine höhere Akzeptanz. Das wird uns allen letztendlich die Arbeit erleichtern und damit Freude bereiten. Glauben Sie mir, das ist eine Win-win-Situation für uns alle.«

Das Kollegium hört interessiert den elaborierten Gedanken des Schulleiters zu. Ein bisschen Eindruck hinterlässt er schon, der Alte. Realschullehrer Fuchs und ein paar seiner Gesinnungsgenossen jedoch schauen grantig. Sollen sie jetzt noch einmal gegen ihn und seine hochtrabenden Ideen aufmucken? Dann würde Rumpler erneut nachlegen.

Hoffentlich kommen keine Querschläger mehr, denkt Rumpler. Aber wie nun weiter? Die Gunst der Stunde nutzen und gleich Nägel mit Köpfen machen oder erst mal verweilen? Das ist schwierig zu entscheiden. Wenn er nun weitermacht, wird es dem Kollegium vielleicht zu viel, die Zeit ist schließlich schon vorangeschritten. Wenn er alles auf die lange Bank schiebt, dann geht der Impetus vielleicht wieder verloren. Was also tun?

Plötzlich kommt unerwartete Hilfe. Kollege Schießlmüller ergreift das Wort und meint, dass er beide Meinungen, also die Vermeidungsstrategie wie auch die Kreativinitiative versteht, wobei sein Herz doch eher für mehr Gestaltung schlägt. Er sei sich sicher, dass die meisten im Kollegium das ebenso sähen, schließlich sei man doch – wie schon ausgeführt wurde – ein konstruktives, arbeitswilliges Kollegium, das keinen Aufwand scheue.

Fuchs blickt missmutig zu Schießlmüller hinüber. So ein blöder, angepasster Idiot, denkt er und spürt gleichzeitig, dass er selbst keineswegs das Kollegium geschlossen hinter seiner Null-Bock-Mentalität stehen hat. Ist er eigentlich mehrheitsfähiger Personalratsvorsitzender oder nur Vertreter einer kleinen Pressure-Group? Er sieht seine Felle davonschwimmen. Aber noch ist nichts verloren. Als alter Kader ist er in Grabenkämpfen trainiert. Er wird in den kommenden Wochen einfach weiter agitieren müssen. Zu Mehrarbeit und zusätzlichen pädagogischen Investitionen hat er selbst jedenfalls keine Lust. Schließlich hat er als außerschulischer Multifunktionär schon genug Aufwand. Aber der bringt wenigstens ein bisschen Geld. Das hier ist brotlose Kunst. Buchstäblich.

Realschullehrer Schießlmüller hingegen, als Mann des Kompromisses, schlägt vor, diese Konferenz erst einmal zu beenden, das ganze Thema wohlwollend sacken zu lassen, darüber nachzudenken und es in einer pädagogischen Konferenz demnächst in diesem Theater wieder aufzugreifen.

Das kommt Rumpler sehr gelegen. Er weiß sowieso nicht mehr so recht, wie er jetzt zu fortgeschrittener Stunde weitermachen soll. Bis zur nächsten Konferenz würde er Zeit haben, das Kollegium zu infiltrieren und die Leute in Einzelgesprächen, notfalls mit kleinen Versprechungen und Vergünstigungen, auf seine Seite zu ziehen. Es ist schließlich nicht so, dass er nicht weiß, wie er so ein Spiel spielt. Auch wenn ihn der Gedanke an solche strategischen Machtspiele anwidert.

»Das ist eine hervorragende Idee, Herr Kollege Schießlmüller, ich danke Ihnen dafür«, sagt er und weiß, dass er damit etwas dick aufträgt.

»Ich habe gewusst, dass ich auf das Kollegium bauen kann. Liebe Kolleginnen und Kollegen, so machen wir das – mit Ihrem Einverständnis. Also, ich gebe Ihnen allen eine kleine Hausaufgabe mit auf den Weg, haha. Denken Sie darüber nach, wie Sie sich einbringen können in das Lebensumfeld Schule. Wie gesagt, den Ideen sind keine Grenzen gesetzt. Damit danke ich Ihnen für heute und schließe die Sitzung.«

Puh. Das ist ja gerade nochmal gut gegangen. Jetzt heißt es, die Sache am Laufen zu halten. Das wird zahllose Gespräche und Streicheleinheiten erfordern. Aber Schulleiter Rumpler weiß, dass er dieses Spiel schon immer beherrscht hat. So kommt er zu dem Fazit, dass das heute zwar kein glanzvoller Sieg, aber auch keine krachende Niederlage ist. Knapp gewonnen mit Luft nach oben bilanziert er, als er in sein Büro zurückgeht.

So in etwa geht das in einer Lehrerkonferenz zu. Meist siegt dann ja doch das Gute, ein bisschen zumindest.

37. Lehrer im Lehrerzimmer

Das Lehrerzimmer ist für manche ein geheimnisumwitterter Raum. Schüler fragen sich, wie es da drinnen wohl aussieht, was die Lehrer in der Pause im Lehrerzimmer treiben, was sie quatschen und welche hinterlistigen Pläne sie schmieden. Mit allen möglichen Vorwänden, unter denen das Kreideholen, das Vorlegen von Entschuldigungen und die Rückgabe vergessener Klassenarbeiten die geringsten sind, lungern sie vor dem Lehrerzimmer herum. Sie klopfen an, fragen nach Herrn Obermüller oder Frau Unterhofer und versuchen, einen schnellen Blick ins Innere zu erhaschen. Doch so rätselhaft, wie sie sich das gedacht haben, geht es drinnen gar nicht zu. Im Gegenteil. Das Innenleben eines Lehrerzimmers ist meist ziemlich trivial, Akademiker sind eben auch nur Menschen. Werfen wir also kurz nach Schuljahresbeginn einfach mal einen Blick hinein.

Ding dong, ding dong, ding dong. Endlich, der Gong. Im Nu füllen sich die Gänge der Albert-Kruckenhauser-Realschule. Die Schüler tappen in die Pausenhalle und auf den Schulhof, die Lehrer in ihr Lehrerzimmer. Große Pause. Endlich Zeit zum Verschnaufen.

Doch von Ruhe und Beschaulichkeit kann keine Rede sein. Gewusel und Geschnatter erfüllen den Raum. Zwanzig Minuten sind nicht lang, irgendetwas gibt es dauernd zu tun, irgendeiner stört immer. Ein paar Lehrer kommen noch herein, andere laufen emsig umher oder sitzen an ihren angestammten Plätzen. Ein paar Referendare und Praktikanten stehen leicht desorientiert im Raum herum und setzen sich zögerlich an die wenigen freien Plätze. Eine kleine Gruppe Lehrer steht vor der breiten Infotafel und dem Vertretungsplan und mault. Die Kaffeetrinker versuchen, die Maschine in Gang zu bringen. An den Kopiergeräten das immer gleiche Gezerre und Gezetere. Von den fünf Computerarbeitsplätzen funktionieren drei wieder mal nicht richtig, was bei einigen Lehrern zu derberen missmutigen Äußerungen führt. Ein paar Lehrer stehen vor den Wandfächern mit ihrem Namen, stopfen was hinein, zerren was heraus. Das übliche Bild: Einige Fächer sind vollgepackt mit Papieren und Prospekten, andere leer oder zumindest minimalistisch penibel rechtwinklig mit Büchern belegt. In der Lehrerküche gleich nebenan gibt es Häppchen und Sekt, Kollegin Seifenzahn hat Geburtstag. Kurz: In diesem Lehrerzimmer geht es zu wie in allen anderen im Lande.

Die Sitzordnung in einem Lehrerzimmer ist nicht zufällig. Es gibt im Kollegium Gruppen und Grüppchen, Außenseiter ohne rechten Anschluss und Betriebsnudeln, die sich finden oder schon lange gefunden haben. Für das individuelle Wohlbefinden eines Lehrers ist der Anfang des Schuljahres von Bedeutung. Neue Lehrkräfte sollten gleich am ersten Schultag versuchen, einen günstigen Platz zu finden, denn der kann im Laufe eines Schuljahres für ihre Lebensqualität entscheidend sein.

Ein junger Witzbold hat Pech, wenn er an den Tisch der naturwissenschaftlichen Besserwisser gerät, ein eifriger und strebsamer Junglehrer ist mit einem Platz am Tisch der desillusionierten Oldtimer schlecht beraten, weil die alles Pädagogische verbal in die Mülltonne treten, und eine dynamische junge Sportlehrerin würde die falsche Wahl mit einem Platz am Tisch der kuchenbackenden Hausmütterchen treffen. Der Platz neben der Eingangstür ist sowieso Mist, denn irgendwer klopft immer. Da heißt es aufzupassen.

Im Lehrerzimmer der Albert-Kruckenhauser-Realschule herrschen einstweilen drangvolle Enge und emsiges Treiben. Satzfetzen hängen in der Luft.

»Die in der 9a sind so dumm, die brummen vor Dummheit.«

»Meine 8c ist in Mathe sogar zum Brummen zu dumm.«

»Verdammt, wer hat schon wieder den Süßstoff geklaut?«

»Sag mal, spinnst du, du kannst doch nicht einfach das Papier so aus dem Drucker zerren!«

»Der 10b werd ichs zeigen. Denen hau ich eine Arbeit rein, dass ihnen die Augen tropfen.«

»So ein Mist, schon wieder Vertretung in der fünften Stunde in dieser dämlichen 9f.«

»Hat der Hausmeister noch Leberkäs-Semmeln?«

»Der Konrektor hat sie nicht mehr alle! Schon wieder ein neues Formular zur Mehrarbeitsabrechnung. Der hat wohl nichts Besseres zu tun!«

Und so weiter und so fort.

Da: Studienreferendar Johann Pollinger steht noch eine Weile an der Eingangstür, dann geht er zögerlich auf einen der Lehrertische zu.

»Tschuldigung, ist der Platz noch frei?«

»Bis jetzt schon«, brummt der Platznachbar in spe und blickt seitlich zu ihm auf.

Pollinger lässt sich ächzend auf den Stuhl fallen. Er ist fix und fertig und transpiriert heftig.

»Pollinger. Johann Pollinger. Ich bin noch ziemlich neu hier. Hab bisher noch keinen Stammplatz.«

Fachlehrer Wilfried Horton schiebt die Zeitschrift »Wild und Hund« zur Seite und schaut seinen neuen Nachbarn an.

»Dachte ich mir schon. Aber sagen Sie mal, was ist denn los mit Ihnen? Gehts Ihnen nicht gut?«

»Ich, … ich weiß nicht. Ich war gerade eine Doppelstunde in der 10a. Das war schrecklich. Das habe ich mir ganz anders vorgestellt.«

Horten beißt andächtig in sein Pausenbrot und rückt die Tupperware-Dose rechtwinklig zurecht, sodass sie parallel zur Zeitschrift »Wild und Hund« vor ihm liegt. Um sie herum tost das bunte Lehrerleben.

»Ja, die 10a. Das sind richtige Sauhunde. Wenn man bei denen nicht aufpasst, dann machen die einen fertig.« Er schaut Pollinger ins Gesicht. »Sie sind eher ein sanfter Typ, richtig?«

»Tja, ich weiß nicht. Jedenfalls ging alles schief. Nichts von dem, was ich mir vorgenommen habe, hat geklappt. Ein fürchterlicher Anfang.«

Pollinger wischt sich mit einem Taschentuch über die Stirn. Er zittert leicht.

»Jetzt mal ganz ruhig. Durchschnaufen. Trinken Sie erst mal was. Und gehen Sie die nächste Stunde ganz langsam und bedächtig an. Mein Rezept seit 35 Jahren. Nur nicht aus der Ruhe bringen lassen. Nur nicht aufregen. Immer schön gemächlich.«

»Na ja, ich weiß nicht.« Pollinger kramt seinen Stundenplan heraus. »Jetzt hab ich die 6d. Eine Mädchenklasse, glaub ich.«

»Na sehen Sie. Das wird ein Kinderspiel. Die sind total brav. Da kann nichts passieren.«

Horton beißt wieder bedächtig in sein Brot. Pollinger lächelt verhalten. Er scheint nicht überzeugt.

Um die beiden herum schwirren allerlei Dialoge durch den Raum, so wie immer in der großen Pause, und natürlich ganz besonders zu Beginn des Schuljahres.

Die versammelten Lehrerinnen und Lehrer sind ein buntes Panoptikum: Bedenkenträger, Leistungsträger, Scherzkekse,

Langweiler, Profilneurotiker, Gaukler, Zielstrebige, Sachliche, Dampfplauderer, Ernsthafte, Eifrige, Komiker. Und sie alle haben etwas zu sagen, alle zur gleichen Zeit.

»Also Irene, ich glaube, ich bin schon wieder urlaubsreif.«

»Ja, es ist schrecklich. Dieser Radau. Das macht einen ganz krank.«

»Weißt du, ich habs schon ausgerechnet. Noch 28 Tage bis zu den nächsten Kurzferien. Meine Güte. Das wird eine ganz schöne Durststrecke.«

»Aber da ist doch noch der 3. Oktober. Das ist doch so ein Feiertag, oder? Da haben wir ja auch frei.«

»Der ist aber dieses Jahr an einem Samstag. Pech gehabt.«

»Mist.«

»Wie oft habe ich euch schon gesagt, dass ihr in der großen Pause nicht ständig an die Lehrerzimmertür klopfen sollt?«

»Entschuldigung, hab ich vergessen. Und es ist auch wichtig.«

»‚Vergessen, vergessen'. Und was soll schon wichtig sein? Schau, dass du in den Pausenhof gehst.«

»Aber der Toby aus der 8b hat sich die Hand verstaucht. Der braucht Hilfe.«

»Dann geh rüber ins Sekretariat. Die sollen mal den Schülersanitätsdienst rufen. Und jetzt lass uns in Ruhe. Auch Lehrer brauchen eine Pause.«

»Soso. Die 10c. Den Sauhaufen mach ich platt.«

»Wie denn? Die nerven doch ohne Ende. Und richtig klein kriegt man die auch nicht. Dieselben Faulenzer und Querulanten wie in der 10a. Und die willst du platt kriegen? Da bin ich aber gespannt.«

»Ganz einfach. Notenpeitsche. Heute haue ich bei denen in der sechsten Stunde zwanzig neue Vokabeln durch. Und morgen schreib ich eine unangekündigte Klassenarbeit. Lückentext. Hab ich ratzfatz korrigiert, dauert keine Viertelstunde und ich hab meine Noten, haha. Die werden glotzen.«

»Da kriegst du aber einen Fünfer-Notenschnitt.«

»Eben. Dann sind die erst mal fertig. Und dann gibts bis vor Weihnachten keine weiteren Arbeiten. Dann leben die in ständiger Unsicherheit und machen keinen Mucks mehr.«

»Und du meinst, der Alte lässt den Notenschnitt durchgehen?«

»Ach, den juble ich ihm unter. Mit dem Versprechen, das wieder auszugleichen. Der nimmt mir das schon ab. Und das Gleiche mach ich in der 7d, die hab ich neu, und in der 9c. Dann ist erst mal Ruhe.«

»Tja, wenn du meinst.«

»Aber locker.«

»Sag mal, Martin. Musst du immer den ganzen Tisch mit deinen Flaschen vollmüllen? Wo hast du die eigentlich alle her? So viel kannst du doch gar nicht selbst trinken.«

»Nee. Die sammle ich in den Pausen ein. Auf dem Flur. Im Pausenhof. Bei der Aufsicht im Klassentrakt. Die Kids lassen die einfach überall liegen und stehen. Scheinen das Pfandgeld nicht zu benötigen.«

»Du spinnst ja. Du sammelst die und lässt dir vom Hausmeister das Pfand geben?«

»Klar doch. Ein super Zuverdienst. Damit hab ich jeden Tag ein oder zwei Leberkäs-Semmeln verdient.«

»Das gibts doch wohl nicht. Du blamierst ja die ganze Lehrer-Innung. Und außerdem schaut es hier aus wie bei Hempels unterm Sofa. Räum deinen Müll woanders hin! Wir haben ja überhaupt keinen Platz mehr an diesem Tisch.«

»Sicher doch, meine Lieben, wenn ihr das so sagt. Mach ich doch glatt.«

»Äh, Susanne. Mach schnell! Am Telefon in der Lehrerküche ist einer für dich dran.«

»Wer denn?«

»Er sagt, er sei der Kultusminister und will dich dringend sprechen.«

»Mann, bist du doof. Immer derselbe Joke.«

»Okay, soll dieses Jahr nicht wieder passieren.«

»Aber weißt du was? Ich habe eben meinen Gehaltszettel im Fach gefunden. Die haben mir diesen Monat schon wieder dreitausend Euro zu viel überweisen. Genau wie vor den Ferien.«

»???«

»Na ja, ich weiß, dass ich ein guter Lehrer bin. Aber so viel Geld? Das ist mir irgendwie peinlich.«

»Ach Hubert. Du und deine doofen Sprüche. Aber irgendwie machts Spaß mit dir an diesem Tisch.«

»Dieser Scheiß-Kopierer. Wieder Papierstau.«

»Na super. Ich brauch noch 30 Kopien.«

»In diesem Laden soll man vernünftig arbeiten. Kannst du echt vergessen.«

»Ich hol mal den Hausmeister. Sonst heißt es wieder, wir haben den Kopierer kaputt gemacht.«

»Hausmeister kannst du knicken. Der steht in seinem Kabuff und verkauft sein Zeug.«

»Bitte. Auch recht. Macht nur alle so weiter. Dann diktiere ich den ganzen Schrott eben. Nicht meine Schuld. Mir doch wurscht.«

»Sag mal, Astrid. Du fährst doch so einen neuen VW Beetle-Cabrio.«

»Ja genau.«

»Super Auto.«

»Ja. In Schwarz.«

»Aber jetzt weiß ich nicht so recht. Der steht doch da unten am Lehrerparkplatz. Und da sitzt so ein ganz Dicker auf der Motorhaube. Hast du das dem erlaubt?«

»Was? Was? Auf meiner Motorhaube? Das gibts doch nicht! Das ist ja eine Unverschämtheit. Wart mal, ich geh gleich runter. Dem wird ichs zeigen.«

»Ruhig, Astrid. Nur ein kleiner Scherz. Alles okay.«

»Du Depp. Immer fall ich auf deine doofen Sprüche rein.«

»Und das Mehl musst du vorher durchsieben. Das ist ganz wichtig.«

»Gut. Sonst noch was?«

»Na ja, die Mandeln dürfen nicht zu klein gehackt werden. Sonst wird der Belag zu breiig.«

»Mmh.«

»Das Rezept findest du übrigens auch im Internet. Auf ‚Backen leicht gemacht'.«

»Tust du da eigentlich auch Rosinen rein?«

»Quatsch.«

»Gut. Werd ich am Wochenende mal versuchen.«

»Mann, hör dir mal das Gesabber in diesem Raum an. Wie sie wieder alle gackern und jammern. Typisch Lehrer.«

»Ja. Aber das gehört halt dazu. Meckern und maulen. Ich glaub, die meinen das nicht so.«

»Na ja. Mag schon sein. Aber irgendwie haben sie ja recht. Wieder ein Schuljahr. Wieder dieselbe Tretmühle. Und wie schnell wird es vorbeigehen. Ich sehe uns schon wieder, wie wir im nächsten Juli im Schulhof beim Grillen sitzen.«

»Wird auch Zeit dazu.«

»Na denn. Same procedure as last year.«

»Same procedure as every year.«

»Sowieso.«

Die Tür zum Lehrerzimmer geht auf. Der erste Konrektor kommt herein, schaut demonstrativ auf seine Uhr, dann auf die große Wanduhr.

»So Leute. Jetzt wird es aber wirklich Zeit. Es ist schon

10:52 Uhr. Ihr überzieht die Pause wieder mal ganz schön. Also, hopp jetzt, Leute! Ab in die Klassen. Hinterher jammert ihr wieder darüber, dass ihr mit dem Stoff nicht fertig werdet.«

»Ja, ja, ist schon gut. Gehen wir halt.«

Realschullehrer Eisenmann geht langsam zum Konrektor und beugt sich zu seinem Arm hinab.

»Eine Super-Uhr haben Sie da, Herr Kollege. Ganz toll. Zeigt wahrscheinlich an, wie die Zeit vergeht, oder?«

Der Konrektor schaut misstrauisch auf.

»Wie meinen der Herr Kollege?«

»Einfach so. Ich geh ja schon.«

Ganz langsam tappt Eisenmann davon.

So machen sich die Pädagogen auf den Weg zu ihren Klassen. Einige halten außer Sichtweite von Direktorat und Lehrerzimmer noch ein kleines Schwätzchen und verkürzen damit die nächste Unterrichtsstunde. Andere gehen zielstrebig und voller Tatendrang in ihre Klassen. Einige der Neuen irren noch eine Zeit lang im Schulgebäude herum, bevor sie sich zögerlich in die Höhlen der Löwen begeben. Die Routiniers wissen, was auf sie zukommt. Alles geht seinen Gang, im Lehrerzimmer ebenso wie in den Klassen, tagtäglich und traditionell. Noch 28 Tage bis zu den nächsten Ferien.

38. Lehrer und Vertretungsstunden

»Das darf es doch nicht geben! Schon wieder eine Vertretung in dieser blöden 9b!«

»Ich fass es nicht! Wo kugelt denn der Englisch-Meier schon wieder rum? Macht wohl wieder mal blau. Und ich darf ihn vertreten.«

»Jetzt reichts. Schon wieder die Freistunde im Eimer. Vertretung in der 7e. Bloß weil da wieder einer sich auf einer sinnlosen Tagung einen Lenz macht.«

»Die spinnen doch! Sechste Stunde Vertretung in der 10d. Aber mit mir nicht, nicht mit mir! Die schick ich einfach heim, mir doch wurscht.«

Eine Lehrergruppe der Albert-Kruckenhauser-Realschule hat sich wie üblich vor dem Vertretungsplan zusammengerottet. Alle regen sich über die Zumutungen an Zusatzstunden auf. Jeden Morgen wieder.

Das Thema Vertretungsstunden und damit Mehrarbeit ist ein Dauerknüller in den Gesprächen im Lehrerzimmer. Lehrer verabscheuen Mehrarbeit und Vertretungsstunden zutiefst. Letztere fallen immer dann an, wenn andere Lehrkräfte abwesend sind, zum Beispiel wenn sie sich auf Tagungen herumtreiben, auf Klassenfahrten vergnügen oder wegen Krankheit zu Hause im Bett bleiben. Dann müssen deren Klassen vertreten werden, es soll ja kein Unterricht ausfallen. Diese Regelung hat normalerweise ihre Berechtigung, denn irgendwer muss ja in den Stunden, in denen kein Lehrer in der betreffenden Klasse ist, Vertretung schieben. Eine Klasse ohne Aufsicht wäre eine Verletzung der Aufsichtspflicht. Darüber darf es keine Diskussion geben. Man kann eine Klasse nicht einfach mal so an einem Vormittag für 45 Minuten oder länger ohne Aufsicht allein lassen, weil dort sonst die Hölle los ist. Der Vertretungsstundenplaner kann sie vielleicht in der fünften und sechsten Stunde frühzeitig nach Hause schicken, muss aber dann mit Gemurre der Eltern über die faule Schule rechnen, die sich nicht einmal mehr die Mühe macht, den gesamten Vormittag unterrichtsmäßig abzudecken.

Nachdem aber die Lehrerversorgung in den Bundesländern auf Kante genäht ist und keine zusätzlichen Lehrer für Vertretungen zur Verfügung stehen, müssen die regulären Lehrer die Vertretungen in Mehrarbeit übernehmen. Das mag von Bundesland zu Bundesland im Detail verschieden geregelt sein, es ist und bleibt für die Lehrer ein Ärgernis. Nur selten sehen sie für ihre zusätzlich gehaltenen Stunden Geld. Der Abrechnungsmodus ist, falls vorhanden, umständlich und ungerecht, weil ja ab und zu auch mal Stunden ausfallen, die dann dem Lehrer wieder gegengerechnet werden. So kommt er in der Regel durch Mehrarbeit auf keinen grünen Zweig. Das widert Lehrer genauso an wie die Vertretung selbst, falls sie in irgendeiner Klasse zu halten ist, die der Lehrer nicht kennt. Denn: Will er Unterricht halten, führt sich die Klasse auf wie ein Haufen wilder Affen, macht er nichts und gibt Stillarbeit vor, ist es nicht viel besser. Die Klassen wissen sehr wohl, dass der Hamperer da vorne nur ausnahmsweise bei ihnen ist, keinen Schüler kennt und damit auf hoffnungslosem Posten steht. Das nutzen sie weidlich aus.

Hinzu kommt, dass ein Lehrer seine Zwischen- beziehungsweise Freistunden zu schätzen weiß, weil er mal etwas im Lehrerzimmer herumkramen oder in der Stadt Kaffee trinken oder einkaufen gehen kann. Nimmt man sie ihm weg, ist er sauer. Wenn wenigstens die Bezahlung klappen würde.

Wie immer man es dreht, Vertretungsstunden sind ein Ärgernis für Lehrer. Mit einer Ausnahme: Es gibt eine Gruppe unter ihnen, die Mehrarbeitsstunden liebend gerne übernehmen, ja inflationär horten, weil sie dann ohne jeglichen Vorbereitungsaufwand im Monat doch auf hundert Euro Zusatzverdienst kommen, den sie für das Abbezahlen oder Renovieren ihres Reihenhauses gut gebrauchen können. Für die allermeisten jedoch sind Vertretungsstunden und Mehrarbeit ein leidiges Thema.

Erstaunlicherweise ist in diesem Land noch keiner auf die simple Lösung dieses Problems gekommen, so wie sie oft in Frankreich organisiert ist: die sogenannte »Permanence«. An den Schulen gibt es einen großen Raum, in dem übellaunige und drohend schauende »Pions« sitzen, eine Art Hilfspersonal, das alle Aufsichten übernimmt. Die Schüler spuren, weil diese Pions jeden im Rektorat melden, der aufmuckt.

Manchmal sollte man eben über den Zaun oder über die Grenze blicken.

39. Der Schulleiter

Schulleiter sind Angehörige einer verunsicherten und seltsamen Spezies. Das liegt daran, dass sie häufig von ihrem Job nicht viel Ahnung haben, was allerdings systemisch bedingt ist und keineswegs ihre eigene Schuld. Sie sind weder als pädagogische Führungskraft noch als Verwalter oder Organisator fundiert ausgebildet. Eine Art Crashkurs muss genügen, denken sich die Bildungsverwalter. Schließlich kennen Schulleiter ja die Schule per se schon aus der Perspektive der Lehrer und wissen über alles Bescheid. Irgendwann in ihrem Schulleben wachen sie dann als Schulleiter auf, sind damit Experten und an einer Schule für alles zuständig und erst recht für alles verantwortlich, vom Radiergummi zum Smartboard, vom Kopiergerät zum Computerraum, vom Elternrundbrief zum Stundenplan, vom Schüler zum Lehrpersonal. Mitunter ist es ein böses Erwachen.

Ein Schulleiterverband eines Bundeslandes hat einmal eine Liste aller Schulleiteraufgaben zusammengestellt. Das liest sich in etwa folgendermaßen: »Schulleiter tragen die pädagogische und organisatorische Verantwortung für ihre Schule, sie üben das Hausrecht aus, erstellen die Hausordnung zusammen mit den entsprechenden Gremien, sorgen für einen geordneten Schulbetrieb, stehen rechtlich gesehen in Gesamtverantwortung, organisieren den Unterricht, vertreten die Schule nach außen, sind Vorsitzender von Prüfungsausschüssen, entscheiden über Schulveranstaltungen und die Zulässigkeit von Medien in der Schule, leiten den Disziplinarausschuss, kooperieren mit dem Elternbeirat, sind Behördenvorstand und Vorgesetzter des Lehrpersonals, üben die Dienstaufsicht aus, treffen dienstrechtliche Entscheidungen, sprechen unter Umständen Verweise und Geldbußen aus, kooperieren mit den Aufsichtsbehörden, dem Sachaufwandsträger und sonstigen Dienststellen, organisieren die Aufnahme von Schülern und den gesamten Unterricht, besuchen den Unterricht der Lehrkräfte, überwachen die Leistungsnachweise und die Notengebung der Lehrkräfte, kontrollieren Ordnungsmaßnahmen, kooperieren mit dem Personalrat, beurteilen Lehrkräfte, führen Mitarbeitergespräche, verantworten den Haushalt, wirken bei Baumaßnahmen mit, informieren alle am Schulleben Beteiligten« und so weiter. Der Schulleiter ist also die oft zitierte eierlegende Wollmilchsau, oder besser gesagt: ein ziemlich armer Hund, der zwischen allen Fronten steht, auch wenn er für sich stets mit gewissem Stolz geltend macht, dass er den allerschönsten Job der Welt hat. Jeder Feld-Wald-Wiesen-Manager würde sich bei dieser Jobbeschreibung an den Kopf langen. Jedes mittelständische Unternehmen hätte für diese Aufgabenfülle zahlreiches Personal.

Das alles kann nicht wirklich gut gehen, wenn man für alle Kompetenzfelder nur ein paar Crashkurse auf Minimalflamme absolviert hat und sich lediglich durch jahrelanges Abstrampeln hochgearbeitet hat. Erstaunlicherweise jedoch geht an den meisten Schulen doch irgendwie auf rätselhafte Weise alles halbwegs durchschnittlich seinen Gang, Note Befriedigend sozusagen, wenn auch nicht Note Gut oder gar Sehr gut. Also kann das Reüssieren einer Schule nicht nur vom Schulleiter selbst abhängen, was seine Bedeutung relativiert. Es geraten ja sogar immer wieder mal Schulen in den Fokus, die einen völlig unfähigen Menschen zum Schulleiter haben oder eine Zeitlang überhaupt keinen, weil niemand mehr den Job machen will oder bei der Rektoren-Neubestellung etwas schiefläuft und Verzögerungen eintreten. Die betroffenen Schulen werden deshalb keineswegs geschlossen, sondern existieren einfach weiter. Eine Schule scheint also mit oder ohne Schulleiter zu funktionieren, weil sie sowieso von allen Seiten und an allen Ecken unter Kontrolle steht. So liegt in dem albernen Spruch »Wer glaubt, dass Schulleiter Schulen leiten, der glaubt auch, dass Zitronenfalter Zitronen falten« ein Stück Wahrheit.

Wie wird jemand Schulleiter? Da gibt es mehrere Möglichkeiten: Lohn für herausragende Leistungen einer Lehrkraft, Anerkennung des pädagogischen Könnens, keine sonstigen Bewerbungen auf eine bestimmte Schulleiterstelle, Dauerbewerbung einer halbwegs qualifizierten Lehrkraft, die irgendwann mal akzeptiert wird.

Die häufigste Grundvoraussetzung für einen Schulleiterposten ist die Ochsentour. Diese beschreiten ambitionierte Lehrer über Jahre, um sich für die Funktionsstelle des Schulleiters bei der Dienstaufsicht ins rechte Licht zu rücken. Sie schmeicheln ihrem eigenen Schulleiter, nehmen an vielen Tagungen teil und melden sich dabei immer rege, halten – Fachkompetenz hin oder her – selbst mal eine Lehrerfortbildung, bugsieren sich mit einem Artikel und einem Foto in die Lokalzeitung. So etwas sehen die jeweiligen Schulleiter und die Ministerialbürokratie gerne und honorieren es mit einer guten Beurteilung. Damit ist der erste Schritt zur Schulleiterkarriere geschafft. Bei beliebten Schulen in angenehmen Städten kommen diese Lehrer mit ihren Bewerbungen die ersten paar Male eventuell nicht zum Zug, irgendwann schaffen sie es aber an einer Schule auf dem Lande.

Meist müssen sie vorher den Umweg über eine Konrektorenstelle in Kauf nehmen, was lästige Planungsaufgaben wie zum Beispiel das Erstellen der Stundenpläne und Vertretungspläne nach sich zieht. Doch durch diese triste Phase der Karriereleiter müssen sie durch und nach ein paar Jahren werden sie endgültig zum Schulleiter ernannt.

Bei ihrer Einführung in den neuen Job wird eine Menge gelogen und ihre bisherige Karriere wird von einem höheren Schulbeamten glorifiziert, der damit natürlich die Erwartungshaltung hochschraubt und Abhängigkeit schafft. Sie selbst kündigen als frisch gebackener Schulleiter allerhand Unausgegorenes an, von der angedachten harmonischen Zusammenarbeit mit dem Kollegium über die ultimative pädagogische Revolution zur Neuerfindung des Rades. Je mehr sie am Anfang palavern und Utopien verbreiten, desto tiefer ist später der Sturz in die Mittelmäßigkeit oder gar Trostlosigkeit. Der kommt, wenn sie von der normativen Kraft des Faktischen eingeholt werden und der Schulalltag mit all seinen Trivialitäten und Petitessen sie überrollt und ihnen die Kräfte raubt. Dann laufen sie in ihren komischen Jacken und seltsamen Krawatten durch die Schulgänge oder durch das Lehrerzimmer und wissen nicht so recht, was sie treiben sollen. Eventuell etwas anordnen, jemand zurechtweisen, auf Pünktlichkeit hinweisen, streng blicken oder ungefragt sinnlose Ratschläge geben?

Wie gesagt, Schulleiter sind Kraft ihres Amtes Alleskönner und Allrounder. Irgendwann glauben sie tatsächlich selbst an ihre Omnipotenz. Sie vergessen, dass sie vor nicht allzu langer Zeit selbst Lehrer waren und schauen auf das Fußvolk hinab, machen sich durch permanentes Hineinquatschen in die Routineabläufe des Schulbetriebs lächerlich und entwickeln mit Eifer neue Formblätter. Letzteres ist eine der Hauptfreuden eines ordentlichen Schulleiters. »Früher haben Schulleiter Bücher geschrieben, heute schreiben sie Formblätter«, heißt es so schön.

Im Laufe des langen Schulleiterdaseins ziehen sie sich zunehmend in ihr Büro zurück und tendieren zum Verstummen. Sie feilen an hanebüchenen Beurteilungen, telefonieren emsig mit dem Sachaufwandsträger herum, kopieren aus dem Internet Reden anderer Schulleiter und möbeln sie für ihre eigene Ansprache anlässlich einer Feier etwas auf. Alles geht seinen pädagogischen Gang, es tut sich nicht mehr viel an der Schule, es gibt nur noch Variationen derselben Themen. Bei Schulleitertagungen sitzen sie nicht mehr Interesse heuchelnd und eifrig mitschreibend in der ersten Reihe, sondern teilnahmslos im Mittelfeld des Plenums.

Gegen Ende ihres Schulleiterlebens erkennen sie die Sinnlosigkeit ihres Treibens und es überfällt sie zunehmender Zynismus, ja Sarkasmus. Alles tausendmal gehört, alles abgehakt, was solls. Manche hingegen mutieren in späteren Jahren zum schulinternen Elder Statesman, der bei Schulfeiern und Verabschiedungen von Absolventen gemessenen Schrittes ans Rednerpult schreitet und langsam wohlfeile Worte formuliert. Das meiste davon ist abgekupfert, aber keiner außer den wenigen Literaten im Lehrerkollegium merkt das und diese halten den Schulleiter sowieso für einen geistigen Vollpfosten.

Wenn sie dann am Ende ihrer Schulleitertage von einem wichtigen Dienstvorgesetzten verabschiedet werden, stellt sich heraus, dass sie grandiose Persönlichkeiten waren, Weltmeister der Pädagogik und Menschenführung, dass sie ihre Schule ins 21., ach was, ins 22. Jahrhundert katapultiert haben und mit ihrem Ausscheiden aus dem Dienst der Untergang der Schule, ja des gesamten Schulsystems droht.

Aber zum Glück wird ja ein paar Wochen später ein neuer Schulleiter ins Amt eingeführt, der noch besser, noch effizienter, noch humaner, noch pädagogischer und sowieso unglaublicher etc. etc., da capo al fine.

Das klingt alles recht böse und hämisch, aber diese Kurzbeschreibung muss der Schulleiter schon aushalten. Seine eher hoffnungslose Lage liegt ja nicht in seinem Unvermögen begründet, sondern darin, dass der Job des Schulleiters tatsächlich die Quadratur des Kreises darstellt. Er kann es nicht all den Kräften recht machen, die an ihm zerren und divergierende Interessen verfolgen: rauflustige oder besserwisserische Eltern, träge oder frustrierte Kollegen, renitente

Schüler, dem Sparsamkeitswahn verfallene Sachaufwandsträger, stetig neuen Unfug einfordernde Ministerialbeamte, kontrollierende Schulaufsichtsbehörden, ruppige Hausverwalter und so weiter. Wie kann er in solch einem Leben eine Struktur schaffen? Wie soll er allen diesen Anforderungen gerecht werden? Er will und darf mit seiner Schule nicht negativ auffallen, alles soll schön seinen Gang gehen, ohne Komplikationen, ohne Konflikte, ohne Elternproteste, ohne zu schlechtes Image, ohne zu miserable Noten. Das ist er zumindest der omnipräsenten Schulaufsicht schuldig, die ihn zum Schulleiter befördert hat. Das ist eine Frage der Loyalität.

Andererseits hätte er als Schulleiter schon ein paar Ambitionen hinsichtlich innerer Schulentwicklung, Erweiterung des unterrichtlichen Repertoires, pädagogischen und erzieherischen Aufbruchs in eine wirklich moderne, in die wirklich wahre Schule.

Wenn da nicht eine ständige diffuse Angst wäre, weil so viel schiefgehen kann. Schulleiter neigen dazu, Bedenkenträger zu werden, und sind oftmals viel zu vorsichtig. Das streiten sie natürlich ab. Gut, ein bisschen Skepsis, ob man mit einer Entscheidung richtigliegt, ein bisschen Furcht davor, dass irgendetwas aus dem Ruder läuft, das geben sie im vertraulichen Gespräch gerade noch zu: »Da kann ja sonst etwas passieren, wenn wir das so machen!«, »Was, glauben Sie, werden da die Eltern sagen?«, »Ich sehe mich schon vor dem Verwaltungsgericht stehen!« Doch kann man ihnen die Angst eigentlich verdenken?

In der Hierarchie des Schulsystems haben sie das Funktionieren verinnerlicht. Nur nicht negativ auffallen, möglichst bei allen positiv dastehen, nicht unbedingt widersprechen, eher der Obrigkeit huldigen, ein bisschen antichambrieren und ducken, gegebenenfalls den schwarzen Peter woanders hinschieben.

Und damit soll gute, wirklich gute Schule gelingen?

Nicht sehr oft und auch nicht wirklich. Viel zu viele Schulen im Lande werden von Schulleitern geleitet, die irgendwann der Routine verfallen, die sich aufgerieben haben, die resigniert haben, die die Schule nur noch verwalten, nicht mehr mit Perspektiven führen. Nicht weil sie von vornherein schon illusionslos waren, im Gegenteil. Doch Schulen sind Moloche, die die Schulleiter verschleißen. Es gibt zu wenig Hilfestellung, die Aufgaben sind zu komplex. Irgendwann kommt die Erkenntnis, dass die Schule mit weniger Aufwand und Einsatz auch existiert, ohne dass alles in den Graben geht.

So weit, so ungerecht? Aber sicher doch, und deshalb die Relativierung. Selbstverständlich gibt es sie, die herausragenden, die charismatischen Schulleiter, die sich vor ihr Kollegium stellen und eher mal nach außen und vor allem nach oben bellen und beißen und nicht in ihr eigenes Kollegium, die der Schulaufsicht nicht immer nach dem Mund reden, die innovativ sind, die etwas riskieren, die Zumutungen trotzen, die den Mut zum Risiko haben, die dialogisch führen und kooperativ arbeiten.

Die große Frage ist, was geschehen muss, damit es mehr von dieser Sorte gibt, damit Schule insgesamt schlicht und einfach besser werden kann. Gute Führung zieht in vielen Fällen ein gutes Kollegium nach sich, denn wer Vertrauen und Verständnis spürt, der engagiert sich lieber als der, der nur Kontrolle und Hierarchie erlebt.

Fazit: Der Schulleiter ist meist nicht der starke Typ, als der er gerne daherkommt, er ist eher jemand, der so tun muss, als ob er alles im Griff habe, als ob er stets und überall wüsste, wovon er redet. Oft ist er leider nur ein unschuldiger Dilettant, ein Grüß-August oder ein Verwalter, der sich ohne Illusionen und Perspektiven durch die Welt seiner Schule mogelt.

40. *Sekretariat und Hausverwalter*

Es gibt Stimmen, die behaupten, dass eine langjährige und erfahrene Sekretärin eine Schule mit wenigen Einschränkungen genauso führen könnte wie ein Schulleiter. Das mag übertrieben sein. Ohne ein gutes Sekretariat jedoch steht der Schulleiter auf verlorenem Posten. Das merkt er in dem Moment, in dem die Sekretärin einmal ausfällt. Dann steht er blöd da. Er sucht vergebens nach Telefonnummern, findet keine Akten, verheddert sich am Computer, irrt hilflos in den Paragrafen der Schulordnung umher, kann sich nicht wie üblich bei unliebsamen Eltern verleugnen lassen und scheitert grandios an der Espressomaschine.

Gute Schulsekretärinnen sind das Herz einer Schule. Sie sind Mädchen für alles, Ersatzmuttis, Erste-Hilfe-Sanitäterinnen, Auskunftei für Schüler und Eltern, dem Direktorat vorgeschobener Prellbock für die täglichen Zumutungen des Schulbetriebs, Computerspezialistinnen, Allround-Organisatorinnen und vieles mehr. Sie sind die Multitalente der Schule – für schäbiges Geld. Man kann ihre Leistungen nur bewundern und nicht genug lobend erwähnen.

Der Hausmeister, oder etwas vornehmer Hausverwalter genannt, neigt dazu, sich zum heimlichen Herrscher der Schule aufzuschwingen. Wenn man ihn als Lehrer oder Schulleiter zum Feind hat, kann man einpacken. Dann gibt es keine hilfreichen Informationen mehr, die Leberkäs-Semmeln des Pausenverkaufs sind seltsamerweise ausgegangen, Strom und Licht fallen beim Elternabend urplötzlich aus, der Schnee auf dem Schulhof ist nicht geräumt, es gibt keine diskreten Infos über rauchende und kiffende Schüler und deren sonstige Missetaten in der Pause mehr.

Nie ganz klar ist, was Hausverwalter eigentlich den lieben langen Tag treiben. Dem lukrativen Pausenverkauf von allerhand ungesundem Essen widmen sie sich am liebsten.

Oft sind sie die restliche Zeit in den Katakomben der Schule verschwunden und unauffindbar. Dort haben sie sich eine Art Schattenreich aufgebaut. Schulleiter können sich gar nicht vorstellen, was da unten alles gehortet wird: Spezialwerkzeug, Multimedia-Ausstattungen, Kehrmaschinen, Räume voller Toilettenpapier und Reinigungsmittel für die nächsten Jahrzehnte, Stühle, Tische und Schränke, die für drei weitere Schulen locker reichen würden. Das fällt dem Schulleiter oder dem Lehrpersonal nie auf, weil sie von den geheimnisumwobenen Kellerräumen und düsteren Gängen nichts ahnen.

Von vielen Hausverwaltern sagt man, dass sie aufgrund ihres Verdienstes aus dem Pausenverkauf über das Gehalt der Lehrer nur milde lächeln können. Besonders erwähnenswert erscheint in diesem Zusammenhang ein originelles Geschäftsmodell eines Hausverwalters einer Stadtschule. Der Schulleiter hatte sich schon länger über die zunehmende Zahl der Wohnmobile auf dem Lehrerparkplatz gewundert. Er hielt diese für die neuen Lieblings-Urlaubsfahrzeuge der Lehrkräfte seines Kollegiums, bis sich herausstellte, dass der Hausverwalter nebenbei einen schwunghaften Wohnmobil-Verleih-Service aufgezogen hatte, mit dem er rein finanziell gesehen den Lehrern und dem Schulleiter klar das Nachsehen gab.

Unterm Strich bleibt die Erkenntnis, dass die Lehrer einer Schule relativ problemlos ersetzbar sind. Mit den Sekretärinnen und dem Hausverwalter verdirbt man es sich besser nicht.

WIE MAN DEN TAG SO RUMKRIEGT: UNTERRICHT UND »NICHTUNTERRICHT«

Neben dem regulären Unterricht mit allen Pflichtfächern und Wahlfächern gibt es während des Schuljahres weitere Zeiten, die Jugendliche an den Schulen verbringen, man denke nur an die zunehmenden Nachtmittagsangebote. Doch zum Glück gibt es ja ein Leben außerhalb der Schule, insbesondere natürlich in den Schulferien!

41. Pflichtfächer

Die Liste der Pflichtfächer an unseren Schulen ist lang und sie wird länger, je weiter man in den Bereich der Sekundarstufen I und II vordringt. Das ist so zwangsläufig wie sinnvoll, denn eine multiple und komplexe Gesellschaft erfordert von jungen Menschen vielfältige Fähigkeiten und Kompetenzen. Schule operiert nicht esoterisch und schöngeistig im luftleeren Raum, sondern unterliegt den Interessen der Wirtschaft in der Konkurrenzsituation einer globalisierten Welt. Damit normiert sie nolens volens Wissen und Fähigkeiten der Schüler und produziert junge Erwachsene, die den Anforderungen der Außenwelt, sprich vor allem der Wirtschaft und Industrie, gerecht werden sollen und können. Das mag so manchem Systemkritiker unsympathisch erscheinen, ist aber nicht wegzuleugnen.

Damit definiert sich ebenso zwangsläufig die Hierarchie der Schulfächer, die nicht mit deren Beliebtheit oder Sympathiefaktor bei den Schülern Hand in Hand geht. Man kann es drehen und wenden, wie man will: Mathematik und die Naturwissenschaften haben es noch nie in die Top Drei der für die Schüler angenehmen Fächer geschafft und werden es auch nie. Mit Mathe, Physik, Chemie – Biologie kann man außen vorlassen – muss also irgendetwas bei der Stoffvermittlung und Umsetzung im Unterricht schieflaufen. Gewiss gibt es in jeder Klasse die paar mathematischen und naturwissenschaftlichen Überflieger, die alles kapieren, oft fast so schnell, wie der Lehrer es erklärt. Sie sind sogar in der Lage, dem Lehrer beim Rechnen an der Tafel die richtigen Lösungen einzusagen oder ihn vor groben Schnitzern zu bewahren. Doch die Anzahl dieser jugendlichen Koryphäen ist seit Menschengedenken gering und ihr Status in der Klasse eher der Verachtung preisgegeben. Man braucht sie und man schmeichelt ihnen, weil man die doofen, das heißt unlösbaren Mathe-Hausaufgaben von ihnen abkupfern will.

Ebenfalls seit Generationen bemühen sich die Lobbyisten der Wirtschaft und Industrie, die Zahl der Mädchen in den mathematisch-naturwissenschaftlichen Fächern zu steigern, weil man sie in den Unternehmen schon allein aus den von der Gesellschaft postulierten Gendergründen benötigt. Allein, es hilft nichts, es werden nicht wesentlich mehr. Sobald sie können, wählen insbesondere die Mädchen an Realschulen und Gymnasien Fächerkombinationen mit reduzierter Mathematik. Die meisten anderen, die bei der Stange bleiben, schreiben in Mathe, Physik und Chemie eher mittelmäßige und schlechte Noten, was wiederum dazu führt, dass bei anstehenden Lehrplanrevisionen Standards aufgegeben werden müssen, ansonsten droht notenmäßiges Debakel.

Beliebter als Mathe, Physik und Chemie sind die modernen Sprachen. Englisch genießt als internationale Standardsprache und vertrautes Grundraunen der Computer-, Pop-, Film- und Modewelt sowieso Sympathiepunkte bei allen jungen Menschen, lässt aber Federn, wenn es nach ein paar Lernjahren ins Idiomatische abdriftet. Dann ist es nicht mehr easy go lucky, sondern komplex. Glücklicherweise merken die meisten Schüler nicht, wie schwer sich selbst die Englischlehrer ab einem gewissen Level mit dem Englischen tun. Latein ist auf dem Rückzug, das Latinum kämpft mehr und mehr ums schiere Überleben. Französisch gerät ebenfalls zunehmend unter die Räder, die langjährigen Bemühungen um deutsch-französische Annäherung zeigen kaum mehr Wirkung. Das ist in Frankreich mit Deutsch nicht anders, nur wenige Schüler nehmen es noch als Langue Vivante II, also als zweite Fremdsprache hinter Englisch. Dafür holen Spanisch und Italienisch auf, es sind eben schicke Sprachen.

Am Fach Deutsch kommt keiner vorbei, was unerheblich ist, denn Deutsch muss keiner heutzutage mehr scheuen. Es verkommt immer mehr zum Wischiwaschi-Fach, ohne Substanz, ohne erkennbares Konzept. Der Deutsch-Lehrplan gibt alles und nichts her. Man kann im Unterricht irgendetwas lesen, sofern die Schüler noch halbwegs lesen können. Man kann irgendetwas notieren, ob richtig oder falsch, ob im Detail auseinander oder zusammen oder groß oder klein, das weiß keiner mehr so recht, auch der Lehrer nicht, obwohl er so tut. Man kann rein inhaltlich irgendetwas schreiben beziehungsweise schreiben lassen, einen Aufsatz, eine Bildbeschreibung, eine Textanalyse, es ist sowieso egal, denn kaum ein Jugendlicher kann mehr richtig und strukturiert formulieren, höchstens ein wenig bei Wikipedia recherchieren und das Gefundene dann in den Laptop tippen oder in einen Text kopieren. Gerade verabschieden wir uns von der Handschrift, auch egal. Jedenfalls ist es so, dass ein Schüler sehr ignorant sein muss, um im Sammelsurium-

Fach Deutsch nicht zumindest durchzukommen. Ein bisschen mitreden und diskutieren kann schließlich jeder. Damit kommt er dann auf eine Mittelfeldnote im Deutschen.

Alle anderen Pflichtfächer degenerieren immer mehr zur Staffage. Was soll man in den zweistündigen Fächern schon groß lehren und lernen? Der Stoff ist zu komplex, es stehen nicht genug Stunden zur Verfügung. Fakten- und Grundwissen ist nicht mehr gefragt. Also wurschteln die Fächer Geschichte, Informationstechnologie, Erdkunde, Gemeinschaftskunde, Sozialkunde, Wirtschaft und so weiter vor sich hin und dienen dem Schüler von heute notenmäßig zur Aufhübschung der Zeugnisse. Vom Amüsement-Charakter der Fächer Musik, Kunst und Sport gar nicht zu reden.

Ab und zu gibt es mal fächermäßig etwas Neues in irgendeinem Bundesland, zum Beispiel Kombipacks namens »Mensch-Natur-Technik« oder »Technik und Naturwissenschaften« oder »Gesellschaftswissenschaften« im Sinne eines eher epochalen oder gesamtheitlichen Unterrichts. Das sind löbliche sozialintegrative und kommunikative Ansätze, denen es jedoch bisher an breiter Akzeptanz mangelt. Noch ist nicht ganz klar, was dabei inhaltlich beim Schüler rüberkommt. Altehrwürdigen Frontaldidaktikern und Hardlinern passt diese Richtung nicht, denn es gehen ihrer Meinung nach zu viele Fakten und zu viel Grundwissen verloren, was aber in einer Welt, die den letzten Leibniz ihrer Zeit sowieso nicht mehr ausbilden kann, wiederum egal ist.

Synergieeffekte erhofft man sich vom bilingualen Unterricht, in dem zum Beispiel die Fächer Erdkunde, Geschichte, IT oder Kunst auf Englisch unterrichtet werden. Das ist eine gute Idee, die aber oft daran scheitert, dass man dafür keine Lehrer hat, oder wenn doch, dass sie diese Art der Stoffvermittlung in einer Fremdsprache überhaupt nicht beherrschen. Aber was nicht ist, kann ja noch werden, selbst wenn es dann wiederum den Deutschlehrern als Großfürsten im Reiche des Geistes nicht passen wird. Man kann es eben nie jedem recht machen, irgendwer ist in der Schule immer beleidigt.

42. *Wahlfächer*

Im Vergleich zu den Pflichtfächern sind die Wahlfächer angenehmer Pipifax. Wahlunterricht sollte eigentlich das pädagogische Angebot einer Schule ergänzen und individuellen Neigungen der Schüler entgegenkommen. In der Alltagsrealität bildet er die Tristesse von Schule ab. Er kommt zustande, wenn noch ein paar Stunden welcher Couleur auch immer im Deputat der Lehrer übrigbleiben. Da die Lehrerversorgung in den meisten Bundesländern knapp bemessen ist, kann davon selten die Rede sein und so ist der jämmerliche Rest an Wahlangeboten meist nur Augenwischerei.

Wahlunterricht findet vornehmlich nachmittags statt, da der Vormittag mit den bedeutenderen Pflichtfächern vollgestopft ist. Oft besteht er aus Angeboten im Sport, je nach Fähigkeiten und Hobbys der jeweiligen Sportlehrer. Also können die Schüler neben Fußball, Handball, Volleyball und dergleichen auch mal an exotischere Dinge wie Parkour, Klettern, Bogenschießen, Karate und Golf gelangen. Mit solchen eher seltenen sportlichen Betätigungen kann sich die Schule, oft unterstützt von lokalen Sportvereinen, ein progressives Image geben. Wenn sich dann die ersten Schüler im Parkour die Hände oder Knöchel gebrochen haben oder beim Klettern von der Wand gefallen sind, bröckelt das Interesse ab. Gegen Ende des Schuljahres mäandert der Wahlunterricht sowieso dahin und die Lehrer haben erfreulicherweise viele Freistunden, weil kein Schüler mehr in den Wahlunterricht kommt.

Das sieht beim musikalischen Wahlangebot anders aus, denn da wird meist auf irgendeine Veranstaltung hingearbeitet. Also müssen der Chor und die Orchestergruppe unter der Anleitung eines entnervten Musiklehrers bis zum Schluss ran und die Schulband übt unermüdlich »Smoke on the water«, doch sie kriegen es natürlich nicht richtig hin.

Beim Wahlunterricht können Lehrer ihre zusätzlichen Fähigkeiten einbringen, weshalb sie ihre Hobbys zu Markte tragen. Das ist für sie bequem, denn ein paar Stunden Wahlunterricht pro Woche bedeuten: keinerlei Vorbereitung, keine Korrekturen, keine oder höchstens wohlwollende Fantasienoten, also quasi gutes Geld für nichts. Die Schüler haben dann die Wahl zwischen Bewegungskünsten, Schach, Astronomie, szenischer Darstellung und Schultheater, Ökogemüsebau, Zauberkunst und fernöstlicher Philosophie. Da manche wohlwollenden Menschen unter den Lehrern den Schülern etwas wirklich Positives mit auf den Weg ins Leben geben wollen, finden zunehmend die Fächer »Glück« und »Lebenskunst« ihren Weg in die Liste der Wahlangebote. Was da genau gemacht oder besprochen wird, hängt ganz vom Glückszustand der unterrichtenden Lehrkraft ab. Sie wird schon irgendwo in irgendwelchen Lebens-Ratgebern oder Esoterik-Magazinen etwas Sinnvolles aufgeschnappt haben und sich nach dieser Lektüre bemüßigt fühlen, es den Schülern wiederzugeben. Kann ja nichts schaden, ein gewisses Maß an »Om mani padme hum« und Ähnlichem kann man immer brauchen.

So wird überall im Lande das schulische Angebot am Nachmittag mit Wahlfächern abgerundet, das heißt, die Zeit bis 16:00 Uhr mit mehr oder weniger sinnvollen Aktivitäten rumgebracht, je nach verfügbaren Lehrerstunden und vorhandenem Interesse und Potenzial. Das ist nichts Schlechtes, aber auch nichts besonders Gutes. Zumindest bringt es einen Teil der Jugendlichen von der Straße weg. Nach 16:00 Uhr können sie sich dann von ihren Eltern zum Nachhilfeinstitut fahren lassen, um ihre mangelnden Kompetenzen in den Kernfächern aufzumöbeln.

43. Nachmittagsunterricht und Ganztagsangebote

Mit diesen kurzen Einblicken sind der Zustand und der Gehalt des Nachmittagsunterrichts und der korrespondierenden Ganztagsangebote an unseren Schulen angedeutet, jedoch noch nicht richtig geklärt. Erstaunlicherweise tobt um den Nachmittagsunterricht seit Jahren ein geradezu politisch motivierter Grabenkrieg. Die Grundfrage ist, ob Nachmittagsunterricht freiwillig oder verpflichtend sein soll.

In einigen Bundesländern ist er eine Selbstverständlichkeit und niemand will daran mehr rütteln. In anderen wird er als eine Art Bevormundung von Eltern und Schülern gesehen. Dahinter steckt der alte Konflikt zwischen sich kümmerndem Nachtwächterstaat und liberalem Laissez-faire-Staat. Der Erstere schreibt den Bürgern angeblich vor, was ihre Kinder am Nachmittag treiben sollen, nämlich in die Schule gehen. Damit, so heißt es, werden die Eltern entlastet, Alleinerziehende unterstützt, sozial Schwächere der Notwendigkeit der Finanzierung von Nachhilfestunden entbunden. Kurz: Die Kinder sind versorgt und man muss sich selbst nicht mehr um sie kümmern. Quatsch, sagen die eher liberal und marktradikal Gesinnten. Wieso sollen wir uns vom Staat bevormunden lassen? Wie kommt der Staat dazu, uns als Familien die ureigensten Aufgaben und Pflichten zu nehmen? Wenn wir es für besser und adäquater halten, dass unsere Kinder am Nachmittag Golf spielen, Pony reiten und gezielten Extraunterricht besuchen, dann geht das den Staat einen Dreck an. Wir tun, was wir für richtig halten und uns leisten können.

Dieser einfältige Antagonismus verdeckt weitere, unter der Oberfläche schwelende gesellschaftspolitische Motive. Wenn man keinen Ganztagsunterricht anbietet, spart man Lehrerstunden, muss also weniger Lehrer und Sozialarbeiter einstellen und finanzieren, denken sich insgeheim die Gegner des Nachmittagsunterrichts, verkaufen dies aber als ein

Argument, das angeblich die Eigenverantwortlichkeit des mündigen Bürgers stützt. Wenn wir mehr Ganztagsangebote hätten, könnten wir beruhigter arbeiten, mehr Geld verdienen und müssten uns nicht ständig nachmittags um die jüngeren Kinder kümmern. Das könnte uns der Staat schon abnehmen, sagen die sozial Schwächeren, aber vielleicht auch die weniger kinderfreundlichen Eltern.

In Großbritannien, nach wie vor einem der zivilisiertesten Länder dieser Welt, gibt es diesbezüglich nie eine Diskussion. Warum auch? Die Schüler gehen von 9:00 Uhr bis ca. 16:00 Uhr in die Schule. Niemand hinterfragt das. Ähnliches gilt für viele andere angelsächsische Länder, aber auch für Frankreich und für so gut wie alle internationalen Schulen. Dort werden die Kleinen den Eltern auch nicht entfremdet, bloß weil sie nachmittags nicht daheim, sondern in der Schule sind. Dafür haben sie dann keine Hausaufgaben mehr zu erledigen und die Eltern werden bei diesem leidigen Thema entlastet. Wenn in die Nachmittagsangebote noch ein von den Kindern benötigter individueller Ergänzungsunterricht integriert wäre, würde das zudem einem Teil der florierenden Nachhilfeinstitute den Garaus machen.

Vielleicht tun sich andere Länder mit dem Ganztagsunterricht leichter, weil sie nicht der absurden Wahnvorstellung verfallen sind, den Unterricht schon 8:00 Uhr morgens oder noch früher zu beginnen. Dadurch wird der Tag für die Kinder lang und anstrengend. Das führt zu einem weiteren Aspekt jedes Ganztagsunterrichts: Der Schulalltag muss für die Schüler vernünftig rhythmisiert sein. Es langt eben nicht, wie geschildert, nach Zufallscharakter einfach irgendwelche Angebote zu machen, sondern Lernen, Sport und Spiel, Ruhephasen und Ergänzungsfächer müssen sich sinnvoll abwechseln. Das aber erfordert Investitionen, nicht nur in zusätzliche Lehrer, sondern ebenso in die oft spartanisch ausgestatteten und überfüllten Schulen selbst. Es braucht Sporthallen, Spielplätze und variable Räume.

Schüler sollten sich im schulischen Umfeld wohlfühlen. Sie sollten in einer angenehmen Atmosphäre zu Mittag essen können, Rückzugsräume haben, sich mal der Stillarbeit widmen können und mal trödeln dürfen. Eine Schule ist keine Fabrik. Und selbst wenn sie eine wäre: Welchen Sinn macht es, die bestehende Infrastruktur einer Schule nur in einem Halbtagsmodell zu nutzen, also von 8:00 Uhr bis circa 13:00 Uhr? Wir leisten uns eine hanebüchene Verschwendung von Ressourcen und tun allen am Schulleben Beteiligten damit nichts Gutes.

44. *Unterrichtsausfall*

Für Schulleiter, Schulaufsichtsbehörden und Kultusministerien ist kurzfristiger Unterrichtsausfall ein rotes Tuch, im Gegensatz zu länger einkalkulierten Unterrichtskürzungen, die als die normalste Sache der Welt betrachtet werden. In Zeiten politischer Korrektheit und Fürsorglichkeit darf an den Schulen kein Unterricht auf die Schnelle ausfallen. An Sekundarschulen muss auf Teufel komm raus vertreten werden, auch wenn es sich um die sechste, also letzte Stunde handelt und noch dazu vielleicht um ein Fach, das nicht für das Vorrücken entscheidend sein mag. Was müssen sonst die Eltern oder die Öffentlichkeit denken!

Doch die Schulen können optimieren und machen, was sie wollen, irgendwann fällt der Unterricht aus, vor allem wenn wegen Fortbildungen oder Krankheit zu wenige Lehrer vor Ort sind oder gegen Schuljahresende, wenn sowieso alles drunter und drüber geht und sich alle Beteiligten fragen, was der reguläre Unterricht inmitten von Theaterproben, Exkursionen, Klassenfahrten, Projekten, Musikevents und Sportfesten überhaupt noch soll. Manche Schulleiter resignieren dann und lassen so manche Unterrichtsstunde ausfallen, es ist ja schließlich nicht ihre Schuld, wenn die Schule wieder mal zum Tollhaus geworden ist. Das nennt man eben bunte Schule, und das wird ja so gewünscht. Andere Schulleiter, insbesondere die Zauderer und Bedenkenträger unter ihnen, führen einen verzweifelten Kampf, legen Klassen zusammen, mobilisieren die letzten Reserven oder vertreten selbst höchstpersönlich die sechste Stunde in einer Klasse. Was wird sonst die misstrauische Schulaufsicht wieder über ihre Führungskompetenz denken, wenn sie in den Statistiken herumstöbert? Man wird sich als Schule erklären, ja rechtfertigen müssen, und das ist unangenehm.

Für die Schüler gehört Unterrichtsausfall zu den erklärten Highlights des Schullebens. Nichts ist schöner, als vor dem Vertretungsplan in der Aula zu stehen und plötzlich in der ersten Pause festzustellen, dass Englisch-Müller oder Physik-Meier ausfallen und man die fünfte oder gar die fünfte und die sechste Stunde frei hat. Für die älteren Schüler das klare Signal: ab in die Kneipe; für die jüngeren: ab in die Stadt oder zu den Kumpels zum Blödsinntreiben.

Unterrichtsausfall ist elementarer Bestandteil der ewigen Folklore des Schullebens. Doch ist er wirklich schlimm? Noch nie ist es vorgekommen, dass deswegen der Lernstoff eines Faches nicht geschafft wurde, noch nie ist deswegen einer durchgefallen, noch nie gab es sonstige lernmäßige Defizite. Der Jahresstoff in den Fächern ist ja sowieso auf weniger Wochen angelegt als ein Schuljahr wirklich Schulwochen hat. Es gibt immer einen zeitlichen Puffer. Abgesehen davon holt ein guter Lehrer irgendwelchen ausgefallenen Stoff sowieso ratzfatz nach. Also, was soll schon passieren?

Noch etwas gehört unabdingbar zum Thema Unterrichtsausfall, nämlich das sogenannte »hitzefrei«. Manche Schüler kennen es schon gar nicht mehr, weil sie ihr Dasein an Schulen fristen, die in Gegenden liegen, wo es für hitzefrei zu kühl ist, oder die dieses Ausfallmodell prinzipiell nicht praktizieren. Das ist sehr schade, denn eine Schule ohne hitzefrei geht gar nicht.

Wenn das Thermometer sich der 30-Grad-Grenze nähert, fängt die Spekulation an. Wird es heute hitzefrei geben? Wird der Schulleiter zum Mikrofon greifen und die entsprechende Durchsage machen? Clevere Schüler und Lehrer helfen dabei nach. Ein Schüler nach dem anderen fragt im Lehrerzimmer an, ob sich ein hitzefrei abzeichne, ein Lehrer nach dem anderen klopft an der Tür des Rektorats, schnauft etwas herum, wischt sich imaginären Schweiß von der Stirn und kräht und ächzt, dass es heute in den Klassenzimmern schon sehr, sehr warm sei und sich die Schüler nicht mehr konzentrieren können. Das ist natürlich Unfug, weil die Schüler sich so und so nicht konzentrieren, gehört aber zum Spiel dazu. Wenn der Schulleiter ein halbwegs netter Mensch ist, macht er kurz vor der zweiten Pause eine Lautsprecher-Durchsage: »Achtung, Achtung, aufgrund der enormen Hitze schließt der Unterricht heute um …« Der Rest geht im jäh ausbrechenden Jubel der gesamten Schülerschaft unter. Dabei zeigt das Thermometer um halb elf Uhr morgens lediglich 27 Grad. Aber es gibt eben Rituale, die zum Schulleben dazu gehören, die gute Laune bringen und die keinem wirklich schaden.

45. Pausen

Da dieses kurze Kapitel »Unterricht und ‚Nichtunterricht'« betitelt ist, kommt man um ein paar ungereimte Worte zu den Pausen nicht herum. Pausen sind eine Selbstverständlichkeit, ja eine Notwendigkeit für jeden arbeitenden Menschen, also auch für Schüler, für die meisten zumindest. Es gibt Schulen mit einer langen Pause am Vormittag und welche mit zwei kürzeren. Im Grunde ist das egal, denn ausgedehnt und zeitlich überschritten werden sie sowieso, und zwar von Lehrern ebenso wie von Schülern.

Pausen dienen der Erholung und dem Schöpfen neuer Kräfte für das, was da kommt. Sie dienen dem Schüler dazu, sich zu bewegen, Freunde in der Aula oder auf dem Schulhof zu treffen, sich zu stärken. Das ist die Grundidee der Schulpause. Sie dienen dem Schüler jedoch in der Realität ebenso dazu, sich außerhalb des Pausenhofs auszutoben, schnell noch ein paar Hausaufgaben abzukupfern, ungesundes Zeug aus dem Pausenverkauf oder dem nahe gelegenen Supermarkt zu verschlingen, eine zu rauchen, ein bisschen zu schlägern, ein paar andere zu mobben. Eine weitere, beliebte Pausenbeschäftigung ist das Kartenspielen im Klassenzimmer und dabei zu schauen, ob man ausnahmsweise von der Aufsicht erwischt wird.

Die von vielen Schülern bevorzugte Pausenidee jedoch ist rätselhafterweise der Aufenthalt auf der Schülertoilette, um zu rauchen. Egal wie widerlich verqualmt der zehn- oder fünfzehnminütige Toilettenbesuch für Außenstehende erscheinen mag, er ist den Schülern nicht auszutreiben und natürlich gelingt es den Lehrern auch mit verstärkten Aufsichten und Kontrollen nicht, ihn einzudämmen. Beim Rauchen erwischen sie sowieso kaum jemals einen Schüler, zu trickreich sind deren vorgeschobene Aufpasser, zu schnell fällt die Zigarette in die Kloschüssel. Ein Spiel seit Jahrzehnten, das die Lehrer ständig in Konferenzen erbittert diskutieren und dann sowieso wieder verlieren. Viele von ihnen denken schon lange nicht mehr daran, sich überhaupt noch in die Nähe der Schülertoiletten zu begeben. Soweit zum unappetitlichen Teil der Pausen.

Draußen auf dem Pausenhof tobt inzwischen das pralle Schülerleben. Einem Schüler wird sein Pausenbrot geklaut, ein anderer, kleinerer bekommt einen Fußball ins Gesicht geschossen, ein größerer lässt eines der kleinen Putzelchen stolpern, hinter der nicht einsehbaren Turnhalle wird ein bisschen gedealt. Die Aufsichten laufen zu zweit herum und quatschen angeregt. Denn verhindern können sie eh nichts, sie müssen aber aus Gründen der Aufsichtspflicht präsent sein. Dann haben sie diese auch erfüllt und keine Dienstaufsicht und kein Verwaltungsgericht kann ihnen im Falle eines Falles etwas anhaben.

Wer genau hinschaut, sieht in der Pause auch die Verlorenen, die Ausgeschlossenen, die Einsamen, diejenigen, die in der Ecke stehen und keinen Kontakt zu den anderen haben. Eine Pause ist für manche Schüler nicht nur lustig. Lehrer täten gut daran, das Sozialverhalten der Schüler genauer zu beobachten, den Einzelgängern und Gemobbten später im Unterricht unauffällig Hilfestellung zu geben und zu versuchen, sie besser zu integrieren. Doch leider sind Lehrer mitunter betriebsblind oder wenig auf solche Schattenseiten des Schulalltags sensibilisiert.

Für eine geringere Anzahl von Schülern gibt es noch die inoffiziellen Pausen. Manche Lehrer checken es ihr Leben lang nicht, warum immer um 9:15 Uhr oder um 10:40 Uhr ein paar Schüler aus der 9f oder der 10d plötzlich austreten gehen müssen. Sie merken nicht, dass das fest arrangierte Zeitpunkte mit anderen aus der 9b oder der 10a zum kleinen Treff auf dem Gang oder auf der Schülertoilette sind. Es gelten eben in der Schule nicht immer nur die offiziellen Regeln der Lehrer, sondern ebenso die ungeschriebenen, die Spielregeln unterlaufenden Tricks der Schüler. Und das ist, so verwerflich es in den Augen der pedantischen und regelkonformen Lehrer sein mag, abgesehen vom Rauchen eine gute Sache. Alte Penne eben.

46. *Ferien*

Der Stoff eines Schuljahres ist meist auf 35 bis 36 Schulwochen angelegt. Die restliche Zeit sind Ferien: lange Sommerferien, Herbstferien, Weihnachtsferien, in manchen Bundesländern Faschingsferien, Osterferien, manchmal Pfingstferien. Hinzu kommen allerhand sonstige Feiertage, die oftmals die Option zu verlängerten Wochenenden ermöglichen.

In der Zeit nach dem Notenschluss, meist lange vor den Sommerferien, herrschen im Grunde ebenfalls schon Ferien. Zumindest arbeitet kein Mensch an den Schulen mehr richtig seriös, auch die Lehrer nicht. Die Binnenstruktur bricht zusammen.

Insgesamt gesehen kann der Schüler von heute nicht meckern, seine Ferienzeiten sind lang. Manche Eltern fragen sich, ob sie vielleicht zu lang sind, zumindest im Sommer. Denn sie selbst haben ja nur zwei oder drei Wochen Urlaub, die Kinder aber Ferien von sechs oder sieben Wochen. Und man redet ja nicht mehr über Straßenkinder, die früher den ganzen Tag draußen waren und Fußball gespielt haben oder mit dem Rad unterwegs waren. Heute muss für die Kinder alles organisiert sein: Ballett, Reitstunde, Tennis, vorauseilende Nachhilfe für das nächste Schuljahr. Das ist bei den Größeren kein Problem, bei den Jüngeren schon.

Doch an den Ferienzeiten sollte nicht gerüttelt werden. Sie sind gut so, wie sie sind, jedenfalls besser als in manchen anderen Ländern, wo die Sommerferien ewig dauern und dafür kaum noch sonstige Erholungsphasen im Schuljahr vorhanden sind. Dann wird die Schule zur Tortur. Nach jeweils circa sechs Wochen sollte eine zumindest kurze Ferienphase eingebaut sein. Dann kann auch die kritische Öffentlichkeit wieder über die faulen und ständig in Urlaub fahrenden Lehrer maulen, denn die profitieren von den langen Ferien, die für die Schüler gedacht sind, geben sich jedoch scheinheilig und murmeln etwas von Unterrichtsvorbereitung, Nachbereitung, Ferienfortbildungen und Planungsphasen. Ein sinnloses, ritualisiertes Unterfangen, denn es glaubt ihnen sowieso keiner, übrigens völlig zu Recht nicht.

DAMIT ES NICHT LANGWEILIG WIRD: EXTRAS IM SCHULBETRIEB

Damit die Schule den Schülern mit ihrer Alltagsroutine nicht zu sehr auf den Keks geht, bietet sie ihnen außer Unterricht, Leerlauf, Pausen und ausgiebigen Ferienzeiten eine ganze Reihe weiterer Extras an. Sonderaktionen aller Art und spezielle außerunterrichtliche Aktivitäten halten die Kids das Jahr über bei Laune.

47. *Wandertage*

Nach wie vor beliebt sind Wandertage, die schon längst ihrem Namen nicht mehr gerecht werden. Zwar findet das Wandern gesellschaftlich in den letzten Jahren wieder mehr Akzeptanz, sogar bei jungen Leuten, doch trägt die Schule mit ihren zwei Wandertagen pro Schuljahr dazu eher nichts bei. Denn richtig gewandert wird beim Wandertag sowieso nicht. Man hat einfach den antiquierten Namen beibehalten, gibt sich aber anderen Aktivitäten hin, wie zum Beispiel Zoobesuch, Kegelparty, Fußballturnier, Besuch eines Sportstudios, Ausflugsfahrt, Stadtrallye, Burgbesichtigung oder Raftingtour. Einigen wenigen Schulen ist der Etikettenschwindel aufgefallen und sie haben den Wandertag in Projekttag umfirmiert.

Beim Wandertag herrscht immer wieder mal Ausnahmezustand. Die Schüler wollen nicht laufen, sondern zu McDonald's oder Burger King, sie wollen Bier trinken, rumgammeln, die Zeit auf nette Weise totschlagen. Gerne sitzen sie in einem Bus, bevorzugt alle auf den hinteren Reihen, und lassen sich durch die Gegend fahren. Beim Aussteigen am Fahrtziel geht das Gemaule los, weil ein Fußmarsch von 500 Metern drohen könnte. Auf diesen 500 Metern zieht sich die Schülerschar 499 Meter auseinander. Der Lehrer schreitet voran und das Feld mäandert im Stile älterer Leute hinterher.

Doch es gibt noch andere, typische Szenarien eines Wandertags. Damit das Deskriptive nicht die Oberhand gewinnt, schauen wir uns eines davon an.

Irgendein Donnerstag im Herbst an der Albert-Kruckenhauser-Realschule:

Schulleiter Rumpler steht vor der Info-Wand im nahezu leeren Lehrerzimmer. Er studiert aufmerksam den Aushang zum ersten Wandertag des Schuljahres. Alle Klassenleiter haben das Ziel und den Zeitrahmen des von ihnen mit ihren Klassen gestalteten Wandertags auf einer Liste eingetragen. Rumpler weiß, dass ein Großteil der Einträge Makulatur ist. Er selbst hält einen reinen Wandertag sowieso für einen Anachronismus. Seit Jahren, ach was, seit Jahrzehnten wird seiner Meinung nach die Grundidee des Wandertags pervertiert. Die Ziele wiederholen sich in schöner Regelmäßigkeit, sind immer in gleicher Weise von einfältiger Monotonie geprägt. Richtig wandern gehen nur noch die wenigsten Klassen.

Das hat verschiedene Gründe. Zum einen sind Klassenleiter meist selbst zu faul zum Wandern, zum anderen haben die Schüler dazu erst recht keine Lust. Nur wenige Hardliner unter den Klassenleitern scheuen sich nicht, richtige Wanderungen zu unternehmen, immer mit der Gefahr, dass ihnen unterwegs einige unsportliche Schüler kollabieren. Das ist in der Tat schon öfter vorgekommen. Dann ist jedes Mal das Geschrei riesengroß und die Eltern toben.

Rumpler erinnert sich daran, wie er selbst früher als aufrechter Wanderer einmal einen stundenlangen Marsch mit einer neunten Klasse ansetzte, mit dem Versprechen, der Klasse am Zielort Limonade und Brotzeit zu spendieren. Er machte die Rechnung ohne die beleibteren und unsportlichen Schüler. Ein paar von ihnen taumelten einige Zeit mit hochrotem Kopf hinter ihm her und plumpsten dann vor Erschöpfung auf eine Bank. Andere murrten oder jammerten und schließlich kam es zu einer regelrechten Meuterei. Rumpler musste die Wanderung abbrechen. Die Schüler wurden von den Eltern abgeholt, die dem damaligen Junglehrer Rumpler so einiges erzählten. Gut, er hatte wohl mit seiner Wanderung und mit dem vorgelegten Tempo etwas übertrieben, aber dass die Schüler derart an ihre Grenzen kommen würden, damit hatte er damals in seiner Naivität wirklich nicht gerechnet.

Rumpler steht also vor dem Plan und liest die eingetragenen Wanderziele und die geplanten Aktivitäten: zwölf Mal Zoobesuch, acht Mal Sport und Spiel im Auengrund, vier Mal Bowling-Center, drei Mal Stadtrallye, vier Mal nahegelegener Aussichtsturm, drei Mal Fußball am Weiher, mehrmals diverse Busfahrten in romantische Städtchen und so weiter. Das soll ein Wandertag sein? Es ist in Rumplers Augen eine Schande. Aber die Kolleginnen und Kollegen ignorieren ganz einfach seine Meinung, dass ein Zoobesuch oder ähnlich Triviales keine sinnvolle Gestaltung eines Wandertags sei. Gewiss, ein Zoo ist schon interessant. Aber es handelt sich um den lokalen Zoo und es ist jedem klar, dass die Schüler alle schon in diesem Zoo gewesen sind. Manche schon x-mal. Und klar ist Rumpler auch, wie so ein Zoobesuch abläuft: Die Lehrer kaufen die Eintrittskarten, man geht zusammen hinein und löst dann den Klassenverband auf, da ein gemeinsames Verweilen keinen Sinn macht. Treffpunkt zwei Stunden später wieder am Ausgang. Den Schülern ist das natürlich recht, denn so haben sie schließlich ihre Ruhe und können machen, was sie wollen: gammeln, rauchen, mit den Mädchen aus der Parallelklasse knutschen, in der Zoo-Kneipe sitzen, Bonbons auf die Affen werfen und so weiter. Die Lehrer sitzen derweil im Zoo-Restaurant zusammen und trinken Kaffee oder ein oder mehrere Bierchen. So läuft der Zoobesuch. Immer und überall. Mittags um zwölf Uhr sind alle wieder am Eingang, die Lehrer lösen die Klassen auf, alle machen sich auf den Heimweg und die Lehrer halten ein Mittagsschläfchen. Und so etwas soll ein Wandertag sein!

Aber Rumpler weiß, dass es keinen Sinn macht, sich aufzuregen. Immerhin hat der Wandertag, so trostlos er auch ist, einen großen Vorteil: Der Schulleiter kann in Ruhe vor sich hin wurschteln, mal ganz entspannt durch das Schulhaus spazieren und mit den Sekretärinnen Kaffee trinken. Keiner stört. Keiner nervt. Oder doch? In diesem Moment klingelt das Telefon.

»Pollinger hier. Johann Pollinger. Guten Morgen, Herr Rumpler. Äh, die Sache ist die, also, Sie habens vielleicht schon registriert, ich bin mit der 10a beim Wandertag unterwegs.«

»Hallo Herr Pollinger. Und wie stehts? Alles in Ordnung bei Ihnen?«

»Eben nicht. Wir vermissen vier Schüler.«

»Wie denn das? Wieso vermissen Sie vier Schüler? Die lösen sich doch nicht einfach in Luft auf.«

»Also, ich werde noch von Frau Brenner, der Referendarin, begleitet und wir waren auf dem Weg zur Burg Waldstein. Und als wir dann Rast gemacht haben, da zählten wir durch und es fehlten vier Leute.«

»Und keiner von den Schülern weiß, wo die abgeblieben sind?«

»Nein. Angeblich haben sie sich unterwegs zurückfallen lassen und sind dann einfach abgehauen.«

»So, so. Um welche Schüler handelt es sich denn?«

»Laut meiner Liste fehlen der Tobias Steiner, der Dany Schellmann, die Dorotea Kraus und die Julia Voit.«

»Na bravo. Lauter bekannte Namen. Ausgerechnet diese vier!«

»Wieso, was ist mit denen?«

»Na, um es nur kurz anzudeuten. Alle vier haben schon Schulstrafen und der Dany zudem schon die Androhung einer Entlassung.«

»Oje, oje.«

»Genau. Das können Sie laut sagen. Da ist das Verschwinden wohl kein Zufall. Ich fürchte, die sind bewusst abgehauen.«

»Und jetzt?«

»Tja, und jetzt. Also, Sie machen einfach weiter, gehen auf diese Burg und lassen den Rest nicht mehr aus den Augen. Sie gehen voran, die Frau Brenner geht hinterher. Ich informiere mal die Eltern der vier Schüler. Vielleicht wissen die ja was. Obwohl ich es bezweifle.«

»Tut mir echt leid, Herr Rumpler.«

»Na ja, da ist jetzt auch nichts mehr zu ändern. Also trotzdem noch viel Vergnügen.«

Rumpler legt auf. So ein Mist. Ihm ist klar, dass sich diese vier nicht einfach verlaufen haben. Die haben sich gezielt von der Klasse entfernt. Und wieder klingelt das Telefon.

»Polizei Hohenberg, Polizeikommissar Wagenpfeil. Kann ich bitte mit Herrn Realschuldirektor Rumpler sprechen?«

»Am Apparat.«

»Sagen Sie, Herr Rumpler, vermissen Sie vielleicht ein paar Schüler?«

»Richtig vermissen wäre zu viel gesagt, aber ich nehme an, Sie spielen auf vier unserer Zehntklässler an.«

»Genau. Wir haben vier junge Leute aufgegriffen. Ziemlich betrunken. Sie haben in der Nähe von Hohenberg Autos zerkratzt, zwei Mercedes-Sterne abgebrochen, Bierflaschen in der Gegend rumgeschmissen und Leute angepöbelt.«

»Na bravo. Haben Sie die Namen?«

»Einen Moment. Tobias Steiner, Dany Schellmann, Dorotea Kraus und Julia Voit.«

»Genau. Volltreffer. Gratuliere.«

»Wie meinen Sie das?«

»Nur so. Das sind alles so Pappenheimer, die wir gut kennen.«

»Verstehe.«

»Also, Herr Rumpler, Sie wissen, dass ich Ihnen eigentlich gar nichts weiter sagen darf. Aber die sind so renitent, die weigern sich sogar, uns ihre Adressen zu nennen. Können Sie mir da mal weiterhelfen?«

»Na klar.«

Rumpler gibt die Adressen durch und weiß, dass diese Geschichte ein böses Nachspiel haben wird. Er ärgert sich maßlos, dass ihm nicht vorher aufgefallen ist, dass ausgerechnet der junge Pollinger mit der 10a unterwegs ist, auch wenn man ihm noch eine neue Referendarin zur Seite gestellt hat. Was für ein Anfängerfehler seines Konrektors! Das musste ja schiefgehen.

Er fragt beim Konrektor nach, doch der wiegelt ab und erklärt, dass die Personalsituation so knapp sei, dass er gar keine andere Wahl gehabt habe, als auch die ganz jungen und neuen Lehrer für den Wandertag einzusetzen, und zwar nicht nur als Mitläufer, sondern als Leiter. In der Tat ist das nachvollziehbar, denn einige Lehrer sind erkrankt, andere auf Fortbildung, wieder andere als Teilzeitler nicht verfügbar. Es ist die übliche enge Personalsituation, die man als Außenstehender nicht immer so einfach verstehen kann. Einzig ein Tausch wäre möglich gewesen, das heißt Pollinger in eine kleine, harmlose Klasse und dafür einen der Haudegen in die 10a. Zu spät!

Am folgenden Morgen stellt sich heraus, dass die alkoholisierte Vierergruppe nicht nur Sachbeschädigungen verursacht hat, sondern dass es auch innerhalb der Gruppe zu Komplikationen gekommen ist. Dany Schellmann, der heimliche Anführer, hat offensichtlich den schon 18 Jahre alten Kumpel Tobias Steiner zum Einkauf an eine Tankstelle geschickt. Dieser hat dort Alcopops und Wodka besorgt, den die vier dann auf einer Bank am Ortsrand ausgetrunken haben. Daraufhin ist es zunächst zu Übergriffen der Jungs auf die beiden Mädchen gekommen, die sich nicht mehr richtig wehren konnten, und anschließend zum Streit zwischen Dany und Tobias, was Letzterer mit einem blauen Auge bezahlte. Dany, fast 1,90 Meter groß und kräftig, hat Tobias brutal geschlagen.

Jetzt sitzen die vier im Sekretariat und warten darauf, von Rumpler zitiert zu werden. So einig sie sich beim Abhauen am Wandertag waren, so zerstritten wirken sie jetzt. Um 8:10 Uhr holt sie Rumpler in sein Büro und zieht sicherheitshalber den Konrektor hinzu.

»Also, fassen wir einmal zusammen, was wir da alles haben, meine Damen und Herren: unerlaubtes Entfernen von der Klasse am Wandertag, Alkoholmissbrauch, Sachbeschädigung, Beleidigung, Tätlichkeit gegen einen Mitschüler, Übergriff auf zwei Mitschülerinnen.«

»Aber hallo jetzt, ich sag mal, abgesehen davon, dass wir einfach abgehauen sind, war das doch alles außerhalb der Schule«, wirft Dany vollmundig ein. »Was soll das Ganze? Warum sitzen wir jetzt hier?«

»Wirst du gleich sehen, werter Freund. Erstens ist der Wandertag eine Schulveranstaltung, zweitens sind Mitschülerinnen betroffen und drittens schädigt ein solches Verhalten das Ansehen der Schule. Und damit hat es auch schulische Konsequenzen. Ihr könnt euch denken, dass das genüsslich in den Medien breitgetreten werden wird. Eine Anzeige bekommst speziell du sowieso. Und innerschulisch werden wir sehen. Zumindest gibt das erst einmal einen Disziplinarausschuss.«

Die beiden Mädchen schauen betreten zu Boden. Rumpler sieht ihnen an, dass ihnen unbehaglich zumute ist und sie sich der ganzen Sache schämen. Auch Tobias wirkt verstört. Nur Dany sitzt mit verschränkten Armen in Abwehrhaltung da und gibt sich den Anschein von Souveränität.

»Und was heißt das konkret? Wie kann so was ausgehen?«, will er von Rumpler wissen.

»Einem Disziplinarausschuss kann ich nicht vorgreifen. Der wird sich die Sache anhören und dann entscheiden. Aber ich bin mir sicher, dass wir bei euch vieren da wohl etwas differenzieren müssen.«

»Ja, schon, aber was genau kann denn bei der Sache überhaupt rauskommen? Ich meine, welche Strafen kann es da geben?«, hakt Dany nach und es klingt schon ein wenig unsicherer.

»Rein theoretisch ist Folgendes möglich: verschärfter Verweis, Aussperrung vom Unterricht, Androhung der Entlassung oder tatsächlich die Entlassung von der Schule. Aber, mein werter Dany, das Verfahren kennst du doch, oder erinnerst du dich nicht mehr?«, fragt Rumpler nach.

»Aber die Androhung der Entlassung habe ich doch schon letztes Jahr bekommen. Wegen der Schlägerei auf dem Schulhof damals. Fand ich übrigens total ungerecht.«

»Das sehe ich nicht so, junger Mann. Du hast damals einen jüngeren Schüler zusammengeschlagen. Grundlos.«

»Aber das war doch letztes Jahr. Neues Schuljahr, neues Glück.« Dany versucht ein kleines, müdes Lächeln.

»Könnte man aufgrund der Schulordnung so sehen. Aber bei dir sehe ich was anderes, nämlich, dass du latent gewalttätig bist und damit ein Risiko für die Mitschüler. So geht es jedenfalls nicht weiter.«

»Und was ist mit uns beiden?«, fragt Dorotea und blickt auf ihre Freundin Julia.

»Mit abgehauen seid ihr auch«, antwortet Rumpler. »Wie ihr beide das Verhalten von Dany und Tobias bewertet, das müsst ihr selber entscheiden. Beziehungsweise ihr und eure Eltern. Um eine Schulstrafe wegen unerlaubten Verlassens der Klasse kommt ihr trotzdem nicht herum. Auch wenn ihr eh schon gestraft genug seid.«

Dorotea beginnt zu weinen. Julia versucht, sie zu trösten.

»Ich möchte mich bei euch entschuldigen«, sagt Tobias zu den beiden Mädchen. »Tut mir echt leid.«

»Dann bin ich wohl wieder mal der alleinige Depp hier und habe wie immer die Arschkarte? Sauber. Tolle Freunde seid ihr. Wenn ich das gewusst hätte.«

»Dann? Was wäre dann gewesen?«, giftet Julia ihn an.

»Okay Leute. Schluss jetzt mit der ganzen Sache fürs Erste. Ihr bekommt demnächst ein Einladungsschreiben für den Disziplinarausschuss der Schule. Die Sitzung wird irgendwann übernächste Woche am Nachmittag sein. Zu eurer Vorab-Information: Ihr könnt natürlich eure Eltern mit zur Sitzung nehmen. Ihr könnt euch auch an irgendeinen Lehrer eures Vertrauens wenden, der euch dann unterstützt. Aber das steht alles in der Einladung zur Sitzung. Soweit klar?«

Die vier schauen starr vor sich hin. Dany wirkt isoliert und immer noch trotzig.

»Mein Vater wird sowieso einen Rechtsanwalt beauftragen, dann werden wir ja sehen.«

»Gerne. Das ist sein gutes Recht. Er muss allerdings unterscheiden zwischen der internen schulischen Sachlage und der strafrechtlichen Komponente.«

»Mag schon sein. Aber ich bin in der 10. Klasse und brauche meinen Abschluss. Wenn das beim Diszi schiefläuft, dann wird es ein Riesentheater geben. Das garantiere ich Ihnen«, brummt Dany zu Rumpler.

»Du wirst nicht erwarten, dass ich dir hier und jetzt darauf antworte«, sagt Rumpler. »Auf Wiedersehen, oder besser nicht. Und einen schönen Tag noch.«

Die vier schleichen aus dem Direktorat. Rumpler schaut seinen Konrektor an.

»Schöner Mist. Das wird in der Tat ein Theater geben. Davon können wir ausgehen.«

»Und wenn schon. Theater haben wir doch immer. Spielen wir halt mal ein neues Stück«, sagt der Konrektor.

Überzeugend klingt es nicht.

So weit zum üblen Szenario eines aus dem Ruder gelaufenen Wandertags. Einige werden sagen, dass diese Geschichte die absolute Ausnahme darstellt. Doch das täuscht, so etwas kommt häufiger vor, als man denkt. Nur werden solche Ereignisse gerne unter den Teppich gekehrt, weil man keinen Aufwand und kein Aufsehen will.

Was beim Disziplinarausschuss geschieht, sehen wir später im Kapitel über Schulstrafen.

48. Projekttage

Schulen, die etwas auf sich halten, veranstalten Projekttage oder gar Projektwochen. Das hat damit zu tun, dass gute Schulen erkannt haben, dass es heutzutage nicht mehr primär um reinen Wissenserwerb geht, sondern um Kompetenzentwicklung. Bei Projekten können Schüler ihre Fähigkeiten aktiv einbringen, sie können eigenständig arbeiten, etwas gestalten und Zusammenhänge erkennen, so der Grundgedanke.

Worum geht es bei Projekten, Projekttagen und Projektwochen konkret? Die Liste der Projektideen ist inflationär. Manchmal verknüpft sie nur zwei oder drei Schulfächer miteinander, manchmal alle an einer Schule unterrichteten, naturgemäß besonders bei Projekten, an denen wirklich alle Schüler beteiligt sein sollen. Schaut man sich einmal um, was Schulen in Deutschland projektmäßig so treiben, stößt man unter vielem, vielem anderen auf erhabene Ideen wie die folgenden:

- Das Zeitalter des Barock/der Gotik/der Renaissance etc.
- Industrie/Wirtschaft vor Ort
- Wasser – die Quelle des Lebens
- Zeit – Wimpernschlag oder Ewigkeit
- Computer bestimmen unser Leben
- Die Europäische Union im Wandel
- Klimaproblematik und erneuerbare Energien
- Rom/Paris/London/Berlin etc. hin und zurück
- Schulhausgestaltung
- Fächerverbindendes Stationen-Lernen
- Unser diesjähriges Musical
- Fitness und Gesundheit fürs Leben
- Schülerfirmen

Daraus lässt sich in allen Fällen etwas Vernünftiges machen, wenn Lehrer es wollen und Schüler mitziehen. Es ist ja unbestritten sinnvoll, das Zeitalter des Barocks nicht fächermäßig isoliert und sukzessive in Deutsch, Englisch, Musik, Geschichte und Kunst zu besprechen. Schüler bringen die einzelnen, in ihren einzelnen Gehirnschubladen abgelagerten Erkenntnisse später oft gar nicht mehr zusammen. Werden jedoch Versailles, Ludwig XIV., Händel, Bach, Gegenreformation, süditalienische Sakralbauwerke, das Haus Habsburg etc. in fächerübergreifenden Projekten selbst erarbeitet und zusammengepuzzelt, dann ergibt sich eine andere Dimension, etwas für die Schüler Greifbares.

Oder nehmen wir das schöne Beispiel »Der Wald«. Daran können sich Biologie (»Flora und Fauna unserer Wälder« oder »Der Borkenkäfer verändert den Bayerischen Wald«), Wirtschaftslehre (»Holznutzung« oder »Wir besuchen ein Sägewerk«), Erdkunde (»Waldgebiete auf der Erde« oder »Was haben Burger mit dem tropischen Regenwald zu tun?«), Englisch (»A walk through the New Forest« oder »Picknick with bears«), Geschichte (»Wie der Wald dem Schiffbau geopfert wurde« oder »Die Bedeutung des Walds im Mittelalter«) und viele andere Fächer zumindest peripher beteiligen, sogar Hauswirtschaftslehre mit dem edlen Thema »Wir backen einen Baumkuchen«.

Das klingt alles wunderbar, macht den Schülern und manchmal auch den Lehrern viel Freude und vielleicht kommt ja bei den Recherchen der Schüler etwas heraus, was man im Rahmen der abschließenden Projektpräsentation tatsächlich der geneigten Elternschaft und dem zweiten Bürgermeister des Ortes vorstellen kann.

Leider herrscht in Phasen der Projekterarbeitung nicht nur eitel Sonnenschein. Wenn eine große Schule für eine Projektwoche den gesamten Klassenverband auflöst und sich die Schüler, egal ob älter oder jünger, in neuen Konfigurationen und mit neuen Lehrern zusammenfinden müssen, ist Chaos vorprogrammiert. Keiner blickt mehr durch, keiner weiß, wer im Schulhaus wann, wo, wieso, ob sinnvoll oder sinnentleert unterwegs ist. Bisher unauffällige und faule Schüler zeigen sich plötzlich kooperativ und arbeiten im Team auf Hochtouren, vorherige Streber erweisen sich als hilflose Mitläufer, im regulären Unterricht eifrige Mitschüler seilen sich ab. Manche Lehrer drehen bei der evozierten Unordnung und Unruhe durch, die Musiklehrerin erst recht, der Hausverwalter tobt und der Schulleiter sitzt in seinem Büro oder läuft im Gebäude umher und denkt darüber nach, was er da eigentlich für ein komisches Unternehmen führt.

Am Ende fügt sich alles auf wunderbare Weise zusammen. Es gibt ein großes Schulfest, es wird getanzt, gesungen, getrommelt, gegessen, getrunken, präsentiert, diskutiert, aufgeführt und alle strahlen wie Honigkuchenpferde und sagen sich insgeheim auf dem Nachhauseweg: Nie wieder! Zumindest nicht bis nächstes Schuljahr.

49. Klassenfahrten

Klassenfahrten und Abschlussfahrten sind Highlights des Schülerlebens. Sie haben verschiedene Dimensionen. Die Kleineren fahren gerne mal mit ihren Lehrern für drei Tage in ein Schullandheim, die Schüler der Sekundarstufe bevorzugen Sportcamps, Wintersportaufenthalte in den Bergen und mehrtägige Ausflüge in die Landeshauptstadt. Die Krönung der Reisetätigkeit der Schüler jedoch sind in jedem Fall Klassenfahrten zu weiter entfernten Zielen, häufig als Abschluss- oder Studienfahrten betitelt. Am Ende des Schuljahres oder gar der Schulzeit kann man sich schließlich etwas leisten, man hat ja vorher in Prüfungen selbst etwas geleistet.

Ein glanzvoller Höhepunkt derartiger Unternehmungen war vor einiger Zeit die Abschlussfahrt einer Berliner Schule, die von der Stadt oder irgendwelchen wohltätigen Sozialämtern unterstützt wurde, quasi selbstverständlich nach New York führte und für die gesamte Klasse über 30.000 Euro kostete. Das griffen die Medien vergnügt auf, der staunenden Öffentlichkeit nach zu Recht. Die uralte Diskussion einer jeden Schule im Lande brach erneut auf: Wie viel darf eine Klassenfahrt eigentlich kosten?

Bei dieser Betrachtung gibt es zwei Lager. Das nüchterne, vernunftgesteuerte argumentiert, dass es eine klare Kostendämpfung geben müsse, schließlich seien solche Fahrten luxuriöser Schnickschnack und nicht alle Eltern Besserverdiener. Das andere sagt, das sei ja nun in Zeiten komplexer Schuldenverhältnisse eh schon alles wurscht, zudem fahre man nur einmal im Leben mit der Klasse in die Welt hinaus. Also kann man es krachen lassen.

So fahren die einen also in den Schwarzwald, in die Eifel oder an die Ostsee und verbringen eher kostengünstige Tage in Jugendherbergen, Gästehäusern oder Blockhütten und stellen erfreut fest, dass das gar nicht so uneben ist, im Gegenteil, dass das einfache Leben in der Gemeinschaft richtig Spaß macht. Die anderen brummen nach Rom und machen mal einen Abstecher nach Pompeij oder Neapel, oder sie fliegen von vornherein nach Paris, London oder San Francisco. Man gönnt sich ja sonst nichts.

Der Theorie nach dienen Klassenfahrten zur Stärkung des Gemeinschaftsgefühls und des Zusammenhalts einer Klasse und sie knüpfen neue, wohlwollende Bande zwischen Schülern und Lehrern. Sie sollen den Schülern bedeutende geografische und kunsthistorische Eindrücke vermitteln und ihren bis dahin eher beschränkten Horizont über den lokalen oder regionalen Tellerrand hinaus erweitern.

In der Realität sieht das anders aus. Die Schüler fahren endlose Strecken mit dem Bus, tappen missmutig durch ehrwürdige Ruinen, die ihnen die Lehrer oder Fremdenführer vergeblich schmackhaft machen wollen, fragen permanent nach dem nächsten McDonald's oder Burger King, wollen nach der langen Anreise sofort am zweiten Tag der Fahrt einen weiteren Ausflug mit dem Bus unternehmen, um ja nicht laufen zu müssen. Und am Abend betrinken sie sich in schöner Regelmäßigkeit, manchmal mit den Lehrern in der Taverne, manchmal mit ihren Kumpels auf ihren Zimmern oder irgendwo am Pool oder am Strand.

Von den originellen Ereignissen unterwegs fabulieren sie ihr Leben lang. Wie lustig und toll war das doch damals auf der Klassenfahrt an den Gardasee, als sie die Alice immer wieder in den Swimmingpool geworfen haben, der Freddie wieder mal stockbesoffen nicht mehr ins Hotel fand, der Busfahrer in einem kleinen Örtchen mit dem Bus steckenblieb und alle zwei Stunden doof herumstanden, der Lehrer sich mit der Schülergruppe zum zehnten Mal verlief und Katharina überraschenderweise das Schafkopfturnier gewann.

So einfach kann man Kindern heutzutage eine kleine Freude bereiten.

50. Schulfeste

Weil Schulen mit Unterricht, Wandertagen, Projekttagen, Projektwochen, Klassenfahrten und sonstigen Exkursionen nicht ausgelastet sind, feiern sie ab und zu Feste. Wenn es dafür keine konkreten schulischen Anlässe gibt, veranstalten sie einfach etwas x-Beliebiges, einen Weihnachtsbasar, ein Frühlings- oder ein Sommerfest. Das Schulische tritt dabei meist in den Hintergrund, auch wenn naturgemäß ein paar Mal der Chor auftritt, die Bläsergruppe etwas trötet und die Schulband eine undefinierbare Coverversion von, genau, »Smoke on the water« von sich gibt. Vielleicht gesellen sich dazu noch ein Sketch der Theatergruppe, ein Flohmarkt, eine Verlosung zugunsten der notleidenden Schule oder eine Vernissage der Kunstgruppe. Häufig gestalten die Klassen der Schule irgendwas zur Belustigung oder zum Zeitvertreib der Gäste, also zum Beispiel Geschicklichkeitsspiele, Bobby-Car-Rennen, Wurfspiele oder eine Tombola, wie auf irgendwelchen Kirchweihen im Lande ebenfalls üblich.

Ansonsten geht es um Essen und Trinken. Die Eltern schleppen selbstgebackene Kuchen herbei, die Schulküche glänzt mit Crêpes und Cupcakes. Es gibt eine Sektbar, deren Erlös selbstverständlich der notleidenden Schule oder der

Kasse des Elternbeirats zugutekommt. Das Allerwichtigste aber ist, dass gegrillt wird und die Lehrer Bier ausschenken. Wenn dann noch die Sonne scheint, ist alles perfekt und die sonstigen schulischen Scharmützel sind für einen Nachmittag vergessen. Die Eltern sitzen mit der Welt und der Schule zufrieden im Schulhof, trinken und mampfen vor sich hin und blicken ab und zu auf die Bühne, auf der die Schüler kleine Einlagen zum Besten geben, die jedoch ebenso im Trubel untergehen wie die ungelenke Ansprache des Schulleiters.

Komplizierter sind Schulfeste, wenn es sich um Schuljubiläen handelt. Dann braucht es einen offiziellen Teil, einen Festakt, weil wichtige oder sich wichtig nehmende Persönlichkeiten des sogenannten öffentlichen Lebens blicken lassen und Reden halten. Der Ablauf der Festakte ist landauf, landab in etwa gleich. Erst spielt das Streichquartett unter Anleitung der Musiklehrerin, wofür es wohldosierten Applaus gibt. Der Konrektor hat sich in seine beste Jacke gehüllt und begrüßt die Anwesenden. Er lebt seit Stunden in Angst und Schrecken, weil er fürchtet, dass er einen bedeutenden Ehrengast übersehen oder vergessen könnte. Diese Begrüßungszeremonie ist für ihn Neuland und bereitet ihm Kopfzerbrechen. Dann folgen die Grußworte und Ansprachen der Honoratioren. Es treten auf: der ehrwürdige Bürgermeister der Stadt, der volkstümliche Landrat, ein Apparatschik von der Schulaufsicht, ein leutseliger Sparkassenvorstand mit einem überdimensionalen Scheck in der Hand und, wenn es sich um ein 25-jähriges oder gar 40-jähriges Schuljubiläum oder noch schlimmer handelt, ein ganz wichtiger Mensch vom Kultusministerium oder ein Staatssekretär oder sogar ein richtiger Minister.

Diese Damen und Herren sind meist routinierte Redner, wenngleich selten gute. Sie haben seit Jahren eine oder mehrere Standardreden im Kasten, in die ihnen ein Mitarbeiter die Fakten über die »jubilierende« Schule einsetzt. Bei ihren

Ansprachen schauen sie meist feierlich und lächeln nur ab und zu bei einem von ihnen eingestreuten Jokus. Sie erzählen das Blaue vom Himmel herunter, loben die Schule über den grünen Klee und lassen den Schuldirektor erstrahlen, der eigentlich wissen müsste, dass diese Reden an anderen Schulen ähnlich gehalten werden. Er bedankt sich jedenfalls artig und umständlich bei allen und gibt mehrfach der Hoffnung Ausdruck, dass er niemand in seinem Dank vergessen hat. Die Lehrer sitzen in den hinteren Reihen auf den billigen Plätzen, schauen auf die Uhr und lächeln hämisch. Dann spielt wieder das Streichquartett und der Schuldirektor eilt noch einmal auf die Bühne, bedankt sich bei allen, die zum Gelingen der Feier beigetragen haben und insbesondere bei den hochgeschätzten, ehrwürdigen Gästen und sagt, dass es ihm eine besondere Ehre wäre, wenn sich alle noch am bereitgestellten kleinen Bankett laben würden.

Darauf haben alle nur gewartet. Die Honoratioren schnappen sich die feinen Lachs- und Roastbeef-Häppchen, akzeptieren das von Schülern auf einem Tablett angebotene Gläschen Schampus, lügen diesen dabei etwas in die Augen (»Eigentlich dürfte ich um diese Zeit nicht ..., aber weil du das so nett machst, ...«) und verdrücken sich an die Stehtischchen. Man kennt sich, hat sich letzte Woche erst an der Albert-Kruckenhauser-Realschule gesehen und wird sich nächsten Donnerstag wieder an der Pestalozzi-Grundschule bei der Einweihung der Mensa treffen. Dem Konrektor und dem Schuldirektor fallen Felsbrocken vom Herzen, wenn sich die Gäste verziehen. Der zugesagte Presseartikel wird die Mühsal und Plage zum Glück wieder kompensieren.

51. Sport- und andere Wettbewerbe

Wir leben bedauerlicherweise in einem Land, oder besser gesagt in 16 Bundesländern mit Nivellierungscharakter. Auf Schulen bezogen heißt das: Natürlich wünschen sich die Verantwortlichen in den Kultusministerien und ihren nachgeordneten Behörden, dass die Schulen des Landes ein hohes Niveau aufweisen. Im internationalen Vergleich können sie sich nach einigen früheren Abstürzen in die Niederungen der internationalen Bildungswelt ja auch wieder sehen lassen. Trotzdem neigt man in den hohen Häusern zum Misstrauen, wenn einzelne Schulen ihr eigenes Ding machen, in ihrer Region zu sehr an Popularität gewinnen und gar zu progressiven Leuchtturmschulen werden. Einerseits schmücken sich die Vertreter des Bildungssystems gerne mit solchen Schulen, andererseits hadern sie zugleich mit dem damit verbundenen Leistungsgefälle zu anderen. Lieber alle möglichst gleich, scheint die Devise zu lauten.

Auf banalerer Ebene gilt diese Einstellung nicht. Bei unverfänglichen Wettbewerben, Wettkämpfen, seien sie sportlicher oder sonstiger Natur, können sich die Schulen austoben. Denn jeder weiß, dass nichts ewig hält und infolgedessen einmal die eine, dann wieder die andere Schule auf den vorderen Plätzen steht. So gibt es unzählige Fußball-, Handball-, Badminton-, Tennis-, Volleyball- und Weiß-der-Fuchs-was-für-Turniere und Wettkämpfe zwischen Schulen, doch nur selten einmal eine Schule, die in einer Sportart langfristig als uneinnehmbare Hochburg gilt. Damit können alle gemütlich leben.

Besonders im Sport sind außergewöhnliche Fähigkeiten nicht auf dem Mist der jeweiligen Schule gewachsen, sondern auf die Arbeit der Sportvereine zurückzuführen, deren jugendliche Mitglieder zufällig in die eine oder andere Schule gehen. Mit Ausnahme einiger Sportgymnasien hat noch selten irgendeine Schule in den letzten Jahren sportlich

Herausragendes geleistet, es sei denn, sie hat einen Sportlehrer-Freak, der die Kids begeistert und mitzieht. Wie sonst sollten Schulen bei dem viel zu knapp bemessenen Sportunterricht sportlich erfolgreich sein?

Am dämlichsten von allen sportlichen Wettbewerben kommen die sogenannten Bundesjugendspiele daher. Sie sind ein Anachronismus, der nur zur Beleidigung der schwächeren und unsportlichen Schüler dient. Sie diskriminieren und demütigen diejenigen, die weniger weit springen und werfen oder die nicht so schnell rennen können. Wenn die Schulen die Bewegung der Kinder wenigstens ansatzweise fördern würden! Aber sie tun nichts, kultivieren wegen Lehrermangel und nicht genügender Sportstunden zwangsläufig die Bewegungsfaulheit und entblöden sich am Ende des Schuljahres nicht, das Nicht-Geübte zu testen und zu messen.

Doch Schulen treten nicht nur bei sportlichen Wettkämpfen gegeneinander an, sondern auch auf allen möglichen anderen Feldern. Es gibt Wettbewerbe um die gesündeste Schule der Region, um die Schule mit den meisten Aktivitäten, um den Sieg im Planspiel Börse, um Handwerkspreise, um Ergebnisse in »Jugend forscht«, um die beste Schülerzeitung, die großartigsten von den Schülern programmierten Roboter und so weiter und so fort. Leider gilt in diesem kontinuierlichen Wettbewerbssammelsurium sehr häufig das Prinzip der Wanderpokale. Schließlich soll jede Schule einmal irgendwas gewinnen oder zumindest auf dem Siegertreppchen stehen, auch die verschnarchteste.

Die Jahresberichte der Schulen sind voll von Berichten und Bildern über die unglaublichsten Leistungen der Schüler: hier Dritter beim Basketballwettbewerb der TV 1927, dort Vierter beim Börsenspiel der Sparkasse, dann Zweiter beim Backwettbewerb der Bäckerinnung und schon wieder Fünfter beim Sackhüpfwettbewerb des Rotary Clubs. Letzteres nur ein dummer Scherz, sorry.

Daher stehen in den Schulen überall im Lande diese unsäglichen Vitrinen, in denen vergilbte Urkunden hängen und hässliche Pokale vor sich hin rosten, die von grandiosen Siegen in großen Wettkämpfen, ja in Schlachten Kunde geben, leider aber alle im Laufe der Jahre ziemlich verstaubt sind.

War es das nun langsam mit allen Extras, Wettbewerben und Aktivitäten an unseren Schulen? Keineswegs! Man glaubt ja gar nicht, auf welchen Feldern sich die Schüler und Lehrer außerhalb des regulären Unterrichts noch bewegen.

52. Außerunterrichtliche Aktivitäten

Schulen werden – durchaus mit Recht – zunehmend danach beurteilt, welche Aktivitäten sie im gesamtgesellschaftlichen Rahmen entwickeln. Die Grundidee dabei ist, dass sie sich nach außen öffnen und in ihrem regionalen Umfeld eine Rolle spielen. In überzeugender Weise gelingt das meist nur den guten, engagierten Schulen und alles Tun und Treiben über den reinen Unterricht hinaus ist abhängig vom Goodwill exzellenter Lehrkräfte, die zusätzliche Zeit und Energie investieren. Feld-Wald-Wiesen-Schulen hingegen haben schon genug damit zu tun, den Unterricht und ein paar mickrige Einzelaktivitäten über die Runden zu bringen.

Natürlich haben die Kultusbehörden vorausgedacht, Ideen entwickelt und – wie könnte es anders sein – Raster erstellt, mit denen Evaluationsteams im Lande herumziehen, um Schulen auf ihren außerunterrichtlichen Aktivitätspegel zu testen.

Dazu zählen:

- Bereicherung des kulturellen Lebens
- Soziales Engagement

- Verantwortliches Handeln für die Umwelt
- Einsatz für Frieden, Freiheit und Verständigung
- Beitrag zur Schulidentität und Schulentwicklung
- Sportliche und gesundheitsfördernde Aktivitäten
- und dergleichen mehr.

Was heißt das nun konkret? Das heißt, dass die Schüler im Altenheim singen, in der Stadt Geld für Patenkinder in Afrika sammeln, Wald und Flur von Unrat säubern, eine Europa-Ausstellung in der Gemeindehalle zeigen, einen gesponserten Friedenslauf unternehmen, im lokalen Fernsehstudio gesundes Essen zubereiten, beim Fest anlässlich der Städtepartnerschaft Tänze aufführen, Flusskrebsen ein besseres Leben ermöglichen, beim Stadtfest Sanitätsdienst leisten, an einer Podiumsdiskussion mit Bürgermeister und Landrat teilnehmen, im Tierheim helfen, sich in die Flüchtlingshilfe einbringen, als Straßenkinder Geld auftreiben und so weiter.

Das alles gefällt den Schülern, vielen Eltern, einigen Lehrern und selbstverständlich der Schulleitung. Nur ganz geheim stellen sich manche die Frage, wann und ob es überhaupt noch das Kerngeschäft einer jeden Schule gibt, nämlich regulären Unterricht, denn ganz spurlos gehen die Extra-Aktivitäten nicht an diesem vorbei. Die Stundenplaner wissen ein Lied davon zu singen.

Wenn nun alle, wirklich alle Möglichkeiten an optionalen Aktivitäten jeder Couleur ausgeschöpft sind, dann gibt es nur noch eine allerletzte Idee, um dem Unterricht für ein paar Tage im Schuljahr auf legale Weise zu entkommen:

53. Schulhausgestaltung

Viele Schulgebäude in diesem Land rotten vor sich hin, vor allem die hässlichen Waschbeton-Zweckbauten aus den

60er- und 70er-Jahren, die jahrzehntelang nicht renoviert wurden. Nicht nur von Brennpunktschulen in sozial schwachen Problemvierteln deutscher Großstädte berichten Schüler und Lehrer, dass Farbe und Putz bröckeln, die Ecken schimmeln, die Fensterrahmen faulen, die Fußböden hoffnungslos versifft sind, es zum Dach hereinregnet, in den Klassenzimmern deshalb Eimer stehen, Dachplatten auf die Schüler fallen und dergleichen mehr. Der Investitionsstau an unseren Schulen ist enorm, doch die Kommunen sind pleite.

Schulen sollten »Lebensraum« für Schüler bieten, erst recht, wenn sie sich zu Ganztagsschulen entwickeln. An den baulichen Gegebenheiten können die betroffenen Schulen selbst nichts richten, das ist Aufgabe der Sachaufwandsträger, also in der Regel der Landkreise oder der Städte. Die müssen dafür sorgen, dass keine Schüler von Deckenplatten oder herauskippenden Fenstern erschlagen werden.

Doch die ästhetische Anmutung eines Schulgebäudes kann man verbessern, selbst wenn es sich um eine heruntergekommene Stadtschule aus Kaisers Zeiten oder aus der Nachkriegszeit handelt. Hier kommt die Schulhausgestaltung ins Spiel und das geht zum Beispiel so:

Die Schülervertretung ist irgendwann der Meinung, dass man die Schule nun endlich mal optisch aufmöbeln sollte. Ein paar schülerfreundliche Lehrer lassen sich von der Aktion überzeugen, ein paar machen notgedrungen mit, um nicht als Spielverderber zu gelten. Die Schulleitung steht natürlich hinter der Sache, eine attraktivere Schule kann ihr ja nur gelegen kommen, besonders wenn es nichts kostet. Zahlreiche Eltern werden durch den Elternbeirat eingebunden, einige von ihnen entwickeln Helfersyndrome und viele Ideen. Eine Projektwoche oder ein Projektwochenende wird ausgerufen und dann stehen Schüler, Eltern und Lehrer in seltsamen Klamotten und mit Eimern, Farbe, Abdeckplanen und Pinseln bereit und streichen Klassenzimmer, Gänge und die Aula. Im Schulhaus sieht es aus, als ob eine Farbbombe eingeschlagen hätte. Der Hausverwalter changiert von einem Schreikrampf zum nächsten Tobsuchtsanfall, steht aber auf verlorenem Posten. Viele Mitglieder der Schulgemeinschaft arbeiten durchaus seriös und kompetent, einige Schüler gefallen sich in wirrer Farbkleckserei.

Nach ein paar Tagen voller buntem Chaos haben es die beteiligten Akteure dann tatsächlich geschafft, einige Klassenzimmer, einen Teil der Flure und die Geländer im Treppenaufgang zu bemalen. Nun sieht alles schön bunt aus, aber in der Abstimmung auch wieder nicht sonderlich ästhetisch überzeugend. Es gab schließlich kein Gesamtkonzept. Egal, es ist etwas geschehen und das muss gefeiert werden. Also wird wieder einmal ein großes Schulfest als krönender Abschluss der Verschönerungsaktion inszeniert. Aber dieses Thema hatten wir schon.

So bleibt als kleines Fazit, dass die Schule auf vielen Feldern dilettiert, wofür sie nicht immer und allein etwas kann. Eine Sache gut meinen heißt eben noch lange nicht, sie tatsächlich gut zu machen.

Setzen, Sechs! Leistung und ihre Messung

Leistung einzufordern, ohne sie zu messen, halten Lehrer und Bildungsverwalter mehrheitlich für uninteressant, langweilig und unter ihrem Niveau. Also werden Schüler ständig mündlich und schriftlich abgefragt und getestet. Wie gerecht und valide es dabei zugeht, steht auf einem anderen Blatt.

54. *Abfragen*

Viele werden sich an kleine Szenarien wie das folgende erinnern, teils mit Schrecken:

Mittwoch, zweite Stunde, Klasse 9c der Albert-Kruckenhauser-Realschule, Englisch:

»So, guten Morgen, Herrschaften. Bevor wir mit der Lektion 3B beginnen, muss ich ein paar Leutchen abfragen. Ihr wisst, ich brauch noch Noten. Also, mal schauen, wer noch nicht dran war ... Am besten, ich geh alphabetisch vor ...«

Aufatmen bei allen Schülern mit den Anfangsbuchstaben ab circa »M«.

»... und zwar heute mal von hinten ...«

Puls der Schüler mit den Anfangsbuchstaben ab »M« steigt schlagartig, die anderen sind erleichtert.

»Also, da kommt erst mal der Thomas raus.«

Verdammter Mist, denkt Thomas und schlurft nach vorn an die Tafel.

»So, Thomas, wie gehabt, zehn Wörter. Alle richtig oder nur eines falsch Note Eins, zwei falsch Note Zwei, drei falsch Note Drei und so weiter. Brauche ich ja eigentlich nicht mehr zu erwähnen. Und, klar, richtig an die Tafel schreiben musst du sie auch, nicht nur die englischen Wörter so vor dich hin brummen.«

Blödmann, denkt Thomas, der weiß, dass er jetzt eh fällig ist und der schon mehrmals erwähnten Katz gehört. Er nimmt zögerlich ein Stück Kreide.

»Also, Thomas. Erstes Wort ‚Archäologe'.«

Ist im Englischen sicher ähnlich, denkt sich Thomas. Aber wie wirds geschrieben? Er krakelt etwas an die Tafel.

»Hatten wir das überhaupt letzte Stunde?«

»Das hatten wir mehrfach in den letzten Stunden. Lektion ‚Ein Archäologe im Zoo'. Es gehört außerdem zum Grundwissen. Tja, leider falsch.«

Es folgen die Wörter Nilpferd, Fußpilz, Igel, Eroberer, Wissen, Stacheldrahtzaun, Munition, Fragebogen, gewährleisten. Thomas zuckt müde mit den Schultern und wirft die Kreide auf die Unterleiste der Tafel.

»Tja, der Herr, war wohl nichts. Setzen, Sechs. Dich hätte ich ja wohl auch das Wort ‚London' fragen können, hättest du sicher ebenfalls nicht auf Englisch gewusst. Haha, nur ein kleiner Scherz meinerseits. So, mal schauen, wen wir da heute noch ausquetschen können …«

Okay, so schlimm verläuft eine Abfrage in den allermeisten Fällen sicher nicht, die Wörter sind natürlich böswillig gewählt und eine Lektion »Ein Archäologe im Zoo« gibt es im Englischbuch zum Glück nicht. Viele Lehrer werden die Wörter vernünftigerweise zudem im Kontext abfragen und nicht isoliert. Doch von der Grundkonstellation her ist die Szene durchaus realistisch: hier der dominante Lehrer, sich seines hochherrschaftlichen Prüfungsgebarens voll bewusst, da der Schüler, der nichts oder nicht genügend gelernt hat und der dumm und abhängig an der Tafel steht.

Mündliches Abfragen beinhaltet für den Schüler erhebliche Risiken. Bekommen zum Beispiel zwei oder drei Schüler, die vor der Klasse abgefragt werden, gleich schwere Aufgaben und Fragen gestellt? Hat der letzte Schüler in der Reihe der Abfrage von vornherein Pech, weil der Lehrer nur noch irgendetwas aus dem Lernstoff zusammenkratzt, was er fragen kann? Was ist, wenn der Schüler zu Hause tatsächlich lernen wollte und merkte, dass er den Stoff der Vorstunde gar nicht verstanden hat, jedoch vor der drohenden Abfrage nicht mehr nachhaken kann? Ist das in die Abfrage einfließende Grundwissen vorher genau definiert worden?

Mit Abfragen zu Beginn der Stunde wird in den Klassen eine Menge Zeit vergeudet, Zeit, die für andere Dinge und insbesondere für die Stoffvermittlung und Einübung viel dringender benötigt würde. Es stellt sich die Frage, wie manche Lehrer eigentlich so steindumm sein können, zehn bis fünfzehn Minuten einer 45-Minuten-Stunde für Abfragen zu verwenden. Damit werden ein oder zwei Schüler und vielleicht der mitdenkende Klassenstreber beschäftigt, alle anderen hocken tatenlos und gelangweilt herum oder spielen unter den Bänken mit ihren Smartphones.

Aber wir brauchen doch die mündlichen Noten, werden Lehrer einwenden. Wenn wir die nicht irgendwie zusammenkriegen, dann haben wir den schwarzen Peter und müssen uns rechtfertigen. Was können wir als Lehrer für den Notenzirkus? Wir haben die Schulordnung schließlich nicht geschrieben, werden sie argumentieren.

Das ist natürlich ein berechtigter Einwand. Doch kann man mündliche Noten nicht auch anders machen als durch stures Abfragen?

Selbstverständlich geht das, doch ob die Alternativen gerechter sind, ist eine andere Frage. Wie sieht es zum Beispiel mit Noten aus dem Unterricht heraus aus? Der Lehrer nimmt sich vor, einige Schüler der Klasse genauer zu beobachten und zu benoten. Er macht sich am Ende der jeweiligen Stunde Notizen. Wer hat etwas gesagt? Wer hat etwas Sinnvolles gesagt? Wer hat nur Blech geredet? Wer hat überhaupt nichts gesagt? Die Erkenntnisse werden, manchmal über mehrere Stunden, zu einer Note zusammengefasst. Dabei besteht aber die Gefahr, dass sich der Lehrer blenden lässt. Viel- und Dampfplauderer unter den Schülern kommen meist besser weg als die stillen Zeitgenossen. Zudem ist bei diesem Verfahren gar nicht klar, ob der Stoff überhaupt geprüft werden kann und darf, denn er war unter Umständen noch gar nicht vorher als Hausaufgabe auf und besprochen, sondern ist neu. Was genau wird dann beim Unterrichtsgespräch eigentlich benotet? Die Reaktionsschnelligkeit des Schülers? Seine Eloquenz? Und wie kommt man als Lehrer zu dem Ergebnis, eine Zwei, eine Drei oder eine Vier zu geben? Lässt sich das überhaupt objektiv an Inhalten festmachen oder sind das nur Eindrucksnoten? Selbst wenn der Lehrer sich zu den jeweiligen Noten kurze Notizen macht, also über Datum, Inhalt der Fragen, Qualität der Antworten, bleiben erhebliche Restzweifel an diesem Verfahren und die Schüler können nur hoffen, dass sie von einem wohlwollenden Lehrer geprüft werden. Wenn dieser jedoch in die Kategorie Schülermörder fällt, wird er wissen, welchen missliebigen Schülern er welche komplizierten und unangenehmen Fragen stellen muss, um sie notenmäßig in die Pfanne zu hauen, ohne dass dieses perfide Manöver sonderlich auffällt, denn die Schüler suchen ihrem Rollenverständnis nach die Fehler meist bei sich.

Bleibt als weitere Alternative die Notenbildung aus Gruppenarbeiten heraus. Das ist eine zwar humane, doch in Bezug auf die Validität besonders heikle Angelegenheit, egal, wie sehr sich die Lehrer bemühen, Gerechtigkeit walten zu lassen. Sind die stillen Arbeiter in der Gruppe wirklich die schwachen, die nicht viel wissen? Sind die rhetorisch begabten Schüler tatsächlich die fähigen? Beurteilt man echte Leistung oder doch eher Sozialkompetenz? Selbst wenn man als Lehrer selbstgestrickte oder von irgendwelchen pädagogischen Koryphäen übernommene Raster und Beobachtungsbögen aller Art hat, richtig gerecht kann solch eine Notengebung nicht sein. Das Resultat der Notenfindung bei Gruppenarbeiten hat in fast allen Fällen Nivellierungscharakter.

Eines könnte man zumindest positiv sehen: Es werden kaum miserable Noten bei Unterrichtsgesprächen und Gruppenarbeiten gegeben. Für die wirklich guten Schüler ist es andererseits nicht so leicht, notenmäßig belohnt zu werden.

Progressive oder sich progressiv gebende Lehrer arbeiten inzwischen mit Noten-Software auf ihren Tablets und bilden sich ein, der Objektivität einen Schritt näher zu kommen. Das kann man unter dem Thema edle Einfalt, stille Größe abbuchen. Mündliche Notengebung ist und bleibt eine heikle Angelegenheit. Die Schüler lassen sie über sich ergehen. Manchmal sind sie sich darüber im Klaren, dass sie die Quittung für ihre mangelnde Vorbereitung bekommen, manchmal fühlen sie sich zu Recht ungerecht behandelt, manchmal kommt ihnen die ganze Abfragerei und Notenvergabe ziemlich suspekt vor. Doch sie denken sich meistens, dass der da vorne an der Tafel schon wissen wird, was er treibt, und dass die Noten ihre Berechtigung haben werden, genauso wie andere rätselhafte Dinge in der Welt der Schule, die in vielerlei Hinsicht immer noch so skurril ist, wie sie schon immer war.

55. Klassenarbeiten und ihre Korrektur

Die Unwägbarkeiten bei der Vergabe mündlicher Noten sind auffällig und der Betrachter könnte den Verdacht hegen, dass dabei Subjektivität und gar Willkür Tür und Tor geöffnet sind. Die schriftliche Leistungsmessung erscheint vielen objektiver und gerechter. Ist das so?

Das Positive an schriftlichen Arbeiten ist, dass die Leistungen besser verglichen werden können, schließlich bearbeiten alle Schüler einer Klasse dieselben Aufgaben oder schreiben einen Essay oder Aufsatz zum selben Thema. Zudem stehen die Antworten oder Ausführungen tatsächlich auf dem Papier und sind damit besser verifizierbar und beurteilbar als etwas beim Abfragen Dahingesagtes.

Doch worüber spricht man konkret, wenn man über schriftliche Arbeiten in deutschen Schulen spricht? Bei den schriftlichen Leistungserhebungen tut sich von Berchtesgaden bis Flensburg und von Saarbrücken bis Bautzen ein merkwürdiges Chaos auf, was einmal mehr an den Bestimmungen der einzelnen Kultusministerien der Bundesländer liegt. Ein Blick in verschiedene Schulordnungen zeigt, was es alles gibt: Schulaufgaben, Klassenarbeiten, Kurzarbeiten, Extemporalen, Stegreifaufgaben, Kurztests, überregionale Leistungstests, große und kleine Leistungsnachweise, angekündigte und nicht angesagte Arbeiten, länderübergreifende Vergleichstests namens VERA, bewertete Projekte und so weiter. Aber egal, es geht immer um Noten, Noten, Noten und manchmal fragt man sich, ob der Lernstoff nur durchgepeitscht wird, damit man ihn umgehend wieder schriftlich abfragen kann und Noten vergeben werden können. Lernen die Schüler eigentlich für sich und das Leben oder für Tests?

Die Testeritis greift um sich und damit taucht die Frage auf, ob sich Lehrer, die sehr viele Arbeiten schreiben lassen, nicht ein Eigentor schießen. Sie müssen das Zeug schließlich korrigieren. Gut, je nach Bundesland gibt es gewisse Vorgaben über die Anzahl oder Mindestanzahl der zu schreibenden Arbeiten in den einzelnen Fächern. Meist aber haben Lehrer einen gewissen Spielraum.

Es ist nicht von vornherein so, dass der Lehrer, der nur wenige Arbeiten schreiben lässt, der schülerfreundlichere ist. Denn wenige Arbeiten im Schuljahr bedeuten zugleich weniger Chancen. Wenn etwas schiefgeht, kann es für den Schüler üble Folgen haben. Werden hingegen mehr Tests und Klassenarbeiten in einem Fach geschrieben, fällt die einzelne nicht so sehr ins Gewicht und eine schlechte Note kann leichter wieder ausgeglichen werden. Das Gegenargument wiederum ist, dass eine inflationäre Anzahl von Leistungsnachweisen den Schülern keine Luft zum Atmen mehr lässt, da sie nahezu jeden Schultag in einem Fach unter Druck geraten. Man kann das also ganz verschieden sehen.

Es gibt korrekturfaule Lehrer, die in der Gestaltung schriftlicher Leistungsnachweise routiniert sind. Sie wissen genau, wie sie diese gestalten müssen, damit sie schnell korrigiert sind. Multiple-Choice-Verfahren bieten sich immer an, Lückentexte mit eindeutigen Antworten beziehungsweise einzusetzenden Einzelwörtern ebenfalls. Das ist ideal in Fremdsprachen, ebenso in Fächern, in denen es ab und zu um reines Faktenwissen geht. Eine raffiniert konzipierte Arbeit kann man zwischendurch im Lehrerzimmer ratzfatz runterkorrigieren und nebenbei noch Witze erzählen. Zack, hat man seine Noten.

Komplizierter und ärgerlicher sind Korrektur und Notengebung beim Deutsch-Aufsatz und überall dort, wo Schüler eigenständig formulieren. Immer wieder mal wird genüsslich berichtet, dass derselbe Aufsatz eines Schülers einmal von einem Lehrer mit einer Eins, von einem anderen mit einer Vier oder gar Fünf benotet wurde. Doch so etwas ist eher selten, relativ unwahrscheinlich und an den Haaren herbeigezogen. Zu solch einer Notenstreuung kann es höchstens kommen, wenn Lehrer bei einem Thema verschiedene Erwartungshaltungen haben oder einmal mehr auf Inhalt, einmal mehr auf Stil, einmal mehr auf formale Korrektheit Wert legen. Das allerdings sollten sie vorher artikulieren.

Die Trennschärfe zwischen zwei benachbarten Noten jedoch ist gerade beim Aufsatz und mit Abstrichen bei der

Textanalyse so gut wie nie gegeben. Ist der Aufsatz eine Zwei oder eine Drei, ist er »noch gut« oder »wohlbefriedigend«? Ist er eine Drei oder eine Vier, also »noch befriedigend« oder »in jeder Hinsicht ausreichend«? Wer will das behaupten können außer den apodiktischen Holzköpfen unter den Lehrern, die sich immer und jederzeit über alles sicher sind.

Es gibt bei schriftlichen Leistungserhebungen und der damit verbundenen Notengebung ein paar weitere merkwürdige Einzelaspekte. Warum häufen sich zum Beispiel alle angekündigten Arbeiten immer in den ein oder zwei Wochen vor irgendwelchen Ferien? Ist das nur die subjektive Wahrnehmung überforderter Eltern und Schüler? Keineswegs, die Erklärung ist einfach. Natürlich gibt es einerseits einen gewissen Rhythmus im Schuljahr mit Phasen der Stoffvermittlung und Phasen des Abprüfens. Es liegt nahe, dass sich die Prüfungsphasen eher vor den Ferien einpendeln. Doch das ist nicht zwangsläufig, sondern von vielen Lehrern so gewollt, denn dann haben sie beliebig Zeit, den Wust zu korrigieren. Während sie Arbeiten normalerweise zeitnah zurückgeben müssen, können sie so gemütlich vor sich hin korrigieren, dabei Kaffee und Rotwein trinken und Noten vergeben. Ferienzeit zählt schließlich nicht zur reinen Arbeitszeit.

Schriftliche Arbeiten eignen sich nicht nur zum Herausfinden, wer intelligent oder dumm, faul oder fleißig ist, sondern auch zur Disziplinierung unangenehmer Klassen. Solche bedenklichen Machenschaften weisen die meisten Lehrer zu Recht entrüstet von sich, doch die Wahrheit ist, dass einige von ihnen entsprechende Strategien beherrschen. Wie geht das?

Das geht entweder mit der vertrauten Notenpeitsche, indem der Lehrer die Notenschnitte bewusst und gezielt drückt und sich plötzlich zahlreiche Schüler einer Klasse gefährdet sehen. Schon ist die Wahrscheinlichkeit des Aufmuckens gegen den Lehrer geringer. Man darf jetzt keine Arbeit mehr verpatzen, sonst droht der Abstieg. Also gibt man sich als Schüler besser treuherzig und brav. Zu solchen Methoden braucht es aus der Sicht der Lehrer jedoch naive Schulleiter, denen man miserable Notenschnitte so nebenbei unterjubeln kann.

Eine andere üble Taktik ist es, gleich am Anfang des Schuljahres eine möglichst unangekündigte und schwierige Arbeit schreiben zu lassen, sofern unangekündigte Arbeiten im betreffenden Bundesland zulässig sind. Diese fällt gezielt miserabel aus, es hagelt Fünfer und Sechser. Die Schüler wissen, dass sie sich keine weitere grottenschlechte Arbeit mehr leisten können, sonst ist das Zeugnis ruiniert. Also tendieren sie dazu, ab diesem Zeitpunkt besser aufzupassen, mehr zu lernen und sich unauffällig zu benehmen. Doch dann kommt monatelang nichts mehr, der Lehrer scheint völlig desinteressiert an irgendwelchen schriftlichen Noten, lässt keine Arbeit schreiben. Die Schüler lernen aus ihrer Sicht der Dinge quasi umsonst, weil sie ja sowieso nicht fürs Leben, sondern für die Noten arbeiten. Dann, urplötzlich: Rums! Irgendwann in der Vorweihnachtszeit, wenn niemand etwas Böses ahnt, schlägt der Lehrer zu. Zweite und damit letzte unangekündigte Arbeit des Halbjahres. Und somit ist für einige die Katastrophe perfekt. Fairerweise soll nicht unerwähnt bleiben, dass dies eine seltene Strategie rustikaler Oldtimer unter der Lehrerschaft ist und insbesondere an Haupt- und Mittelschulen kaum jemals vorkommt. Man ist dort schließlich eher schülerfreundlich.

Ein spezieller Aspekt aller Prüfungen, egal ob schriftlich oder mündlich, sollte noch erwähnt werden. Natürlich wird immer wieder mal diskret manipuliert, natürlich wird auf den Schüler geschaut, auf den Namen auf der Arbeit, auf die Person des Abzufragenden. Lehrer haben Sympathien, das kann man ihnen nicht verdenken. So bekommt der eine oder andere eben die leichteren Fragen gestellt oder die schriftliche Arbeit wird mit einem »gerade noch« statt einem »leider nicht mehr« mit der besseren Note bewertet. Das fällt in den Bereich des Menschlich-allzu-Menschlichen und ist bis zu einem gewissen Grad zumindest nachvollziehbar.

Etwas jedoch sollten Eltern und Schüler bei allen Klassenarbeiten und Tests immer tun, nämlich sich die Korrektur genau anschauen. Es gibt penible Lehrer, die sehr genau korrigieren, und es gibt Schlamperer, die irgendetwas als Korrektur hinkrakeln und Dinge übersehen. Das kann für den Schüler positiv sein, wenn es sich um Fehler handelt. Es ist jedoch zu seinen Ungunsten, wenn es bei richtigen Antworten und Inhalten geschieht.

Fehler sind menschlich und wenn ein Lehrer zehn Aufsätze, Essays oder Textarbeiten in Folge korrigiert hat, lässt seine Konzentration nach. Doch Fehler unterlaufen nicht nur bei langwierigen Korrekturen. Gerade weil in Schülerarbeiten Pluspunkte oft genug nicht adäquat vergeben oder falsch addiert werden, lohnt es sich, genau nachzuzählen und zu schauen, ob man wirklich die Punkte bekommen hat, die man verdient. Insbesondere bei Lehrern, deren genaue Punktezuordnung und Punktevergabe bei Klassenarbeiten nicht transparent ist, sollten Schüler und Eltern kritisch sein.

Clevere Schüler verhandeln nach der Herausgabe von Leistungsnachweisen sowieso immer noch einmal mit dem Lehrer über Punkte und Noten. Vielleicht springt ja dabei etwas heraus. Ein gewisser Charme und ein freundliches Auftreten sind bei diesen Verhandlungen natürlich günstiger als penetrantes Meckern und Besserwisserei, denn Lehrer haben bekanntlich gerne recht.

56. Noten und Zeugnisse

Sind schon Korrekturen und Einzelnoten ein weites und rätselhaftes Feld, so gilt das für die Bildung der Gesamtnoten und für die Zeugnisse erst recht. Das Thema »Noten und Zeugnisse« ist in der öffentlichen Wahrnehmung von Schule der Klassiker schlechthin. Es ist eine Thematik, die keiner mehr so recht durchblickt, selbst manche Experten und die Lehrer nicht.

Man muss sich dazu nur einmal die voluminösen Schulordnungen der einzelnen Schularten in den sechzehn Bundesländern anschauen, um an die Grenzen des eigenen Verstandes zu gelangen. Es wimmelt in diesen Schulordnungen von Vorschriften über die Art der Leistungsnachweise und ihre vorgegebene oder selbstgewählte Gewichtung bei der Notenbildung, über die Wertung der mündlichen und schriftlichen Leistungen, die Einbeziehung besonderer Leistungen der Schüler, die rein rechnerische Bildung der Gesamtnote für das Jahreszeugnis und so weiter.

An diesem Wirrwarr scheiterten vor nicht allzu langer Zeit sogar noch manche Lehrer. Sie rechneten vor dem sogenannten Notenschluss, zu dem sie alle ihre Noten eingetragen haben mussten, angestrengt herum und kamen mitunter auf scheinbar präzise, in Wirklichkeit jedoch eigenartige Gesamtnoten, nämlich Notenschnitte wie 2,55 oder 3,46 oder 5,51. Ohne das errechnete Hundertstel gaben sich viele nicht zufrieden. Für die Holzköpfe unter ihnen bedeutete ein errechneter Notenschnitt von 4,49 die Note Vier, ein Notenschnitt von 4,51 unweigerlich die Note Fünf.

Das ist eine abenteuerliche Sicht der Dinge, wenn man bedenkt, dass sich eine Jahresnote in einem Fach aus zahlreichen, oft mehr als zehn Einzelnoten aller Art zusammensetzt. Irgendwo mal eine Vier statt eine Fünf in einer fragwürdigen Abfrage, irgendwo wegen einem fehlenden Punkt mal eine Drei plus statt einer Zwei minus in der Klassenarbeit, und schon sieht die Kommastelle anders aus. Wie also kann eine über das gesamte Schuljahr gemessene Schülerleistung die Note 4,51 ergeben? Man muss schon sehr dämlich sein, um dieses angeblich objektive Endergebnis für das einzig wahre zu halten. Noch schlimmer ist, dass mit solchem Unfug über die Zukunft eines Schülers entschieden werden kann. Es gibt ja schließlich Bundesländer, in denen zwei Fünfer das Nichtbestehen der Jahrgangsstufe bedeuten und damit das Wiederholen der Klasse. So kann eine Schülerlaufbahn abknicken.

Die von sturen Lehrern praktizierte Absurdität, Inhalte in Hundertstel hinter dem Komma umzurechnen, fiel sogar den Kultusministerien in einigen Ländern unangenehm auf. Nein, so rein arithmetisch kann man eine Jahresnote nicht bilden, wurde nun argumentiert, man müsse schon einen Spielraum gewähren, in etwa zwischen X,40 bis X,60, so dass also eine 4,55 auch eine Vier sein kann, wenn sich beim Schüler zum Beispiel ein Aufwärtstrend zeigt. Das ließ viele Lehrer vorsichtiger und konzilianter werden, die Hardliner focht es nicht an. 4,51 = Fünf blieb ihr Credo. Daran verzweifelten softere Kollegen und Schulleitungen. Die Scharmützel in Notenkonferenzen sind Legende und ein Paradebeispiel dafür, wie aus der Zeit gefallen Schule manchmal ist.

Zudem wurde von manchen Lehrern immer wieder falsch an den Noten herumgerechnet. Lehrer sind zwar Akademiker, aber nicht immer gute Mathematiker, selbst die Mathematiker unter ihnen nicht. Vorsichtige Schulleiter prüften bei in dieser Hinsicht verdächtigen Kollegen stundenlang alle Noten vor der entscheidenden Notenkonferenz noch einmal nach. Das zumindest ist weitgehend vorbei. Denn heutzutage gibt es zum Glück den elektronischen Notenmanager, der alle Noten mit ihrer Gewichtung nach vorgegebenen Formeln exakt berechnet, eine ungemeine Erleichterung für die zahlreichen rechenschwachen Kollegen.

So können die Jahreszeugnisse solider und gerechter erstellt werden. Hoffnungsvollerweise beurteilen immer mehr Lehrer ihre Schüler zudem humaner als früher und beziehen Kompetenzen und Schülerpersönlichkeit wohlwollend ins Gesamturteil mit ein.

Interessant ist jedoch Folgendes: Die Leute murren permanent über die Notengebung und zweifeln die Zeugnisnoten an, die schlechten natürlich in besonderem Maße. Sie fordern sogar immer wieder die Abschaffung der Noten. Es geht ihrer Meinung nach schließlich um das Ganzheitliche des Kindes, das Notenarithmetik ja wohl nicht erfassen kann. Als dann in einzelnen Bundesländern Noten ausgesetzt oder abgeschafft wurden und insbesondere in der Grundschule Verbalbemerkungen an die Stelle von Noten traten, passte es den Eltern auch wieder nicht. Sie begannen bei den Lehrern nachzufragen, was denn die jeweilige Zeugnisbemerkung beziehungsweise die verbale Leistungsbeschreibung ihrer Kinder notenmäßig bedeuten würde.

Und das ist ein weiteres Musterbeispiel für die Krux mit der Schule. Gewisse tradierte Mechanismen, langjährige gesellschaftliche Konventionen und subjektive Schulerfahrungen spuken fast unauslöschlich in den Köpfen der Bevölkerung herum. Sie blockieren auch denjenigen die Gedanken, die lauthals eine andere Schule fordern. So wundert es nicht besonders, dass sich Veränderungen nur im Schneckentempo bewegen und die sich progressiv gebärdenden Eltern mitunter konservativer sind als manche kritisierte Ministerialbürokratie.

Wie auch immer dem sein mag: Der Tag der Zeugnisausgabe unterliegt an den Schulen altvertrauten Ritualen, auch heute noch. Im Grunde kann sich jeder Schüler vorher ausrechnen, welche Noten er im Zeugnis stehen hat, und doch ist selbst bei den Abgebrühten die Spannung vor dem endgültigen schriftlichen Beleg nicht zu leugnen. Klassenleiter nutzen die Zeugnisausgabe gerne zu vollmundigen pädagogischen Exkursen über den Wert der Noten, die Bedeutung von Leistung und die Qualifikationen, die eine Leistungsgesellschaft einfordert, also über all das, was ihnen so an Glorreichem und Erhabenem einzufallen droht. Für die Schüler kommt höchstens noch die in einigen Bundesländern zusätzlich erstellte Verbalbeurteilung überraschend. Wenn da steht »Ein braver Schüler mit wohlbefriedigenden Leistungen«, dann ist das zwar ein bisschen bieder und langweilig, aber okay. Steht dort »Der Schüler arbeitete in Fächern seines Interesses des Öfteren interessiert im Unterricht mit«, dann klingt das zwar ganz nett, signalisiert aber für den, der lesen kann, eine Bankrotterklärung. Aber Negatives soll ja in Jahreszeugnissen höherer Klassen genauso wenig stehen wie in Arbeitszeugnissen. Es könnte die berufliche Laufbahn gefährden oder ruinieren. Dass die verbalen Euphemismen in Zeugnissen inzwischen längst wieder ritualisiert sind und jeder zwischen den Zeilen erkennen kann, was wirklich gemeint ist, steht auf einem anderen Blatt.

Viel mehr Krawall als um Jahreszeugnisse wird naturgemäß um Abschlusszeugnisse gemacht, egal ob Abitur, Realschul- oder sonstiger Abschluss. Bei der Vergabe dieser Zeugnisse und der damit verbundenen Qualifikationen und Berechtigungen genießt die Schule endlich die Bedeutung, die ihr ihrer Meinung nach zusteht. Abschlusszeugnisse, welcher Couleur auch immer, sind stets eine finale Bestätigung des Stellenwertes jeder Schule und ihrer nach wie vor bestehenden Omnipotenz. Letztendlich ist alles, was Schule tut, auf das Erreichen eines Abschlusses ausgerichtet. Neun, zehn, zwölf oder gar dreizehn Jahre, bei manchen Schülerschicksalen noch länger, hat man mit den Jugendlichen auf den Abschluss hingearbeitet. Auf diejenigen, die ihn geschafft haben, ist man stolz. Und stolz sind die Lehrer zugleich auf sich selbst, auf die eigene Schule, auf deren Bedeutung, auf den Glanz dieses glorreichen Unternehmens. Seht her, ihr Meckerer, Kritiker und Besserwisser: Wir sind erfolgreich, wenn man nur auf uns hört und unseren Anweisungen folgt.

So bleibt unter dem Strich der Eindruck, dass Schule um Noten und Zeugnisse kreist, dass diese der ureigenste Sinn von Schule sind. Noten und Zeugnisse sind die zwei Dinge, die im Zentrum des Systems Schule stehen.

Bei kritischer Betrachtung wird damit klar, wie traditionell, ja antiquiert und in welchen verfestigten Strukturen Schule selbst heute noch denkt und arbeitet und wie weit sie trotz aller Tendenzen zur Öffnung und Liberalisierung von den erstrebenswerten Zielen des eigenständigen und eigenverantwortlichen Lernens entfernt ist. Warum schafft es die Schule nicht, warum schaffen wir es in unserer modernen Gesellschaft nicht, den Jugendlichen zu vermitteln, dass sie, um das alte Bonmot zu strapazieren, nicht für die Schule und für Noten und Zeugnisse lernen, sondern für sich selbst, für ihr eigenes, selbstbestimmtes Leben in eigener Verantwortung? Und vor allem: Warum schaffen wir es nicht, den Jugendlichen zu verdeutlichen, dass Lernen und Wissenserwerb die Basis für Erfolg sind und zudem Sicherheit und Zufriedenheit im Leben vermitteln?

57. Vorrücken und Wiederholen

Damit zum Ausklang dieses Kapitels noch einmal herunter von den hehren Höhen des Sinns und Zwecks von Bildung, hinab ins triviale Tal des täglichen Rennens um Noten, Zeugnisse und Qualifikationen.

Zeugnisse sind Indikatoren für Leistungsstand, Kompetenzen und Wissen der Jugendlichen. Sie sind oft entscheidend für ihr weiteres Berufsleben und damit für ihr gesamtes Leben. Zunächst einmal entscheiden Zeugnisse ganz simpel darüber, ob ein Schüler in die nächsthöhere Jahrgangsstufe aufrücken darf oder nicht, zumindest in Ländern, in denen der freie Elternwille sich noch nicht völlig durchgesetzt hat. Sie entscheiden manchmal über die Wahl der Schulart, denn manche Bundesländer verlangen einen Mindestnotenschnitt zur Aufnahme in bestimmte Schularten.

Innerhalb einer Schulart kann man darüber streiten, ob Vorrücken bei schlechten Zeugnissen immer Sinn macht. Es gibt genug Eltern, die Vorrücken für eine Selbstverständlichkeit halten und zutiefst beleidigt sind, wenn die Schule hinsichtlich der Leistungen ihrer Kinder Zweifel hegt. Doch manchmal ist es wie mit der sorgfältig aufgestapelten Konservendosenpyramide in Lebensmittelmärkten: Wenn man unten mehrere Dosen herausnimmt, dann wird das Gesamtgebäude wacklig und irgendwann stürzt es ein. Das trivial erscheinende Beispiel kann man auf die Schule übertragen. Wenn in gewichtigen Fächern wie Sprachen oder Mathematik das Fundament nicht mehr stimmig ist, dann kann man nicht darauf aufbauen. Schüler können dann in der folgenden Jahrgangsstufe lernen, was sie wollen, sie werden aufgrund der angehäuften Lücken unter Umständen nicht mehr reüssieren. Ein solches Szenario würde in der Tat für das Wiederholen einer Jahrgangsstufe sprechen.

Andererseits ist es nicht einzusehen, einen Schüler wegen Defiziten in wenigen Fächern ein Schuljahr wiederholen zu lassen, und damit noch einmal den gesamten Stoff in allen Fächern. Das ist leider gängige Praxis, in einem Bundesland öfter, in anderen seltener. Der Schüler sitzt also wieder in der Jahrgangsstufe, die er schon durchlaufen hat, und muss sich den ganzen Käse in Bio, Physik, Erdkunde, Geschichte erneut anhören, nur um in, sagen wir, Englisch und Mathe seine Lücken zu schließen. Wenn er nicht gerade ein selbstbewusster Schüler ist, wird er sich zudem als Loser sehen und erst einmal schauen müssen, wie er sich als Älterer in die neue Klasse integrieren kann. Keine guten Voraussetzungen für ein glückliches Schulleben.

Im Wiederholungsjahr passieren merkwürdige Dinge. In einigen Fächern, in denen er vorher eine Zwei oder eine Drei hatte, bekommt er plötzlich eine Drei oder eine Vier, weil die jetzige Lehrkraft vielleicht andere Akzente setzt oder anders benotet. Selbst der erhoffte Fortschritt in den Fächern, wegen denen er wiederholt, ist nicht garantiert. Ein Selbstläufer ist ein Wiederholungsjahr jedenfalls nicht.

So kann man am zwangsweisen Wiederholen durchaus erhebliche Zweifel haben. Dabei wäre alles so einfach wie logisch: mehr Binnendifferenzierung in den Fächern, mehr Lehrkräfte zum Fördern. Warum müssen alle Schüler einer Jahrgangsstufe in allen Fächern auf dem gleichen Level sein? Warum genügt es nicht, zum Beispiel in einem Fach auf einem niedrigeren C-Level unterrichtet zu werden, in einem anderen Fach auf hohem A-Level, je nach Auswahl und Fähigkeiten und Sympathie? Warum ein Einheitsbrei für alle? Weil wir verlässliche Standards für alle brauchen, weil wir Vergleichbarkeit der schulischen Leistungen wollen und weil wir Transparenz der Standards fordern, rufen die Bildungsverwalter. Gut gebrüllt, doch sind das echte Gründe dafür, dass Schüler ganze Schuljahre verplempern, weil sie einige Defizite in einzelnen Fächern haben? Wohlgemerkt, wir reden hier nicht von Schülern mit eklatanten Leistungsschwächen in vielen Fächern, die in der Tat wiederholen sollten oder sich überlegen müssten, ob eine andere Schulart nicht besser für sie wäre.

Die Wahrheit hinter all dem ist eine einfache: Es geht um Geld. Zwar kostet ein Wiederholungsjahr eines Schülers eine Stange Geld, doch das steht oberflächlich betrachtet in keinem Vergleich zu den Mehrkosten für differenziertere Programme, mehr Lehrer, mehr Förderung, flexiblere Schulen. So zumindest wird argumentiert. Doch auch hier: Stimmt das wirklich? Kostet ein gescheiterter Schüler in allerhand sozialen Betreuungs- und Auffangprogrammen langfristig nicht mehr?

Das soll kein naives Plädoyer für riesige und anonyme Gesamtschulen sein, es ist ein Ja zu mehr Optionen für die Schüler, zur Wahlmöglichkeit von Kursen in einzelnen Fächern auf unterschiedlichem Leistungsniveau. Um es noch einmal zu verdeutlichen: Warum soll ein Schüler sich sein Schulleben lang mit einem hohen Niveau in Mathe oder Physik herumschlagen und zum schulischen Überleben alle

Energien auf diese Fächer verwenden und dabei die Fächer, in denen er begabt ist und für die er sich interessiert, vernachlässigen? Warum kann er nicht in Mathematik einen C-Kurs, in Englisch einen B-Kurs und in Geschichte einen A-Kurs besuchen oder wie in angelsächsischen Ländern einmal mit O-Levels, einmal mit A-Levels abschließen, also einmal mit niedrigerem, einmal mit höherem Niveau, ohne dabei ein Fach völlig zu übergehen? Und wenn das schon aufgrund der mangelnden Größe einer Schule nicht möglich ist, wieso kann er dann nicht entschiedener individuell gefördert werden?

Offenbar, weil die Systematik von Schule nach wie vor so ist, wie sie schon immer war: unterfinanziert, unbeweglich, unflexibel und rechthaberisch.

JETZT REICHTS: SCHULSTRAFEN

In jedem System, in jeder Hierarchie und Gesellschaft, im Sport wie im Straßenverkehr, also überall wo Regeln gelten, wird Fehlverhalten in irgendeiner Form geahndet. Das gilt in der Schule genauso wie im realen Leben.

58. Fehlverhalten der Schüler

Natürlich gibt es in allen Klassen ein paar Musterschüler, viele ordentliche und leistungswillige Schüler sowieso. Sie bilden die breite Mehrheit, mit der die Lehrer gut arbeiten können. In fast jeder Klasse finden sich jedoch ein paar Schüler, die nicht leicht zu handhaben sind, weil sie mit Konventionen, Gehorsam und sozialer Anpassung aus welchen Gründen auch immer nichts am Hut haben. Sie schwätzen, spicken, folgen keinen Anweisungen, provozieren und ab und zu sind sie in Raufereien oder Schlägereien verwickelt. Solches Verhalten scheint bei einigen Jugendlichen insbesondere in der pubertären und postpubertären Phase zum Rollenverständnis zu gehören.

Jeder weiß aus seiner eigenen Schulzeit, wie das dann im Unterricht so läuft. Ein Standardbeispiel für die klassische Unterrichtsstörung geht wie folgt:

»Hört jetzt dahinten endlich auf zu schwätzen!«

»Wir machen doch gar nichts.«

»Das geht jetzt schon die ganze Stunde so.«

»Wir sind doch völlig ruhig.«

»Ja, meint ihr, ich hör das ständige Gebrummel und Gekichere nicht?«

»Also, da müssen Sie was anderes hören.«

»Werdet bloß nicht frech.«

»Wir sind doch gar nicht frech.«

»Wenn ihr jetzt noch einmal quatscht oder blöd lacht, dann krachts.«

»Wie ‚krachts'«?

»Das werdet ihr schon sehen.«

»Da sind wir aber gespannt.«

»Letzte Warnung!«

»Tatü tata.«

»Jetzt reichts. Verweis!«

»Wieso denn das? Wieso kriegen wir einen Verweis?«

»Wegen ständiger Störung des Unterrichts.«

»Wir stören doch gar nicht.«

»Und wegen frecher Antworten.«

»Wir haben doch gar nicht frech geantwortet.«

»Ach ja. Und was war das mit dem ‚tatü tata'?«

»Das war doch nicht bös gemeint. Nur ein Scherz.«

»Ich pflege nicht zu scherzen.«

»Dachten wir uns schon.«

»Genau. Jetzt ist endgültig Schluss: Verweis!«

Am Ende hat keine der beiden Parteien gewonnen: der Lehrer nicht, weil er sich nur mithilfe von Sanktionen durchsetzen konnte und nicht mit natürlicher Autorität, die Schüler nicht, weil sie die Strafe kassieren.

Schüler treiben so allerhand, was den Lehrern nicht passt oder was sie nicht dulden können:

Sven, Jennifer und Lucas schwätzen im Unterricht und spielen mit dem Smartphone herum. Max haut Michael im Pausenhof eine auf den Kopf. Alex kommt immer wieder mit faulen Ausreden zu spät. Jenny mobbt Frieda. Die Jungs aus der 9a rauchen ständig hinter dem Schulgebäude. Felix wirft Oliver einen harten Schneeball aufs Auge. Sidney macht nie Hausaufgaben. Vanessa und Leonie beleidigen einen Lehrer. Katharina spickt ungeschickt in der Klassenarbeit. Philip dealt ein bisschen während der Pause. Julian und Yannick schlagen sich auf dem Schulweg mit Hannes und Christof. Susanne stellt diskriminierende Bilder von Christina ins Netz.

Manche Schüler fallen nur ausnahmsweise, sozusagen aus Versehen oder aus irgendeinem Gruppenzwang heraus in ihrer Schülerlaufbahn unangenehm auf, andere ab und zu einmal, ein paar wenige andauernd. Hin und wieder gibt es Schüler, die es nicht nur faustdick hinter den Ohren haben, sondern die aus welchen Gründen auch immer nahezu kriminelle Energie entwickeln. Diese können für die anderen Jugendlichen, ja, für eine ganze Schule zu einem Problem werden. Das ist zum Glück ziemlich selten der Fall.

Im banalen Schulalltag reicht die Bandbreite an Fehlverhalten zunächst einmal von relativ harmlos bis lästig, woran manche Lehrer nicht ganz unschuldig sind, weil sie mit den Kids eigenartig umgehen. So kann es auch beim Strafmaß sehr unterschiedlich zugehen, wie eben überall im wahren Leben, wo einmal Milde waltet und einmal überzogen wird:

Beim Lehrer A ab und zu einmal die Hausaufgaben nicht gemacht und dabei erwischt: geschenkt. Beim Lehrer B dasselbe »Vergehen«: Eintrag und drei Seiten »Übungs«-Arbeit.

Beim Lehrer A im Unterricht herumgealbert und andere gestört: ein paar souveräne Worte als Verwarnung. Beim Lehrer B für dasselbe: fünf Minuten drohendes Gebrülle und mehrseitige Zusatzarbeit.

Beim Lehrer A in der Klassenarbeit gespickt und erwischt: Arbeit abgenommen und nur das bisher Geschriebene gewertet. Beim Lehrer B: Arbeit abgenommen, Note Sechs und Brief an die Eltern.

Die Raucher vom Lehrer A erwischt: eine Stunde Arbeit für die Schule. Die Raucher vom Lehrer B erwischt: Verweis.

Beim Schneeballwerfen vom Lehrer A ertappt: Lehrer verwarnt grinsend und man sieht ihm an, dass er am liebsten ebenfalls Schneebälle werfen würde. Vom Lehrer B dabei erwischt: Strafarbeit.

Doch welche Möglichkeiten an sogenannten erzieherischen Maßnahmen und Strafen stehen den Lehrern in diesem Land überhaupt zur Verfügung? Was dürfen sie, was können sie tun?

59. Skala der Ordnungsmaßnahmen

Um das zu erschließen, hilft ein Blick in eine beliebige Schulordnung eines Bundeslandes. Wenn also das Imperium der Meinung ist, irgendwelche Machenschaften der Schüler nicht mehr tolerieren zu können, dann hat es die Möglichkeit, differenziert zurückzuschlagen. Dafür steht ihm ein ziselierter Katalog an Strafen mit nach oben offener Eskalationsstufe zur Verfügung. Da heißt es zum Beispiel am unteren, harmloseren Ende der Maßnahmen (Einschätzung jeweils in Klammern):

»Zu den erzieherischen Einwirkungen gehören das erzieherische Gespräch« (Wiederholungsfehler, der eine gewisse Hilflosigkeit schon andeutet), »die Ermahnung« (eine Banalität nach dem Muster des erhobenen Zeigefingers mit einem »du, du, du!«), »Gruppengespräche mit Schülern und Eltern« (Gesprächskreis mit Kerze in der Mitte und allerhand Bla Bla Bla?), »die mündliche oder schriftliche Missbilligung des Fehlverhaltens« (okay), »der Ausschluss von der laufenden Unterrichtsstunde« (entspricht unter Umständen einer Aufsichtspflichtverletzung), »die Nacharbeit unter Aufsicht nach vorheriger Benachrichtigung der Eltern« (soweit es Eltern im Hintergrund gibt, die das interessiert), »die zeitweise Wegnahme von Gegenständen« (Smartphones? Messer? Rollerskates? Teddybären? Rauschmittel?), »Maßnahmen mit dem Ziel der Wiedergutmachung angerichteten Schadens und die Beauftragung mit Aufgaben, die geeignet sind, das Fehlverhalten zu verdeutlichen« (dem Hausmeister helfen? Müll einsammeln?). »Bei wiederholtem Fehlverhalten soll eine schriftliche Information der Eltern erfolgen, damit die erzieherische Einwirkung der Schule vom Elternhaus unterstützt werden kann.« (Das ist ja wohl das Mindeste, was erwartet werden kann!) »Bei besonders häufigem Fehlverhalten eines Schülers oder gemeinschaftlichem Fehlverhalten der Klasse soll den Ursachen für das Fehlverhalten in besonderer Weise nachgegangen werden.« (Ach was. Sag bloß! Auf die Umsetzung des »in besonderer Weise« wird die Klasse aber sehr gespannt sein.)

Das ist sicher alles gut und wohlwollend gemeint, man gibt sich einfühlsam und milde. Doch es kommt zugleich relativ vage und dilettantisch daher. Ab hier jedoch wird der Maßnahmen- beziehungsweise Strafenkatalog spannender und kompakter in der Aussage (minimaler Kommentar wieder in den Klammern):

»Ordnungsmaßnahmen sind der schriftliche Verweis« (klare Sache, oft keine Alternative denkbar), »die Überweisung in eine parallele Klasse« (die werden sich dort mächtig freuen, vor allem die Lehrer), »der vorübergehende Ausschluss vom Unterricht von einem Tag bis zu zwei Wochen und von sonstigen Schulveranstaltungen« (das trifft die Schüler tatsächlich härter, als man denkt), »die Androhung der Entlassung von der Schule, die Entlassung von der Schule, die Androhung der Verweisung von allen öffentlichen

Schulen des Landes durch die obere Schulaufsichtsbehörde, die Verweisung von allen öffentlichen Schulen des Landes durch die obere Schulaufsichtsbehörde« (dazu kommen wir noch).

Summa summarum sieht man, dass ein Schüler schon eine Menge anstellen muss, um wirklich unter die Räder zu kommen. So deutlich die Ordnungsmaßnahmen im zweiten Teil sind, so lasch und diffus sind sie im ersten. Aber bitte, man will ja erst einmal Verständnis zeigen, Brücken bauen und Rehabilitierung ermöglichen und insofern passt das schon.

Wenn nun aber Übleres und Schlimmeres vorfällt, dann müssen ernste Konsequenzen diskutiert werden. Dafür gibt es schulische Gremien, unter anderem den Disziplinarausschuss.

60. Sonderfall Disziplinarausschuss

Wie es bei einer Sitzung des Disziplinarausschusses zugeht, zeigt ein Blick auf einen konkreten, schon bekannten Fall mit entsprechender Vorgeschichte:

Ein Dienstagmittag im Spätherbst an der Albert-Kruckenhauser-Realschule:

Verdammter Mist! Heute Nachmittag auch noch dieser Disziplinarausschuss. Als ob nicht schon genug Durcheinander wäre. Schulleiter Rumpler flucht leise vor sich hin. Eine Beurteilung einer Lehrkraft muss fertig geschrieben werden, eine Unterrichtsstatistik hängt noch in der Luft, in der 9c gibt es Querelen mit der Mathelehrerin, das Studienseminar muss nach 13:00 Uhr belustigt werden, soll heißen, Rumpler muss Unterricht in Schulrecht geben, also angestaubte Paragrafen vermitteln. Und dann noch dieser leidige Disziplinarausschuss mit den Schülern, die am Wandertag bei diesem

Schussel Pollinger abgehauen sind. Vielleicht hätte man den doch vermeiden sollen. Egal. Jetzt ist es zu spät.

Als Rumpler mit dem Unterricht im Studienseminar um 13:55 Uhr fertig ist, eilt er aus dem Seminarraum zurück in sein Büro, um seine Unterlagen für den »Diszi« zu holen. Auf dem Gang vor dem Lehrerzimmer warten schon einige Leute: die vier Schüler, um die es heute gehen würde, einige finster blickende Eltern, die Verbindungslehrer, die Mitglieder des ehrwürdigen Disziplinarausschusses und natürlich dieser Pollinger, der durch seine Unaufmerksamkeit und Lahmarschigkeit alles mit eingebrockt hat. Interessanterweise sitzen die zwei Mädchen räumlich deutlich getrennt von den beiden Jungen und würdigen diese keines Blicks. Das deutet darauf hin, dass das Zerwürfnis Bestand hat, und macht die Sache für den Disziplinarausschuss vielleicht etwas einfacher. Teile und herrsche. Rumpler entfährt ein Seufzer. Trotzdem würde das wieder ein wildes Debattieren geben und am Ende würde wieder keiner zufrieden sein. So sehen also die Niederungen des Schulalltags aus, die so häufig propagierte Win-win-Situation ist in diesem Fall wohl eine Illusion. Wie Rumpler das alles hasst.

Punkt 14:00 Uhr hat sich der ehrwürdige Disziplinarausschuss der Albert-Kruckenhauser-Realschule im Besprechungsraum versammelt. Dieser Ausschuss muss laut Schulordnung jedes Jahr gewählt werden und tritt zusammen, wenn es um besonders heikle Fälle geht, bei denen mit einer wuchtigeren Schulstrafe gerechnet werden muss. Also nicht nur eine Rüge, ein Verweis oder derlei Lappalien. Am ovalen Tisch haben sich eingefunden: Realschullehrer Berghof, ein junger, eher mild gesonnener Lehrer, Realschullehrer Fuchs, Rumplers spezieller Freund aus dem Personalrat und zugleich Oberbeschützer des Kollegiums und daher von vornherein weniger schülerfreundlich, Realschulkonrektor Meyer, eine Autoritätsperson und bekannt als die immerwährende Stimme der Vernunft, Fachlehrer Horten, der langatmige und eher betuliche Zauderer, Realschullehrerin Kant, die eher für Law und Order steht, und Realschullehrerin Hertel, die gemütliche und gutmütige Schülerversteherin. Zudem sitzt Pollinger in der Ecke und strahlt wie gehabt Unsicherheit und Verzagtheit aus.

»So, meine lieben Kolleginnen und Kollegen. Sie wissen, worum es heute geht, nämlich um die Vorfälle beim ersten Wandertag. Vier Schüler und Schülerinnen sind abgehauen, und nicht nur das, sie haben sich hinterher auch noch betrunken und sich entsprechend erbärmlich aufgeführt. Aber ich denke, das haben wir in unserer Vorbesprechung letzte Woche schon ausführlich behandelt. Sie selbst haben zudem die Papers und Stellungnahmen gelesen, sodass ich denke, dass sich jeder eine Meinung von der Angelegenheit bilden konnte. Heute also dann die Verhandlung selbst und am wichtigsten, die Anhörung der Beteiligten und die Meinungen der Eltern und der Vertrauenslehrer, als flankierende Maßnahmen sozusagen und soweit diese sich äußern wollen. Geben wir uns also Mühe, gerecht zu verfahren und adäquat zu urteilen. Ressentiments, das brauche ich nicht extra zu betonen, haben keinen Platz bei so einer Verhandlung. So weit, so schlecht. Also, liebe Kolleginnen und Kollegen, wir machen das sukzessive, das heißt, wir hören die Schüler nacheinander an, erst die Mädchen, dann die Jungen, und beraten die Fälle hintereinander einzeln. Alle gleichzeitig in den Raum zu bitten, hätte natürlich auch einen Sinn hinsichtlich der Verhältnismäßigkeit und Abstufung der einzelnen Strafen, aber ich denke, das würde ein heilloses Gequatsche und Durcheinander geben und wir könnten nicht mehr vernünftig abwägen und gerecht entscheiden. Ich schlage Ihnen außerdem vor, mit den sozusagen leichteren Fällen, also den beiden Mädchen, zu beginnen. Soweit ich sehe, geht das für Sie in Ordnung.«

Mit diesen wohlgesetzten Worten eröffnet Rumpler den zunächst internen Disziplinarausschuss, also ohne die Schüler und deren Eltern. Realschullehrer Fuchs blickt misstrauisch in die Runde, aber das ist die Schulleitung gewöhnt. In der Tat ist die Angelegenheit mit den beiden Mädchen, die von den Jungen angestiftet wurden, die Klasse beim Wandertag mit ihnen diskret und unauffällig zu verlassen, die leichtere Übung. Sie werden hereingebeten, man fragt sie noch einmal nach den Vorkommnissen, sie streiten ihr Verhalten nicht ab und wirken vor dem Gremium recht zahm und schuldbewusst. Die Kollegen fragen ein bisschen herum, bohren nach, vernehmen aber nur ein zaghaftes Piepsen der Mädchen und dahingehauchte Schuldeingeständnisse, die ein wenig zu Hause einstudiert wirken. Darauf deuten auch die Blicke der Eltern hin, die ebenfalls zum Schutze ihrer Töchter mit im Raum Platz genommen haben und auf ein mildes Urteil hoffen. Das Gremium muss selbstverständlich ein wenig diskutieren, damit der Eindruck entsteht, dass man den Vorfall ernst nimmt. Es kommt aber schnell zu dem Entschluss, von einer härteren Schulstrafe abzusehen, da die Mädchen doch nur Mitläuferinnen sind, auch wenn das Abhauen aus Aufsichtspflichtgründen natürlich gar nicht geht. Zudem sind die Übergriffe der Jungen sowieso schon Strafe genug und werden wohl eine Zivilklage nach sich ziehen. Und so palavert man, nachdem die Eltern und die zwei Mädchen während der Urteilsfindung aus dem Raum geschickt werden, ein wenig sinnlos herum und kommt dann zum Beschluss, es bei einigen Nachmittagsstunden zu belassen, in denen sie dem Hausmeister zur Hand gehen sollen.

Nach einer Weile, sozusagen einer Kunstpause, die intensive Beratung vortäuschen soll, werden die zwei Schülerinnen und ihre Eltern zurück in den Raum gerufen und Rumpler gibt zügig das Ergebnis des Disziplinarausschusses bekannt. Alle sind erleichtert.

»Dass mir das nicht noch einmal vorkommt, meine Damen«, hantiert Rumpler verbal auf. »Beim nächsten Mal wird das nicht mehr so glimpflich abgehen, das sollte euch klar sein.«

»Danke, danke vielmals«, piepsen die beiden und zeigen sich erfreut, dass sie so billig davongekommen sind.

»Ich denke zudem, dass ihr durch das unverschämte, ja, kriminelle Verhalten der beiden Jungen sowieso schon gestraft genug seid«, ergänzt Rumpler.

»Das kann man wohl sagen«, ruft einer der Väter in den Raum. »Wir haben schon eine Klage gegen den einen eingereicht.«

»Recht so«, sagt Rumpler.

So verabschiedet man sich im besten Einvernehmen. Na, zumindest ein Pluspunkt für unsere Schule, denkt sich Rumpler erleichtert.

Alle im Ausschuss wissen, dass die zwei nächsten Fälle nicht so leicht werden. Doch auch mit Tobias geht alles relativ einfach vonstatten. Sicherlich, er hat deutlich mehr Dreck am Stecken als die Mädchen und sich sowohl schon ein blaues Auge durch Dany als auch eine Anzeige wegen Vandalismus eingebrockt. Dazu kommt noch die Anzeige durch die Eltern der Mädchen wegen sexuellen Übergriffs. Damit ist er bereits bestraft genug. Tobias leugnet nichts von dem, was ihm vorgeworfen wird, er entschuldigt sich für sein Verhalten, schiebt es allerdings etwas zu einfach auf den Alkoholgenuss. Seine Eltern sind zwar zugegen, deuten aber keine Unterstützung ihres Sohnes an. Im Gegenteil, auf Nachfrage erklären sie, dass sie prinzipiell zwar hinter ihrem Junior stehen, dass er in diesem Fall aber die Dinge, die er sich eingebrockt hat, selbst auslöffeln muss. Das ist ein Statement, das den Ausschuss durchaus beeindruckt, denn man hat da schon oft genug andere, hysterisch und aggressiv reagierende Eltern erlebt. Nach ausgiebiger Diskussion einigt man sich auf die Strafe eines verschärften Verweises, quasi die Vorstufe einer drohenden Entlassung von der Schule. Das ist mehr als konziliant und bleibt in der Realität ohne weitere Konsequenzen. Es ist lediglich ein deutlicher Warnschuss und der ist unumgänglich, denn es muss ja ein Zeichen für andere Schüler gesetzt werden, dass man solche Vorkommnisse nicht duldet. Zudem muss Tobias nachmittags zehn Stunden gemeinnützige Arbeit in der Schule leisten, also bei Projekten helfen und den Pausenhof mitgestalten. Er kann sich über diese milde Strafe nicht beschweren, denn es ist ja bei ihm in der Tat so einiges zusammengekommen: unerlaubtes Entfernen von der Klasse, Alkoholexzess, Vandalismus, Übergriff auf die Mädchen. Nur Realschullehrer Fuchs ist mit der Entscheidung nicht zufrieden und meint, dass man schon sehen werde, wo man hinkommt, wenn man nicht deutlichere Signale, sprich härtere Strafen ausspreche. Klare Kante zeigen und Grenzen setzen, das sei in rüpelhaften Zeiten das Gebot der Stunde.

Die Eltern nehmen das Ergebnis der Beratung gelassen, ja fast freudig auf. Sie bedanken sich sogar für die in ihren Augen gerechte Strafe, haben also wohl mit Schlimmerem gerechnet. Tobias entschuldigt sich noch einmal in aller Form bei allen Beteiligten und insbesondere bei Herrn Pollinger.

Damit sind sozusagen 75 Prozent der zu behandelten Fälle geklärt. Alle sind sich aber im Klaren, dass der letzte Fall der schwierigste sein wird. Und sie täuschen sich keineswegs.

Dany wird aufgerufen. Er zögert ein bisschen und kommt dann gelangweilten Schrittes und mit finsterem Blick in Begleitung seines unwirsch, ja, feindselig blickenden Vaters in den Raum und flegelt sich auf den für ihn freigehaltenen Stuhl.

»Also, Dany, du weißt, warum du heute hier vor den Disziplinarausschuss geladen bist«, eröffnet Rumpler.

»Ich weiß gar nichts, und ich weiß vor allem nicht, was ich hier soll«, entgegnet Dany kalt.

»Okay, dann werde ich das für dich und den versammelten Ausschuss noch einmal einzeln aufzählen, obwohl ich mir sicher bin, dass du sehr wohl Bescheid weißt. Die Begründung hast du zudem schriftlich per Einschreiben vor mehr als einer Woche erhalten. Aber bitte. Also, es dreht sich bei dir um folgende Dinge: unerlaubtes Entfernen von der Klasse, damit auch Schulschwänzen, Alkoholmissbrauch, Vandalismus, Randale, Beleidigung, Tätlichkeit gegen einen Mitschüler, sexuelle Nötigung.«

»Und was geht das außer dem Abhauen alles die Schule an? Das war außerhalb. Das kann keine Schulstrafe nach sich ziehen. Außer vielleicht einem läppischen Verweis wegen Abhauens. Damit das mal klar ist.«

Rumpler schnauft durch. Immer ruhig bleiben. Sich nicht provozieren lassen. Die anderen Lehrer schauen ungläubig. Was bildet sich dieser Rotzlöffel eigentlich ein? Es verfestigt sich der Eindruck, dass Dany tatsächlich ein übler Typ ist. Kaltschnäuzig, unnahbar, uneinsichtig, dreist.

»Dann schildere uns doch noch einmal aus deiner Sicht den Ablauf der Dinge«, sagt Realschullehrer Fuchs.

»Na, wir sind halt weg. Einfach so. Okay, hätten wir nicht tun sollen. Aber ich kanns jetzt auch nicht mehr ändern. Aber nochmal, der Rest hat mit der Schule nichts zu tun.«

Rumpler überlegt. So kann man das wohl nicht stehen lassen. Da ist er sich sicher.

Die Mitglieder des Disziplinarausschusses stellen Dany alle möglichen Fragen zum Sachverhalt und geben sich jede Mühe, dabei nicht den Eindruck der Voreingenommenheit zu vermitteln. Dany antwortet nicht unbedingt entgegenkommend und mit entschuldigendem Tenor, aber immerhin ohne weitere verbale Aggressionen, standfest und sich seiner Lage voll bewusst. Sein Vater schaut böse und schweigt. Der Verbindungslehrer sieht keine Möglichkeit, Dany zu verteidigen. Dann werden Vater und Sohn noch einmal vor die

Tür geschickt. Das Gremium diskutiert, wägt Argumente ab und versucht sich einer Urteilsfindung zu nähern.

Rumpler kämpft mit sich selbst, weil er weiß, dass es letztendlich doch entscheidend auf seine Stellungnahme ankommen wird. Einerseits hat er von diesem aggressiven Flegel und Schläger genug. Andererseits hat der Bursche schon die Androhung der Entlassung im vorhergehenden Schuljahr ausgesprochen bekommen. Damit ist die sofortige Verweisung von der Schule die naheliegende Konsequenz. Unbedingt greifen muss diese Regelung jedoch auch nicht, da mit einem neuen Schuljahr irgendwie alles auf null gesetzt wird und frühere Strafen eigentlich nicht mehr relevant sind. Es sei denn, es ist zum Beispiel Gefahr im Verzug. Kann man das so sehen? Ist das ein permanent gewalttätiger Typ, bei dem man auf den nächsten Eklat, den nächsten Übergriff warten kann? Was aber, wenn man ihn jetzt tatsächlich von der Schule schmeißt? Wird er woanders, an einer anderen Schule, Fuß fassen oder ist dann sein Weg in die Kriminalität und Gewalttätigkeit vorprogrammiert? Andererseits: Ist es nicht ein Risiko, wenn man noch einmal Gnade vor Recht gehen lässt und ihn an der Schule behält? Was aber müssen die anderen Schüler dann denken? Das alles hat sich ja herumgesprochen. Schwierig, schwierig.

Der Disziplinarausschuss diskutiert lange. Realschullehrerin Hertel versucht, Dany eine Brücke zu bauen und plädiert dafür, es bei einer nochmaligen Androhung auf Bewährung zu belassen. Die Kollegin Kant ist wie zu erwarten für die sofortige Entlassung ohne weitere Hilfestellung. Dem schließt sich Realschullehrer Fuchs an. Fachlehrer Horten laviert herum und keiner weiß so recht, was er will. Konrektor Meyer ringt mit sich und ist dann erstaunlicherweise für nochmalige Milde. Der Vertrauenslehrer der Schüler spricht sich ebenfalls erwartungsgemäß für eine weitere, aller-allerletzte Chance aus. Pollinger sitzt die ganze Zeit wie ein begossener Pudel am Ende des Tisches und blickt treuherzig.

Dann meldet er sich und führt aus, dass er zwar nicht dem Ausschuss angehöre, dass der Vorfall aber in elementarem Zusammenhang mit ihm stehe, schließlich habe er den Wandertag geleitet. Er meint, dass Dany trotz seines Fehlverhaltens nicht von der Schule fliegen sollte. Die Verantwortung für eventuelle Konsequenzen sollte man seiner unmaßgeblichen Meinung nach nicht übernehmen und er selbst wolle das schon gar nicht. Diese Aussage macht die Mitglieder des Disziplinarausschusses noch einmal nachdenklich.

Die Entscheidung ist denkbar knapp. Mit einer Stimme Mehrheit spricht man sich für die nochmalige Androhung der Entlassung und damit gegen die sofortige Entlassung aus, um Dany eine allerletzte Chance auf Bewährung zu geben. Zudem soll er 30 Sozialstunden im Schulleben verrichten. Rumpler ist mulmig zumute. Hoffentlich ist dieser Weg der richtige und es passiert nicht wieder etwas.

Dany wird das Urteil verkündet und siehe da: Er freut sich sichtbar, wirkt schlagartig wie ausgewechselt, bedankt sich beim Gremium und verkündet, dass er sich alle Mühe der Welt geben wolle, den Rest an Vertrauen in seine Person zu rechtfertigen. Rumpler ist sprachlos. Die Lehrkräfte schauen erstaunt. Haben sie vielleicht doch alles richtig gemacht? Nur der Vater von Dany schaut weiterhin grimmig und raunt beim Hinausgehen: »Das wollte ich Ihnen auch geraten haben. Um den Typen kümmere ich mich schon selbst.«

Vielleicht ist Dany doch ein armer Kerl und es gilt der alte Satz, dass jede Rohheit ihren Ursprung in einer Schwäche hat.

So in etwa können sich Eltern eine Sitzung des Disziplinarausschusses einer Schule vorstellen. In den meisten Fällen lässt die Schule Milde walten. Doch es kann auch anders kommen.

61. Extremfall Entlassung

Irgendwann ist das Maß voll. Der 16 Jahre alte Timo, der schon ein langes schulisches Vorstrafenregister angesammelt hat und polizeibekannt ist, hat nun noch die Jungentoiletten angezündet, einem Klassenkameraden das halbe Ohr abgebissen, gedealt, eine Mitschülerin im Netz abgrundtief beleidigt und bloßgestellt, dem Klassenleiter das Notenheft aus der Mappe geklaut, auf der örtlichen Kirchweih mit anderen eine Schlägerei begonnen, einer Lehrerin das Kleinauto zerkratzt und im Schulhof hässliche rechtsradikale Lieder gesungen. Oder so ähnlich.

Der Disziplinarausschuss hat von diesem wüsten Treiben des Schülers endgültig genug und gibt nach der finalen Sitzung mit besorgten Worten bekannt, dass Timo in der Schule nicht mehr tragbar sei und von ihr verwiesen werde. Die anderen Schüler würden sich schon lange fragen, wieso die Schule nur zuschaue, und sie erwarten Konsequenzen. Sie müssen vor solch einem Typen geschützt werden. Man hat schließlich lange Zeit die Augen zugedrückt, sich den Mund fusselig geredet und oft genug versucht, auf den Schüler einzuwirken.

Nur ein oder zwei Oberbedenkenträger unter der Lehrerschaft meinen, man sollte doch noch einen letzten Rettungsversuch starten, andernfalls würde das arme Kind wohl völlig untergehen oder sonst etwas anrichten. Sie sehen vor ihrem geistigen Auge, wie Timo bei Sonnenuntergang mit seiner Schulmappe in der einen Hand und einer Sporttasche in der anderen die einsame Landstraße aus der Stadt hinaus in die Wildnis schreitet, denn seine Familie wird ihn nun sicher ebenfalls verstoßen. Die robusteren Kollegen im Disziplinarausschuss sehen etwas anderes vor ihrem geistigen Auge, nämlich wie er erst den lokalen Bäckerladen, dann die Bank überfällt, eine alte Oma ausraubt und im Alkoholdelirium einen Kumpanen niedersticht.

Beide Vorstellungen sind natürlich übertrieben. Der Schulleiter sieht Timo und sein Tun realistischer, informiert mit einem Schreiben die Eltern und gibt ihnen Rechtsbehelfsbelehrung. Er informiert eventuell die Polizei und das Jugendamt der Stadt und natürlich einen Sozialpädagogen, den es an der Schule selbst aus Geldmangel leider nicht gibt. Der soll sich um Timo kümmern.

Ob es ihm gelingt, Timo an einer anderen Schule in der Umgebung unterzubringen, erscheint ihm noch fraglich. Schließlich wissen die Kollegen Schulleiter, wen er ihnen da andrehen will. So einen können sie nicht gebrauchen, der Schulfriede würde gestört. Andererseits wäscht eine Hand die andere und es ist nur eine Frage der Zeit, bis sie auch einen entsprechend schrägen und kriminellen Vogel loswerden müssen. Also gilt normalerweise Aufnahme gegen Gegenaufnahme. In Timos Fall ist das dennoch fraglich, da seine kriminelle Karriere heftig ist und weitere Absicherungs- und Vorsichtsmaßnahmen ergriffen werden müssen. Für einen quasi unbeschulbaren Schüler wie Timo eine tragende und langfristige Lösung zu finden, ist richtig schwierig. Doch wie auch immer: Selbst eine Entlassung aus der Schule endet nicht im Nirwana. Es gibt glücklicherweise immer Integrations- und Resozialisierungsmöglichkeiten, auch wenn sie die bisherige Schule selbst nicht mehr leisten kann.

In allen diesen Disziplinarfällen gravierenden Ausmaßes tun sich die weiterführenden Schulen naturgemäß leichter als die Pflichtschulen. Sie werden diese Schüler letztendlich doch ziemlich leicht los und können so gut wie immer darauf hoffen, dass sie an einer anderen Schule unterkommen. Die Haupt- und Mittelschulen aber haben die entsprechende Karte. Wohin auch sollen sie derartige Problemschüler überweisen?

HIER GEHTS UM ALLES: DAS »SYSTEM« SCHULE

Über allen und hinter allen Dingen, die in den Bundesländern in irgendeiner Weise mit dem Schulbetrieb zu tun haben, stecken gewaltige Apparate und Bürokratien, die der Idee anheimgefallen sind, alles regeln zu müssen. Jede schulische Tätigkeit, jedes Detail, jeder Pippifax wird seit Jahr und Tag durch Schulordnungen, Dienstordnungen, Erlasse, Anordnungen, kultusministerielle Schreiben und ähnliche Wichtigkeiten oder Pseudo-Wichtigkeiten vorgekaut, definiert und damit angeblich geklärt. Das Grundprinzip dabei ist das System der verwalteten Schule mit allen möglichen Auswirkungen darauf, »was in der Schule wirklich abgeht«.

62. *Lehrpläne*

Warum sollen – oder besser sollten – die Schüler eigentlich genau all das lernen, was sie im Laufe ihres Schülerlebens so an Stoff serviert bekommen? Das hängt damit zusammen, dass sich die Bildungsplaner und Bildungsverwalter in den Kultusministerien alle paar Jahre sagen: Jetzt sind ja schon wieder ein paar Jahre vergangen, die Zeit ist vorangeschritten, es muss etwas geschehen, es wird etwas geschehen, ein neuer Lehrplan muss her. Niemand weiß genau, was zwischenzeitlich tatsächlich Bedeutendes geschehen ist, das eine komplette Lehrplanrevision oder Neuschreibung rechtfertigen würde, denn Aktuelles könnte jederzeit sowieso im Unterricht behandelt werden. Gibt es neue geometrische Formen? Haben Nobelpreisträger innovative chemische Formeln aufgestellt, an denen keiner mehr vorbeikommt? Haben die Engländer oder – weniger wahrscheinlich – die Franzosen Neologismen eingeführt? Hat ein Schriftsteller den ultimativen, im Unterricht zu behandelnden Roman des Jahrhunderts geschrieben oder ist vielleicht die Reform der Rechtschreibreform wieder reformiert worden? Hat sich die Geldpolitik der Fed oder der Eurozone geändert? Doch selbst all das würde keinen neuen Gesamtlehrplan für eine Schulart rechtfertigen, oder?

Selbstverständlich gibt es für neue Lehrpläne andere, gewichtigere Gründe, wie zum Beispiel europäische Referenzrahmen, überarbeitete Bildungsstandards der Kultusministerkonferenz, aktuelle Ergebnisse der Bildungsforschung, neue Strömungen in der Schulpädagogik, die wertvollen Einsichten des Bildungsforschers John Hattie, ohne den heutzutage fast nichts mehr geht (wobei man, das sei in Parenthese erwähnt, viel mehr auf den grandiosen britischen Autor und Gesellschaftsentwicklungs-Berater Sir Ken Robinson hören sollte).

Irgendwann im letzten Jahrtausend hatte man sich bereits vom Frontalunterricht verabschiedet. Die Lehrpläne wurden schülerorientierter, Lernstrategien, Lernziele und Lernzielkontrollen neu festgelegt. Inzwischen überholt moderne Didaktik und Methodik alles Bisherige rasant auf der äußersten linken Spur, Widerspruch sinnlos. Kompetenzorientierung ist das dominierende Schlagwort, was immer das genau heißt. Jedenfalls sind sich die Bildungsverwalter einig: Diese Gemengelage erfordert eine Neuausrichtung der Rahmenlehrpläne, der übergeordneten Bildungs- und Erziehungsziele und der Fachlehrpläne.

Dann geht es los mit der Erarbeitung der neuen Lehrpläne. Es werden Kommissionen einberufen, in denen Experten und angebliche Experten sitzen, Staatsinstitute und Bildungszentren nehmen die Arbeit auf. Die erwähnten Experten für die einzelnen Fächer und die Gesamtstrategen palavern, diskutieren, entwerfen, verwerfen und streiten. Das kann jahrelang gehen. Irgendwann drängt die Zeit und Details der Fachlehrpläne, um die in einzelnen Sitzungen anfangs noch stundenlang gerauft wurde, verlieren ihre Wichtigkeit. Es macht sich unter dem vorgegebenen Zeitdruck eine gewisse planlose Gleichgültigkeit breit. Warum soll man auch aus jedem Wort, aus jeder inhaltlichen Maus einen Elefanten machen? Hauptsache man kann dem hohen Haus endlich etwas vorlegen, was nach neuem Lehrplan aussieht, Schlagworte gibt es in der internationalen Diskussion dazu genug.

Im hohen Haus selbst kann man das Erarbeitete und Erwürgte nur selten richtig einschätzen und bewerten, man muss den beauftragten Experten Glauben schenken. Also wird in den Instituten und Gremien alles noch ein bisschen zusammengefasst, glattgebügelt und arrondiert. Egal, was jetzt herausgekommen ist, es kann zumindest demnächst ein hipper, wuchtiger, neuer Lehrplan, der alle aktuellen Standardfloskeln von Kompetenzerweiterung und Persönlichkeitsentwicklung enthält, mit viel Getöse verkündet werden.

Doch stopp, so weit ist man nun trotzdem noch nicht, denn erst einmal folgen weitere Komplikationen und Streitereien. Das prachtvolle neue Werk geht in diverse Anhörungsverfahren, es wird allen möglichen Verbänden, Institutionen und Gremien im Lande vorgelegt. Lehrplanbeiräte, Landesschulbeiräte, Lehrerbildungszentren der Hochschulen, sie alle reden fröhlich mit und wachen mit Argusaugen darüber, dass sie ernst genommen werden, als Bedenkenträger keinesfalls zu kurz kommen und dass alle inhaltlichen Akzente richtig gesetzt sind. Um es kurz zu machen: Irgendwann ist auch diese Runde vorbei und der neue Lehrplan für die betreffende Schulart kann verkündet werden und in Kraft treten.

Das lässt bei vielen Lehrern die reine Freude aufkommen. Den Mathematikern, Lateinlehrern, meist auch den Physik- und Chemielehrern ist das neue Werk meistens sowieso egal. Viel kann sich ja nicht geändert haben, also was soll das Ganze. Aber die anderen! Die müssen sich tatsächlich damit befassen, denn es wurden Inhalte variiert, in andere Jahrgangsstufen gelegt, einfach rausgeschmissen, neue eingefügt. Das heißt, die eigenen vorbereiteten Stunden und Stoffverteilungspläne sind nicht mehr stimmig, also muss Mehrarbeit für die Vorbereitung investiert werden. Das hassen die im Dienste alt und grau gewordenen Feld-Wald-Wiesen-Lehrer zutiefst.

Die Referenten in den Fortbildungsveranstaltungen zum neuen Lehrplan bekommen das zu spüren. Da sitzen die Routiniers mit verschränkten Armen in den Tagungen, lesen demonstrativ Zeitung, geben höhnische Kommentare ab oder schlafen vor sich hin. Jedenfalls sind sie nicht gewillt, sich von irgendeinem Kasper von Referenten etwas Neues aufschwatzen zu lassen. Haben wir schon immer alles gemacht, haben wir immer richtig gemacht, machen wir jetzt auch nicht anders, ist die Devise. Wieso kommt der Clown da vorne dazu, ihnen zum dritten oder vierten Mal in ihrem Lehrerdasein einen neuen, angeblich noch besseren Lehrplan aufzuschwatzen? Hat man von den früheren nicht auch immer behauptet, dass sie in jeder Hinsicht perfekt und für alle Zeiten gültig seien? Zum Glück für die Multiplikatoren gibt es die Gruppe der Beflissenen, der Pseudo-Progressiven und der braven Mitmacher. Die kompensieren die demonstrative Antihaltung der Beharrenden zumindest ein wenig.

Doch jetzt noch mal im Ernst. Galt früher, dass in erster Linie Wissen vermittelt wurde und damit in zweiter Linie Kompetenzen entwickelt wurden, so ist die Reihenfolge bei heutigen Lehrplänen umgekehrt. Das Wissen, das angeeignet wird, erscheint heutzutage manchmal eher als Mittel zum Zweck, auch wenn das offiziell in einigen Bundesländern nicht so laut gesagt wird. Zunehmend erheben sich Stimmen, die fordern, dass die Inhalte, an denen die Schüler die Kompetenzen entwickeln sollen, konkretisiert werden müssen.

Gut und richtig an den neuen Lehrplänen erscheinen alle schulartüberwölbenden und fächerübergreifenden Bildungs- und Erziehungsziele, die einer komplexen, vernetzten Gesellschaft gerecht werden sollen. In den wortgewaltigen Vorworten zu den neuen Lehrplänen heißt es demzufolge auch sinngemäß so schön, dass die Auseinandersetzung mit den fächerübergreifenden Lernzielen zur Entwicklung einer ganzheitlich gebildeten und alltagskompetenten Persönlichkeit beiträgt. Klingt das nicht so wunderbar und verführerisch, dass man vor Freude hüpfen und tanzen möchte?

Und damit noch einmal ein Schwenk zur Abteilung Hohn und Spott. Wo, bitte schön, ist bei der Mehrheit der heutigen Jugendlichen – und das ist keine Schuldzuweisung an diese – etwas von ganzheitlich gebildeten und alltagskompetenten jungen Menschen zu spüren? Erfüllen sie diese Kriterien etwa, weil sie sich eventuell beim Smartphone, beim Tablet, bei der Play Station und beim Navigieren formidabel auskennen?

Die Wahrheit ist, es wird viel verbale Kosmetik und Phrasendrescherei betrieben, das Ergebnis jedoch ist fraglich.

Dazu als schönes Beispiel mal ein konkreter Blick auf einen sich an Kompetenzen orientierenden Lehrplan. Dass in den Fremdsprachen heute mehr Wert auf Kommunikation gelegt wird und nicht mehr darauf, dass wir Deutsche den Engländern und Franzosen ihre Grammatik und Orthographie erklären können (»Jeder Oberkellner spricht Französisch, aber von der Grammatik hat er keine Ahnung«), ist eine positive Trendwende. Doch ein Blick auf das immer mehr unter die Räder kommende Fach Geschichte zeigt die

Misere der neuen Lehrpläne. Auch wenn die Fusion des Faches Geschichte mit den Fächern Erdkunde und Sozialkunde noch nicht überall stattfindet, kann aufgrund der neuen Inhaltsleere des Faches nicht mehr die Rede davon sein, dass Schüler noch fähig sind, Zusammenhänge historischer Art zu begreifen und Bezüge zum Heute herzustellen. Es gibt Bundesländer, in denen sowohl die Weimarer Republik als auch der Erste und der Zweite Weltkrieg so gut wie keine Beachtung mehr finden, von Imperialismus und Kaiserreich ganz zu schweigen. Das Ordnungsprinzip einer Chronologie ist nicht mehr feststellbar. Gewiss macht es keinen Sinn, die Reihe deutscher mittelalterlicher Kaiser zu lernen, aber Geschichte fast ohne Fakten, ohne Daten, ohne Zusammenhänge? Keine Kausalität mehr, keine zeitlichen Abfolgen mehr? Die Geschichte des Dritten Reichs und des Zweiten Weltkriegs irgendwie nur noch gegen Ende der neunten Jahrgangsstufe kurz angerissen? Wie soll so etwas gehen? Wie sollen Schüler ein Epochenjahr wie 2015 dann noch einordnen können?

Geschichte ist nur ein Beispiel, Erdkunde dürfte ein weiteres sein. Es kommt als Fach heute so gut wie ohne topografische Grundkenntnisse aus. Schülerantworten sprechen Bände: Großbritannien liegt im Mittelmeer, der Ural ist ein Gebirge in Südamerika, Polen liegt westlich von Deutschland, der Rhein fließt zum Schwarzen Meer und Schweine können fliegen. Ist doch eh alles egal. Kann man notfalls alles im Netz nachschauen und um diese Kompetenz geht es schließlich, oder etwa nicht?

Also, was solls, sagt sich der Jugendliche von heute. Vielleicht hat er aus seiner Sicht ja recht und nach wie vor bestimmt das Sein das Bewusstsein und nicht das Bewusstsein das Sein.

63. *Lehr- und Lernmittel*

Neue Lehrpläne erfordern neue Lehr- und Lernmittel. Das freut insbesondere die Schulbuchverlage, deren Absatzzahlen bei Einführung eines neuen Lehrplans steigen. Ein Wermutstropfen für sie ist, dass fast jedes Bundesland auf einer Extrawurst besteht, die Schulbücher sich demnach oft von einem zum anderen unterscheiden.

Die Verlage bringen also, nur mal zum Beispiel, ein neues Englisch-Lehrwerk auf den Markt. Ganz neu ist es natürlich nicht, was sollen sich die Verfasser auch ständig Neues aus den Fingern saugen. Gerade beim Anfängerunterricht in der Fremdsprache ist die Variationsbreite gering (»There are some snackbars in the street. They sell hamburgers. Is the hamburger from Hamburg? No, it isn't.«). Es können ja nur ein paar Dutzend Wörter ständig im Kreis herum bewegt und vermittelt werden. Also muss man, um sich innovativ oder progressiv zu geben, die Bücher optisch durch alberne Comics, wirre Zeichnungen und sich bei den Schülern anbiedernde Illustrationen aufmöbeln. In höheren Jahrgangsstufen tauschen die Verfasser gerne Texte gegeneinander aus. Mal lernen die Schüler in einem Bundesland etwas über Elizabeth I und Queen Victoria, mal über Sir Walter Raleigh oder die Glorious Revolution, in einem anderen erfahren sie etwas über Nelson Mandela, Martin Luther King oder King Arthur. Das hängt einerseits von der Dekade ab, in der die Schüler gerade leben, andererseits vom jeweiligen Bundesland. Letztendlich ist es ja einerlei.

Das angebotene Material unterliegt heutzutage einer Häppchen-Darbietung. Lange Texte sind, egal in welchem Fach, aufgrund der modifizierten Lehrpläne und des desolaten Lese- und Verständnisvermögens der Schüler meist gar nicht mehr möglich. Lifestyle und Trend der Außenwelt, Werbung und Firlefanz unserer Gesellschaft schlagen durch:

nur keine Vertiefung des Stoffs, nur keine Anstrengung für die Schüler, alles easy go lucky.

Dieser oberflächliche Stil wird zum Beispiel durch aktuelle Geschichtsbücher bestätigt. Sie sind bunt, kleinteilig und entsagen mehr und mehr dem Narrativen. Zusammenhänge sind kaum noch erkennbar, alles wirkt wie ein wirrer Mix aus kleinen Legosteinen. Man fragt sich, ob man die Schüler, insofern diese überhaupt jemals solch ein Buch in die Hand nehmen, für ihren kläglichen Wissens- und Erkenntnisstand noch verantwortlich machen kann. Aber, wie gesagt, das scheint beim heutigen Sammelsurium-Wissen auch egal.

Damit nicht genug mit dem seltsamen Zustand der Schulbücher. Deutsch-Lesebücher sind meist ein Anachronismus, was oft an teuren Copyrights liegt, die die Verlage gar nicht zahlen wollen oder können. Also verwendet man alte Texte in neuem Design, das kommt billiger. Mathematik-, Chemie- und Physik-Schulbücher kauft praktisch niemand und sie brauchen auch nicht groß geändert zu werden. Bücher im Fach Rechnungswesen werden zur Freude der Verlage gern neu veröffentlicht, wenn die Mehrwertsteuer wieder mal erhöht wurde. Neue Bücher für Deutsch als Fremdsprache werden wegen der Flüchtlingskinder, die integriert werden müssen, benötigt. Sie sind allerdings wohl nur ein marginaler Markt.

Verfasst werden Schulbücher meist von Lehrerteams. In diesen sind einige wenige qualifizierte Lehrer federführend, ein paar andere lediglich Mitläufer. Im Autorenverzeichnis geht es um »Name Dropping« der Verfasser, damit sich das Buch überall im jeweiligen Bundesland verkaufen lässt.

Vor der endgültigen Einführung muss ein neues Schulbuch ein Zulassungsverfahren durchlaufen. Dabei prüfen angeblich kompetente Lehrer im Lande, ob es wirklich genehmigt werden kann oder nicht. Zweifel können auftauchen, wenn es Werbung enthält, politisch nicht korrekt und ausgewogen erscheint oder tendenziös falsche oder bedenkliche Aussagen enthält. Irgendwie ist trotz allerhand Getöse letztendlich schon fast jedes Buch zugelassen worden.

Seit einigen Jahren kommen die Schulbuchverlage durch die digitale Revolution unter Druck. Werden überhaupt noch Schulbücher gebraucht, wenn es digitale Medien gibt? Lassen sie sich auf Dauer noch verkaufen? Die Schulbuchverlage stehen vor einem Dilemma. Ihr traditionelles Geschäft bricht dramatisch weg und sie stellen sich die Frage, ob sie sich flächendeckend auf die digitalen Unterrichts- und Lernprogramme einlassen sollen. Die sind mit Risiken behaftet, denn sie können nahezu beliebig raubkopiert werden. Was also nun? Wie sieht das Lernen der Zukunft wirklich aus? Und wie das künftige Geschäftsmodell der Verlage? Wie wirkt sich diese Tendenz ganz konkret auf den Unterricht an unseren Schulen aus?

Weil nun schon das Stichwort »raubkopieren« gefallen ist, noch ein etwas trivialerer Blick auf das Kopieren von Lehr- und Lernmaterial an sich. Lehrer leben in der unerschütterlichen Wahnvorstellung, dass sie alles, was ihnen in die Finger kommt und was sie für sinnvoll und attraktiv halten, als Handout für die Schüler kopieren müssen. Die Szenen vor den Kopiergeräten um fünf vor acht morgens sind so amüsant wie furchterregend. Für Lehrer und Schüler gilt nach wie vor das alte Bonmot, dass man früher etwas kapieren musste, heute genügt offensichtlich, wenn man es kopiert. Schulleiter und Sachaufwandsträger verzweifeln ob der horrenden Kosten für Kopiergeräte und Kopien, die an Schulen oft fast den gesamten Haushalt auffressen. Die Kopien selbst verschwinden ungeordnet in den Mappen der Schüler und enden in der Mülltonne oder als Papierflieger.

Und die sonstigen Lehr- und Unterrichtsmittel? Die sind schon seit Jahren in bedenklichem Zustand. In einigen Fächern sind sie kaum mehr bezahlbar, in anderen obsolet.

64. Medien- und IT-Kompetenz

Schulen hinken immer hinterher. Das Paradebeispiel für diese simple These ist die Medien- und IT-Kompetenz. Lange Jahre war der Computerraum das Glanzstück, ja das Vorzeigeobjekt jeder Schule. Zähneknirschend richteten die Sachaufwandsträger an den Schulen der Städte und Landkreise teure Computerräume ein. Sie konnten sich dem Trend der Zeit und dem Druck der Eltern und Schulleitungen nicht verschließen. Glücklicherweise fanden sich zum Dank für diese erzwungene Generosität immer und überall Bilder des Bürgermeisters oder Landrates in den Lokalzeitungen, wie sie stolz den neuen Computerraum einweihten und sinnlos auf Tasten herumdrückten.

Doch diese Computerräume hatte der Teufel gesehen. Sie hatten nur jeweils Plätze für zwölf bis sechzehn Schüler, das heißt, Klassen mussten geteilt werden. Zudem fielen in der Regel mehrere Plätze wegen Defekten aus, was die Fachlehrer und erst recht die Betreuer der Computer in den Wahnsinn trieb. So ging das nicht, so konnte man nicht arbeiten.

Also mussten weitere Computerräume her. Doch auch diese halfen nicht viel weiter. Es sollte ja nicht nur das Fach Informationstechnologie unterrichtet werden, sondern immer mehr andere Fächer wollten an IT partizipieren und Inhalte digital vermitteln. Was sind schon drei oder vier Computerräume an riesigen Schulen? Mehr als eine oder zwei Doppelstunden pro Woche für alle Klassen waren selten drin. Ein Tropfen auf den heißen Stein, ein Blendwerk – und alles ständig kaputt, innerhalb kürzester Zeit veraltet und mit unzureichender Kapazität. Man merkte, dass man sich mit den Computerräumen verrannt hatte.

Die Schulen versuchten, mit der rasanten Entwicklung in der digitalen Welt Schritt zu halten, und wurden dabei von der Industrie und Wirtschaft vor sich her getrieben. Entsprechende Fortbildungsangebote für Lehrer wurden massiv erweitert und irgendwann wimmelte es an den Schulen von angeblichen Computerexperten, zumindest was den Software-Einsatz in den Fächern anbelangte. Dafür reichte es meist knapp, für mehr nur selten. Der Computerbetreuer hingegen war der ärmste Kerl. Für ein paar wenige Anrechnungsstunden verbrachte er inzwischen sein halbes Leben in maroden Computerräumen, mit defekten Workstations und Verwaltungsrechnern, um technisch zu retten, was noch zu retten war.

Inzwischen raste die Entwicklung im realen Leben voran und noch schneller an den Schulen vorbei. Laptops, iPads, Tablets, Smartphones und iPhones bestimmten das Bild. Damit zeichnete sich das Aus für die Computerräume ab. Die Schulen mussten umdenken und umrüsten. Die Finanzer der Sachaufwandsträger erschossen sich massenweise, da sie die Investitionen in die Computerräume abschreiben konnten. Die Betreuer der Computerräume freuten sich, dass sie endlich ihre Ruhe hatten, und feierten in ihnen nostalgische Feste.

In der realen Welt rollte und rollt derweil die Lawine weiter: Internet, Apps, Twitter, Facebook, Chatrooms, damit verbunden die all überall beschriebenen Gefahren für arglose und unbedarfte Dummbeutel-Kids, die keine Vorsicht im Netz walten lassen. Man kann sie warnen, ihnen die Gefahren aufzeigen, sie belehren: Einmal mehr ist alles für die schon erwähnte Katz. Sie verplempern Zeit, mobben, beleidigen, posten obszöne Fotos, fotografieren auf der Toilette, laden üble Filme herunter und fallen beim ständigen auf das Smartphone-Glotzen die Treppe hinunter.

Für die Schulen bedeutet das Gesamtszenario eine nicht mehr zu bewältigende Anzahl an Aufgaben. Schüler müssen weiterhin auf die Gefahren der digitalen Welt sensibilisiert werden. Der Unterricht muss in fast allen Fächern den digitalen Anforderungen der Zeit angepasst werden. Jetzt also statt Tafeln Whiteboards oder Smartboards, zentrale Server,

Server in den Klassenzimmern, Laptops, Tablets, Notebook-Klassen, iPads, WLAN, permanenter Zugriff auf alles. Dutzende Strömungen, dutzende Initiativen, dutzende Meinungen – und nur wenige Lehrer, die wirklich auf der Höhe der digitalen Welt sind.

Sich progressiv gebende Schulen haben inzwischen iPad- und Notebook-Klassen, was nicht unumstritten ist. Werden diese iPads flächendeckend genutzt oder nur in manchen Fächern, von manchen Lehrern? Wer bezahlt sie? Sind sie nicht schon wieder durch iPhones und Smartphones eingeholt?

Und es gibt noch mehr Fragen. Sollen die Schulbuchverlage nur einen Teil des Lehrstoffes in digitaler Form produzieren oder den gesamten? Welche neuen Aufgabentypen braucht es? Können Schulbuchverlage mit diesem neuen Geschäftsmodell überleben oder gehen sie bankrott? Hat das Schulbuch sogar endgültig ausgedient? Wie verändert das alles den Unterricht und die Arbeitsweise der Schule? Kann mit digitalen Medien der Unterricht und Wissenserwerb der Schüler ernsthaft gesteigert werden oder bleibt das doch nur Spielerei? Bringt die minimalistische Recherche, die die Schüler im Netz betreiben, substanziell wirklich einen Mehrwert? Verkommt alles zu Lern-Häppchen? Wie kommt man mit neu konzipierten Fortbildungen für die Lehrerschaft all den Anforderungen hinterher?

Zudem hagelt es deutliche Kritik von Medien- und IT-Experten und von Neurowissenschaftlern, die die endgültige Verdummung, »Verzappelung« und Verrohung der Kids durch diese doofen digitalen Medien kommen sehen. Geisteswissenschaftler und Philosophen warnen vor dem kulturellen Nieder-, ach was, Untergang des Abendlandes. Nicht zu viel Fernsehen und Hände weg von Smartphones und Computern für Kids, schreit es aus vielen Ecken, angeblich empirisch abgeklärt. Sofortiger, totaler Einstieg in die zukunftsweisende digitale Welt, plärrt es aus anderen. Wer braucht noch die antiquierte Handschrift, tippen mit Rechtschreibprogramm ist wahrer Fortschritt, sagen die einen. Handschrift ist eine tradierte kulturelle Fähigkeit, ein Persönlichkeitsmerkmal des Individuums, argumentieren die anderen.

So taumelt die Schule im verminten Feld dahin. Doch nicht genug! iPhones und Smartphones leisten inzwischen praktisch das Gleiche wie iPads und Notebooks. Sind also Letztere in der Schule vielleicht schon wieder antiquiert und eine unsinnige Investition? Sollte sich Schule überhaupt noch mit diesem digitalen Wahn abgeben? Sieht man denn nicht, dass man nur noch kleine Häppchen unterrichten kann, weil die Kids für Zusammenhänge gar keine Konzentration mehr aufbringen? Steht es Schulen wirklich gut zu Gesicht, sich ungeniert und unreflektiert am größten Paradigmenwechsel seit Gutenberg zu beteiligen? Und so weiter und so fort, endlos.

Längst geht es nicht mehr um ein Fach wie IT, sondern generell um Inhalte aller Fächer und darüber hinaus um Einstellungen, Anforderungen der Außenwelt, Zukunftsperspektiven, um die Zukunft per se. So diskutieren und streiten an den Schulen all die Schlaumeier und Besserwisser, während die New Economy und die digitalen Giganten der Welt längst Fakten schaffen und ihren Einfluss auf die Schulen zementieren. Keiner weiß mehr, was wahr ist, was Manipulation ist, was sinnvoll ist oder nicht: ein typisches Dilemma der Schule von heute.

65. *Lehrereinsatz und Stundenpläne*

Zimmer des Konrektors der Albert-Kruckenhauser-Realschule eine Woche vor Schulbeginn, die üblichen Verdächtigen unter den Lehrern kommen vorbei und wollen sich kleine Vorteile erschleichen:

»Äh, ich will ja keine Sonderwünsche, aber könnt ihr beim Plan mal schauen, dass ich Freitag die fünfte und sechste Stunde wie im letzten Jahr frei habe?«

»Hallo allerseits, ich will ja nicht stören, aber ihr wisst schon, dass ich Donnerstagmorgen erst um 10:00 Uhr anfangen kann, weil ich da keinen Babysitter für die Kinder habe.«

»Und dann schaut bitte mal, dass ich wie bisher Montag und Freitag frei habe. Geht doch wohl klar, oder?«

»Nur damit ihr das auch wisst: Diesen Sauhaufen von 10b nehme ich in Deutsch auf gar keinen Fall mehr, das könnt ihr euch abschminken.«

»Was sehe ich denn da auf dem Plan? Mittwochnachmittag Ethik und Hausaufgabenbetreuung? Das geht gar nicht. Da muss ich Tennis spielen.«

»Sechs Stunden durchgehend am Dienstagvormittag? Seid ihr verrückt? Das halte ich in meinem Alter nicht mehr aus. Mindestens zwei Freistunden dazwischen, wenn ihr nicht wollt, dass ich mich krankmelde.«

Zwischendurch nimmt der Konrektor und Stundenplaner Telefonate entgegen:

»Aha, also Sie fangen nicht wie vorgesehen an unserer Schule an, weil Sie inzwischen woanders wohnen? Na gut, kann man nichts machen. Müssen wir halt nach Ersatz schauen.«

»Sorry, was geben Sie für Fächer? Mathematik und Chemie? Das passt doch überhaupt nicht. Wieso sind Sie uns eigentlich zugewiesen worden? Wir haben Deutsch und Englisch angefordert, wenn ich das richtig sehe.«

»Okay, Sie sind also inzwischen Taxifahrer und verzichten auf Ihren Einsatz als Referendar. Gut. Müssen wir uns halt auf dem freien Markt wieder nach jemand anderen umsehen.«

»Werter Herr Ministerialrat, uns fehlen immer noch

24 Stunden in Physik und Chemie. Der Markt ist leergefegt. Wie sollen wir das managen?«

Zimmer des Konrektors der Albert-Kruckenhauser-Realschule am Ende der ersten Woche nach Schulbeginn. Eltern rufen an und quengeln:

»So, Sie wollen also für Ihren Sohn nicht den Herrn Pollinger im Unterricht. Tja, tut mir leid, wir haben keine Alternative … Also, wir sind Ihrer Meinung nach unfähig? Okay, Sie können sich gerne bei der vorgesetzten Dienststelle über uns beschweren. Einen Moment, ich gebe Ihnen schon mal die Telefonnummer.«

»Drei Stunden hintereinander die Frau Hertel am Mittwoch? Ja, ging leider stundenplantechnisch nicht anders. Uns sind da die Hände gebunden. Da muss Ihr Sohn durch.«

»Wieso Ihre Tochter Sport am Mittwochnachmittag hat und die anderen Klassen haben Sport vormittags? Sorry, aber wir haben nicht genügend Hallen zur Verfügung. Wir können das nicht anders regeln. Ein paar Klassen trifft es eben immer mit dem Nachmittagsunterricht.«

»Wie bitte, der Herr Fuchs hat Ihrem Sohn letztes Jahr eine Fünf gegeben und deshalb wollen Sie ihn nicht im Unterricht Ihres Sohnes sehen? Geht aber von der Lehrereinteilung nicht anders. Ich gebe Ihnen mal die Telefonnummer der Schulbehörde. Da können Sie sich gerne über uns beschweren.«

So geht es an vielen Schulen bei Schulbeginn zu. Die Schulen haben mit Lehrern zu tun, die den Dienst nicht antreten können oder wollen, mit Lehrern, die die »falschen« Fächer haben, mit Lehrern, die zu bestimmten Zeiten nur bedingt einsatzfähig sind, mit Lehrern, die irgendwelche Sonderwünsche haben. Trotz dieser Gemengelage müssen die Planer den Lehrereinsatz der jeweiligen Schule irgendwie stimmig oder zumindest akzeptabel gestalten.

Die Bildungsplaner in den vorgesetzten Dienststellen haben es einfacher. Sie schauen auf ihre Planungsdaten und verkünden fröhlich, dass doch alles in Ordnung sei, weil nach ihrer Ansicht die Gesamtzahlen des Lehrereinsatzes stimmen oder zumindest knapp ausreichend sind. Doch Klassenteilungen, Lehreraufwand für Sonderaufgaben wie Inklusion, Extrakurse und Förderprogramme sind dabei selten berücksichtigt. Wenn die Schule Glück hat, kann sie ein paar Extras anbieten, wenn nicht, dann eben nicht.

Die Öffentlichkeit tendiert von außen eher dazu, die schulinternen Planer für unfähig zu halten. Es kann doch wohl nicht so schwer sein, so ein bisschen Unterricht zusammenzubasteln! Warum hat mein Sohn schon wieder diesen Trottel von Mathelehrer? Wieso hat die Klasse 8b zweimal nachmittags Unterricht? Wieso gibt es keinen Förderunterricht für die neunten Klassen in Englisch? Das sind die Fragen, die man sich stellt. Und für die man eine Antwort parat hat: Die Lehrer und die Schulleitung sind doof.

Die Planung des Lehrereinsatzes ist die Voraussetzung für den Stundenplan, bei dessen Erstellung die Verantwortlichen ihre ganze Unfähigkeit Jahr für Jahr erst recht neu beweisen können. Natürlich gibt es für die Erarbeitung des Stundenplans ausgereifte Computerprogramme, doch auch diese kleinen Wunderwerke müssen anschließend noch optimiert werden. Das gelingt mal besser, mal schlechter und irgendeiner mault immer. Der Stundenplan passt den Schülern nicht, den Eltern nicht und den Lehrern sowieso nicht. Erst nach zwei bis drei Wochen und dem dritten Revirement des Plans beruhigen sich die Gemüter. Bis wieder mal ein Lehrer ausfällt und dieser Ausfall irgendwie kompensiert werden muss. Dann gibt es eben einen neuen Stundenplan und Ergänzungsstunden oder Förderunterricht müssen gekürzt werden.

Wenn Unternehmen unter Voraussetzungen arbeiten würden, wie es die Schulen im Lande tun müssen, wären sie binnen Kurzem pleite. Alles auf Kante genäht, alles knapp kalkuliert, alles ohne genügend personelle Reserven, alles latent mit Planungsrisiken. Und alles in einem der reichsten Länder dieser Welt.

66. Schularten, Schulordnungen und Schulaufsicht

Und damit noch zu ein paar originellen Aspekten des Themas »Schulsystem«. Einerseits sind viele Schulen im Lande marode, bröseln in der Bausubstanz vor sich hin und leiden unter Personalproblemen, andererseits leisten wir uns in völlig selbstverständlicher Manier den Luxus von 16 Schulsystemen in 16 Bundesländern mit weiß der Fuchs wie vielen Schularten. Ist das nicht Luxus pur? Ist diese Vielfalt nicht wundervoll? Wem das Schulsystem in Mecklenburg-Vorpommern nicht passt, der kann nach Baden-Württemberg ziehen und er wird dort ein anderes vorfinden. Wem die Schulen in Bayern zu schwierig sind, der kann sein Glück in Hamburg oder Bremen versuchen. Wer in Thüringen keinen schulischen Erfolg hat, reüssiert vielleicht im Saarland.

Die Sekundarstufen deutscher Schulen bieten dem geneigten Kunden ein breites und vielfältiges Angebot: mal vierstufige, mal sechsstufige Realschulen, mal in acht, mal in neun Jahren auf dem Gymnasium zum Abitur, mal ein dreigliedriges, mal ein zweigliedriges, mal ein Gesamtschulsystem. Dazu Fachoberschulen, Kollegs, Berufsaufbauschulen, Fachschulen und so weiter und so fort. Und wem das alles nicht passt, der wechselt vom staatlichen Schulsystem zu kirchlichen Schulen, Montessori-Schulen, Waldorfschulen, Rudolf-Steiner-Schulen oder geht an eine International School oder zu den aufkommenden Privatschulen.

Das alles funktioniert wie in der freien Marktwirtschaft: breites Angebot, riesige Auswahl, vielfach Masse statt Klasse, oft bedenkliche Qualität. So vorteilhaft das föderalistische Grundprinzip des Landes hinsichtlich des kulturellen Angebots ist, so absurd sind die rein kultuspolitischen und schulpolitischen Auswirkungen. Jedes Schul- oder Bildungsministerium hat recht, jedes Bundesland betreibt angeblich bessere Schulpolitik als die anderen. Lächerliche Rankings, ohne die in der Gesellschaft sowieso nichts mehr geht, präferieren einmal dieses Bundesland, einmal jenes. Gewinnt ein Bundesland gerade mal wieder ein derartiges Kindskopf-Ranking, dann kippt es gerne Eimer voller Häme auf die anderen Versager aus, nach dem Motto »Haben wir doch schon immer gewusst, dass wir das erfolgreichste Schulsystem haben und uns die im Norden/Osten/Westen/Süden nicht das Wasser reichen können.

Was für eine absurde Gesamtkonstellation. Doch keiner wird sie ändern, geschweige denn abschaffen. Welches Ministerium in welchem Bundesland wäre denn so dumm, sich selbst überflüssig zu machen? Und die Kultusministerkonferenz? Die wäre ebenfalls schön doof, ihr Treiben für beendet zu erklären. Braucht man sie eventuell doch, um irgendwann wieder einmal gemeinsame Regeln bei Abschlüssen festzulegen oder einen neuen komplexen Ferienplan zu erarbeiten.

Doch es geht gar nicht immer nur um personelle oder finanzielle Fragen. Die Bildungsverwalter in den Bundesländern produzieren zudem unaufhörlich Papers, schreiben an Schulordnungen und Ausführungsbestimmungen herum, verfassen Erlasse, stellen dezidierte Regeln auf und leben ihren Hang zur Kontrolle der Schulen aus. Sie schreiben den Schulen verbindlich alles über Aufnahmeverfahren, Prüfungen, Unterrichtsinhalte, Ordnungsmaßnahmen, außerunterrichtliche Aktivitäten, dienstliche Aufgaben, Aufsichtspflichten und was auch immer vor. Das alles muss anschließend kontrolliert werden. Also fordern sie ebenso unaufhörlich hanebüchene Statistiken und Übersichten an und lassen spannende Formulare ausfüllen. Das ärgert die Schulleitungen, die dann ihrerseits für das Kollegium Formblätter entwickeln. Alle diese Unterlagen jedoch verschwinden in Dateien oder Archiven, damit sie bei Bedarf erneut angefordert werden können. So werden Schulen und Lehrer verwaltungsmäßig auf Trapp gehalten. Was dabei pädagogisch rauskommt, scheint eher sekundär.

Der Schulbetrieb muss laufen und er muss stromlinienförmig laufen. Es hat den Anschein, dass Abweichungen von der Norm in den hohen Häusern eher ungern gesehen werden. Man bleibt misstrauisch und wenn einmal an irgendeiner Schule eine Sache aus dem Ruder läuft, weil dort irgendein Idiot etwas angezettelt hat, dann reagiert man gerne flächendeckend und kujoniert lieber gleich mal alle Schulen des Landes: »Aus gegebenem Anlass wird dringend darauf hingewiesen, dass …« – ja was? Dass das Schneeballwerfen untersagt ist? Dass die letzten Unterrichtsstunden nicht ausfallen dürfen? Dass die Aufsichtspflicht auch den Busterminal vor der Schule umfasst?

Dann hat man in den Ministerien seine Pflicht erfüllt, man hat sich abgesichert, wie sich in diesem Lande ständig immer alle absichern, also in der Folge auch die Schulen selbst. Noch ein paar restriktive Durchsagen, noch ein paar Regeln, noch ein paar Verbote. Sonst könnte ja einer klagen oder einen Prozess anstrengen oder eine Dienstaufsichtsbeschwerde könnte eingereicht werden. So herrschen Unbehagen, Unsicherheit und Angst, auch wenn dies alle Beteiligten in der Kultuspyramide abstreiten und sich für völlig souverän erklären.

Es ist das alte Lied: Man versucht mit Formalismen die Inhalte zu regeln. Das aber hat noch nie funktioniert und wird auch nie funktionieren. Und wenn es ansatzweise mal funktioniert, dann auf mäßigem, beschämendem Niveau. Aber wie es so ist: Jeder sieht die Welt, in diesem Fall die Welt der Schule, aus seinem Segment von Welt. Und so wollen die Bildungsverwalter erreichen, dass alles seinen korrekten Gang geht und keine Komplikationen entstehen. Es soll Ruhe im Lande herrschen. Das ist aus ihrer Sicht verständlich und vernünftig. Ob diese Einstellung auch für die Schulen und die Schüler vernünftig und sinnvoll ist, ist eine andere Frage.

Zu guter Letzt noch ein Blick auf das, was man den Mittelbau der Schulpyramide nennen könnte, auf die Riege der Schulräte, Schulaufsichtsbeamten und sonstigen Bildungskontrolleure, die als Multiplikatoren und Koordinatoren den Laden in den Regionen, Städten und Gemeinden vor Ort am Laufen halten sollen. Sie sind meistens aus dem eigenen Basis-Personal, also aus den Schulen rekrutiert. Irgendwann haben sie den Kopf herausgestreckt, sich bemerkbar gemacht, eventuell sogar qualifiziert, sich beworben und dann sind sie von der Lehrer- oder Schulleiterseite hinüber gewechselt in die Schulaufsichtsseite. Das jedoch scheint der Zeitpunkt gewesen zu sein, ab dem sie ihre Herkunft vergessen haben. Sie sind jetzt schlagartig Experten, wissen alles und das meist sogar besser als das gemeine Volk an den Schulen.

So kommt es bei vielen von ihnen, wie es kommen muss: Ab dem Rollenwechsel kontrollieren sie, regulieren sie, prüfen sie, entwerfen sie neue Formblätter, setzen sie die Schulordnung um und durch, rechnen irgendwelche Statistiken nach, evaluieren, halten eigenartige Fortbildungen und alberne Reden, mahnen, loben und preisen auch mal, halten sich für wichtig und kompetent in allen Feldern der Pädagogik, multiplizieren obskure Bildungsziele, fuhrwerken herum in den außerschulischen Beziehungen, klären Missstände auf, beruhigen aufgeregte Eltern, Lehrer und Schulleiter und noch vieles mehr. Sie halten sich für unverzichtbar und, der Clou, für gern gesehene Gäste an den Schulen. Mit dieser Meinung stehen sie allein, denn sie sind die Einzigen, die nicht merken, dass sie dort jeder lieber gehen als kommen sieht, egal ob sie sich als freundlicher Berater oder kritischer Freund ausgeben. Ein eigenartiges Leben.

Gelegentlich wundern sich die Schüler, dass in ihrer Schule für einen oder mehrere Tage ein Mann im dunklen Anzug herumläuft, mit dem Schulleiter durch die Aula und die Gänge spaziert oder in den Klassen sitzt und beim Unterricht zuschaut. Noch mehr wundern sie sich, dass die Lehrer der Schule plötzlich alle interessanten, durchdachten Unterricht halten und angespannt wirken, obwohl sie sich betont leger zu geben versuchen.

Bei diesem fremden Herrn handelt es sich um den Vertreter der Schulaufsicht, der einen Blick auf die Schule wirft. Wenn Schulen visitiert werden, ziehen sie alle Register der Camouflage, Vernebelung und Verschleierung. Sie kreieren Potemkinsche Dörfer, hübschen Papers auf, führen ein sympathisches Schulleben und einen niveauvollen Unterricht vor. So geht der Mensch von der Dienstaufsicht von dannen im festen Glauben, dass alles in Ordnung ist an den Schulen im Lande, meldet dies nach oben weiter und alle sind zufrieden. Die einwandfreie Arbeit der Schulen auf höchstem Niveau wird stolz in den Medien herumposaunt, auf dass die Bevölkerung es glaubt: Seht her, was machen die Schulen des Landes doch für einen tollen Job. All dies gehört zur Erkenntnis darüber, was in der Schule hinter der Fassade wirklich abgeht.

Doch es gilt, fair zu bleiben. Erfreulicherweise gibt es zunehmend Kultusbeamte, die ihre Rolle anders interpretieren, die verinnerlicht haben, dass es ihre ureigenste Aufgabe ist, zu beraten, zu helfen, sich zu kümmern und in ihrem bescheidenen Rahmen zu versuchen, vor allem pädagogisch zu wirken. In Zeiten permanenten Umbruchs und steter Unruhe an den Schulen ist schließlich nichts wichtiger, als dass sich nicht nur einige, sondern wirklich alle zu jeder Zeit als eine Solidargemeinschaft definieren, die die Schulen tatsächlich pädagogisch voranbringt und für die Anforderungen unserer Zeit fit macht.

GENAU SO GEHTS! ODER DOCH GANZ ANDERS? DAS WEITE FELD DER PÄDAGOGIK

Die Teilnehmer am Zirkus Schule sind täglich mit dessen offenkundiger Realität konfrontiert, also damit, *»was in der Schule wirklich abgeht«*. Das theoretische Gebäude der Pädagogik bleibt dabei genauso wenig greif- und sichtbar wie das »System« Schule. Beide, System und pädagogische Theorie, laufen als Überbaufunktion im Hintergrund ab, wirken sich aber naturgemäß im Schulalltag aus, wenngleich nicht immer so positiv, wie man erwarten sollte. Schüler, Eltern und Lehrer wissen davon ein Lied zu singen.

67. Schulpädagogik – Theorie und Praxis

Muss man sich beim Thema *»Was in der Schule wirklich abgeht«* mit entsprechenden wissenschaftlichen Fundamenten befassen? Nein, muss man als Außenstehender nicht, denn viele der diesbezüglichen Erkenntnisse scheinen wieder einmal für die schon mehrfach erwähnte Katz zu sein.

Schaut man trotzdem einmal in pädagogische Zeitschriften und Bücher, macht man je nach Gemütslage merkwürdige bis komische Erfahrungen. Dort publizieren Pädagogik-

Experten allerhand krauses Zeug. Weil die Begrifflichkeit in dieser empirischen und damit dehnbaren Wissenschaft gar so wuchtig daherkommt, hier einmal ein kurzer laienhafter und willkürlicher Blick auf einige pädagogische Fachtermini. In bunter Mischung liest der interessierte Mensch in Pädagogikbüchern zum Beispiel Erbauliches über Dinge wie:

»Bildsamkeit als Bestimmtsein des Menschen zur Selbstbestimmung«, »Nichthierarchischer Ordnungszusammenhang der menschlichen Gesamtpraxis«, »Professionalität im Schnittpunkt von Mikro-, Meso- und Makrosystem«, »Änderung des Dispositionsgefüges der Educanden«, »Enkulturation unter kulturanthropologischer Perspektive als umfassendes Sujet jeder Pädagogik«, »Erkenntnisinteresse als transzendentale Voraussetzung für die Erkenntnis und für das Interesse«, »Dualistische und dialektische Antinomien«, »Berücksichtigung innerer Organisations- und Regulationsprozesse bei neobehavioristischen Modellen«, »Kybernetisch-informations-theoretische Didaktik«, »Ich erklär euch das jetzt ein letztes Mal. Lernt den Stoff bis nächste Stunde gut, mehr sag ich nicht«. Letzteres ist natürlich ausgemachter Blödsinn und frei erfunden.

Das sind die Themen, um die es geht! Man liest, schaut belämmert und der wissenschaftlich fundierte Pädagoge, erst recht der in die Begrifflichkeit verstrickte Professor, hebt sein weises Haupt und raunt patriarchalisch-herablassend: Weiß er, der Laie, der Dilettant, der Feld-Wald-Wiesen-Lehrer oder ignorante Elternteil nicht um die Schwergewichtigkeit der Welt der Pädagogik? Glaubt er wirklich, dass jeder studentische Einfaltspinsel einfach daherkommen und unterrichten kann? Zum Unterrichten bedarf es der Verinnerlichung der Begriffe und ihrer Bedeutung, der ständigen und fundamentalen Reflexion der pädagogischen Theorie! Die Umsetzung klappt dann ja wohl von ganz allein.

Nun ist schon klar: Ohne Studium wird es nichts mit der hohen Kunst der Pädagogik. Also gibt es für die künftigen

Lehrer erst einen entsprechenden wissenschaftlichen Block an der Uni, dann die praktische Ausbildung an den Schulen. Nicht sehr häufig kooperieren die Universitäten mit den Schulen in – Achtung Modewort! – nachhaltiger Weise. Nebulös erscheinen im Fall der Interaktion die Schnittmengen der auftretenden Handelnden. Die Praktiker draußen an den Schulen staunen über die wissenschaftliche Verbrämung ihres Lehreralltags, die Professoren, Didaktiker und Koryphäen der Bildungs- und Erziehungswissenschaften über die banale Realität an den Schulen vor Ort.

Legendär sind die seltenen Auftritte von Pädagogikprofessoren in realen Klassenräumen mit leibhaftigen Schülern, also wenn der Theoretiker sich zum Beispiel bei Praktika auf die Schulwelt einlässt und mal vor eine Klasse stellt und unterrichtet. Dort geht er oft jämmerlich unter. Was nützt ihm all sein theoretisches Fundament, wenn die Schüler sich nicht darum scheren, sondern sich aufführen wie eine Horde wilder Affen, weil sie spüren, dass der Pädagogikspezialist, der da vor ihnen steht, weltfremd agiert? Es gelingt ihm in vielen Fällen nicht einmal, die Klasse zur Ruhe zu bringen, geschweige denn, ihr etwas zu vermitteln.

Gut, Klischee, Klischee, Pädagogikprofessoren sind eben dankbare Opfer für Spott. Natürlich haben nicht alle einen wirren Bart und langes, zauseliges Haar und kommen verschroben daher, als seien sie einem Gary-Larson-Cartoon entsprungen. Trotzdem ist was dran an dieser Diskrepanz von Theorie und Praxis. Didaktische und methodische Leitlinien sind nicht so leicht im realen Klassenzimmer der furiosen Klasse 9a oder 10c umzusetzen oder, anders formuliert, Theorie und Praxis sind zwei Paar Stiefel.

Das soll kein Plädoyer für »Aus-dem-Bauch-Unterrichten« sein. Wir leben schließlich nicht mehr in autokratischen Verhältnissen, wo nach selbstherrlicher Gutsherrenart den Schülern frontal Stoff eingetrichtert wird. Aber ein bisschen mehr Common Sense und Praxisbezug und etwas weniger

Realitätsverlust im pädagogischen Elfenbeinturm dürften schon sein.

Warum wird das hier in dieser Form artikuliert, wenn es doch darum gehen soll, *»was in der Schule wirklich abgeht«*? Ganz einfach, weil immer wieder Referendare und Junglehrer mit schwerem theoretischem Pädagogikrucksack in die Schulen kommen, dort einen Realitätsschock erleiden und mit Schrecken feststellen, dass die Wahrheit vor Ort eine ganz andere ist und vorgegebene Lern- und Lösungsstrategien nicht weiterhelfen. Diese Misere erleben die Schüler oft genug. Zum Glück gibt es erfahrene Seminarlehrer an den Schulen, die so manche Defizite der Junglehrer beheben helfen.

Damit soll es gut sein mit der Betrachtung der Diskrepanz zwischen pädagogischem Überbau und Praxis im Schulalltag.

Nein, halt, eins noch, eine an dieser Stelle in den Sinn kommende Variation eines Klassikers des großen Robert Gernhardt: »Die Basis sprach zum Überbau, aus dir werd ich nicht richtig schlau. Da sprach der Überbau zur Basis: Lass es.« Und damit endgültig Schluss mit Pädagogik-Theorie. Was hat die denn an den Schulen überhaupt zu suchen?

68. Ein kurzer Blick auf Unterrichtsstile

Wenn hier die steile These aufgestellt wird, dass es in der Schule nicht primär auf die Kenntnisse der pädagogischen Theorie ankommt, worauf kommt es denn dann an? Einzig und allein um die Gestaltung des Unterrichts und darum, ob und wie positiv der Lehrer mit den Schülern umgeht.

Wer unbedingt will, kann sich die aus empirischer Sicht gängigen Unterrichtsstile zu Gemüte führen und sie mit der Realität des Unterrichts einzelner Lehrer abgleichen, die er selbst genießt oder genießen muss(te). Es gibt, in bunter Reihung, damit es nicht zu leicht wird: autoritären, überbehütenden, vernachlässigenden, permissiven, demokratischen, laissez-faire, autoritär-partizipativen, sanktionierenden, empathischen, gleichgültigen, inkonsistenten, dominanten, sozial-integrativen und autokratischen Stil. All das selbstverständlich nie in Reinkultur, sondern in Mischformen, was die Sache nicht übersichtlicher macht, sondern eher menschlich – allzu menschlich.

Lehrerpersönlichkeit und Unterrichtsstil sollten möglichst zueinander passen, das heißt im Idealfall ist die Lehrperson authentisch und glaubwürdig. Einen rustikalen Haudrauf werden die Schüler hinterfragen, wenn er sich ausnahmsweise einmal aus welchen Gründen auch immer scheinheilig sozial-integrativ gibt. Ein Softie wird unglaubwürdig wirken, wenn er plötzlich autoritär herumfuhrwerkt, weil er mit seinen Methoden nicht mehr weiterweiß. Einem üblicherweise gelangweilten, desinteressierten Lehrer wird man den plötzlichen Eifer und die gespielte Empathie nicht abnehmen, die er an den Tag legt, wenn der Schulrat zu Besuch kommt.

Eltern und Schüler sollten wissen, dass sich die Lehrer selbst nie um diese Raster von Unterrichtsstilen und deren Umsetzung in der Praxis kümmern. Jedenfalls hat sie noch nie jemand im Lehrerzimmer darüber diskutieren hören. Insbesondere wenn sie langjährige Routiniers sind, unterrichten sie ihren Stiefel, und das keineswegs immer nur schlecht. Kein Lehrer würde auf die Idee kommen, sich eines Tages zu hinterfragen, ob er tatsächlich ein guter Lehrer ist. Davon ist er sowieso überzeugt. Er weiß, wo es langgeht, er weiß, wie man sich ein Schulleben lang durchschlägt und im täglichen Tohuwabohu überlebt.

Das theoretische Geblubber ist dem Feld-Wald-Wiesen-Lehrer vollkommen fremd. Und die Schüler bekommen zu ihrem Glück davon nichts mit. Sie müssen die Pauker, die vor der Klasse stehen, so akzeptieren, wie sie sind. Mal sind sie nett, mal streng, mal naiv, mal hysterisch, mal gutmütig, mal wohlwollend, mal cholerisch. Und immer wieder einmal stellen sich die Schüler insgeheim die Frage, wo sie da hineingeraten sind. Das Weite können sie allerdings nicht suchen und selbst wenn, würden sie es nicht finden, weil es woanders in der Regel auch nicht wesentlich anders ist als an ihrer jeweiligen Schule. Die Leuchtturmschulen des Landes mal ausgenommen.

LAND IN SICHT: DAS SCHULJAHR ENDET

Ein paar Wochen vor dem letzten Schultag ist an den Schulen Notenschluss. Ab diesem Zeitpunkt gilt es, die verbleibenden Schultage irgendwie sinnvoll zu gestalten oder besser gesagt: über die Runden zu bringen. Das misslingt in schöner Regelmäßigkeit.

69. Die letzten Schulwochen

Nach dem Notenschluss nehmen die Schüler nichts mehr ernst. Sie lassen sich selbst durch sinnentleerte Drohungen der Lehrer über angeblich jederzeit noch nach unten änderbare Noten im Jahreszeugnis nicht irritieren. Ihnen ist klar, dass diese Drohungen hohle Phrasen darstellen und Lehrer und Schulleitung nicht so dumm sind, noch einmal eine Extra-Notenkonferenz einzuberufen. Damit nimmt das Schicksal seinen Lauf und es passiert – in bunter Reihung – bis zum letzten Schultag in etwa Folgendes:

Die Eltern regen sich auf, dass das Schuljahr unnötig verkürzt wird und die Schule sich gefälligst etwas Sinnvolles einfallen lassen soll. Die Schulleitung diskutiert mit den Lehrern über Optionen: Tanzkurs für die neunten Klassen, Benimm-Kurs für alle, Wiederholung des Jahresstoffes in den einzelnen Fächern und damit Sicherung des Grundwissens.

Es findet eine Projektwoche statt. Schülerhorden laufen im Schulhaus herum und keiner weiß, was sie genau treiben. Die Proben für die Abschlussfeier treiben die Musiklehrer in den Wahnsinn. Lehrerin Göbel-Sperling läuft durch die Aula und trägt mit beiden Händen ihre Teetasse vor sich her. Einige Lehrer fahren mit ihren Klassen ständig irgendwo in der Gegend herum, besuchen Museen und Flussauen, gehen in den Zoo oder ins Bowling-Center, nur um aus dem Chaos in der Schule raus zu sein. Der Hausverwalter erleidet fast täglich einen Tobsuchtsanfall. Das Sekretariat hält dem ständigen Ansturm von Schülern und Eltern mühsam stand. Der Schulleiter sitzt in seinem Büro und murkst an seiner Schlussrede herum. Lehrerin Göbel-Sperling steht im Treppenhaus und schüttelt bedächtig den Kopf. Die Polizei kommt vorbei und sucht Schüler, die am Busbahnhof die Papierkörbe angezündet haben. Der Medienwart fahndet mit einer Gruppe von Schülern überall im Schulhaus nach verschwundenen DVD-Spielern und Notebooks. Immer wieder hauen Schüler ab und treiben sich in der Stadt herum. Die Eltern maulen noch mehr ob dieses schulischen Unfugs. Die Schüler der zehnten Klassen spielen im Unterricht Karten. Den Lehrern ist selbst das inzwischen egal. Eine Lehrerkonferenz jagt die andere. Der Bücherverwalter versucht, die ausgegebenen Schulbücher wieder einzutreiben, was ihm wie üblich nur bedingt gelingt. Immer wieder mal wird ein Wandertag, Sporttag oder Projekttag eingeschoben, um die Zeit totzuschlagen. Aus unerklärlichen Gründen ist öfter schon um 11:30 Uhr Unterrichtsschluss. Dafür muss der Schulleiter irgendwelche scheinheiligen Begründungen abgeben. Die Schüler sollen ihre Klassenzimmer aufräumen und stellen sich dabei erstaunlich dumm an. Die Polizei sucht Schüler, die zwei Parkbänke in den nahegelegenen Teich gekippt haben. Der Sicherheitsbeauftragte führt gegen alle Vernunft einen Probealarm durch, der krachend scheitert, weil weder Schüler noch Lehrer adäquat reagieren. Lehrerin Göbel-Sperling steht im Lehrerzimmer und schaut melancholisch in die Ferne. Die Lehrer überziehen die Pausen inzwischen regelmäßig um zwanzig Minuten. Immer wieder gibt es Konflikte und Raufereien zwischen Schülern, die jedoch trotz verbaler Drohgebärden in diesem Schuljahr nicht mehr geahndet werden können. Das Elternforum tagt ein letztes Mal, murrt über das Durcheinander an der Schule, beendet die Sitzung dann spätabends mit einem Versöhnungsumtrunk, der mehrheitlich in einen Vollrausch mündet. Die Lehrer geben den Schülern auf ständiges Drängen Details ihrer Zeugnisnoten bekannt, obwohl sie das noch gar nicht dürfen. Schüler aus anderen Klassen wollen nun ebenfalls ständig Noten wissen. Am Montag der vorletzten Woche tobt die Hauswirtschaftslehrerin, am Dienstag rastet der Werklehrer aus, am Mittwoch brüllt der IT-Lehrer minutenlang beeindruckend auf eine Schülergruppe ein, am Donnerstag erteilt der Physiklehrer noch ein paar völlig hanebüchene Verweise, am Freitag bezeichnet der Mathelehrer seine Schüler als Vollpfosten. Die Eltern beschweren sich bei der Schulleitung. Dann sind wieder alle nett zueinander. In den Klassen werden auf Schülerwunsch ständig Filme fragwürdiger Qualität gezeigt. Bei einem lustigen Schülerstreich kippen die Abschluss-Schüler eine Lastwagenladung Kronkorken auf den Schulhof, die umweltfreundlich entsorgt werden müssen. Die Schüler erzählen den Eltern, dass sie das schulische Durcheinander natürlich zutiefst bedauern und lieber lernen würden. Die Eltern glauben das zu Recht nicht und regen sich noch mehr auf. Die Schulleitung rechtfertigt sich erneut und erklärt, dass im nächsten Schuljahr alles besser werden wird, und weiß im gleichen Moment, dass sie Unsinn verkündet. Gegen Ende des nächsten Schuljahres läuft alles trotz guter Vorsätze wieder genauso ab.

70. Abschlussprüfung und Abschlussfeier

Am Ende eines jeden Schuljahres stehen Abschlussprüfungen für die Schüler an, die ihre schulische Laufbahn beenden. Das können das Abitur, Realschul-, Mittelschul- oder Hauptschulabschlussprüfungen sein und welche es sonst noch so gibt. Diese finalen Prüfungen werden von den Schulen traditionell mit einigem Pomp durchgeführt. Ihre Bedeutung wird gerne etwas überhöht und aufgeplustert, denn das lässt ja den Stellenwert der Schule selbst steigen. Man sonnt sich gerne im Glanze des nach vier, sechs, acht oder neun Jahren von den Schülern Erreichten.

Viele Schüler fallen darauf herein, obwohl ihnen eigentlich klar ist, dass rein rechnerisch gar nichts mehr passieren kann. Die allermeisten von ihnen haben ja schon vorher genug gute Noten oder Punkte gesammelt, so dass kein Risiko mehr für sie besteht. Doch der Nimbus solcher Abschlussprüfungen ist nicht zu zerstören und deshalb gehen selbst gute Schüler mit einem gewissen Bauchgrummeln hinein und ergeben sich in ihr Schicksal.

Manchmal finden die Abschlussprüfungen in riesigen Turnhallen, möglichst sogar in Dreifachturnhallen, statt, in denen dann 120 Tische und Stühle in säuberlicher Anordnung stehen und die Schüler der Abschlussklassen einer Schule gleichzeitig schreiben, bewacht von acht bis zehn patrouillierenden Lehrern, die mit dem sinnlosen Aufschreiben der ständig austretenden Schüler gar nicht mehr nachkommen. An anderen Schulen werden die Abschlussprüfungen in den Klassenzimmern geschrieben. Manche Schülerarbeitsplätze gleichen dort einem Krämerladen oder dem Basislager einer Expedition. Die Schüler arbeiten vor sich hin, eingerahmt von Cola-Dosen, Marsriegeln, Traubenzuckerpäckchen, Leberkäs-Semmeln, Gummibärchen, Schokoladentafeln und Glücksbringer-Stofftieren. Am Lehrerpult sitzt einer der Aufsicht führenden Lehrer, umrahmt von Dutzenden Schüler-Smartphones. Er tut so, als ob er darauf aufpasst, dass die Schüler nicht spicken. In Wirklichkeit korrigiert er irgendetwas, ordnet Papiere oder liest heimlich eine Sportzeitung. Ein zweiter Lehrer geht wichtigtuerisch in den Gängen auf und ab und gibt sich ebenfalls den Anschein, dass er die Lage unter Kontrolle hat.

So geht die Prüfungswoche mit Deutsch, Mathematik, Englisch und sonstigen relevanten Fächern vorbei. Der letzte Tag der Abschlussprüfungen endet naturgemäß mit einem lärmenden Highlight für die Schüler, nämlich einem längst geplanten, ausgiebigen Besäufnis. Lehrer und Schulleitung haben alle Mühe, die dem Alkohol geschuldete Euphorie der Absolventen wieder halbwegs einzudämmen und eine Eskalation größeren Ausmaßes zu verhindern.

Nun beginnt die Zeit des Wartens und sinnfreien Herumgammelns, während die Lehrer korrigieren und konferieren. Irgendwann stehen alle Ergebnisse fest und werden bekanntgegeben. Sie sind überall im Lande positiver als von den Schülern erwartet. Nur wenige Schüler müssen noch in eine zusätzliche, jedoch meist eher harmlose mündliche Prüfung. Welcher Lehrer will schon noch einen Schüler beim Passieren der Ziellinie durchschmeißen. So scheitern insgesamt gesehen wenige, und diejenigen, denen dieses negative Kunststück trotzdem gelingt, wussten in der Regel schon vorher, dass nicht mehr viel zu retten ist.

Dann aber kommt sie, die große Stunde der Abschlussfeier und der feierlichen Überreichung der Abschlusszeugnisse. Werfen wir anlässlich dieses Höhepunkts im Schülerdasein noch ein letztes Mal einen Blick in die Albert-Kruckenhauser-Realschule.

Schulleiter Rumpler hat sich seit Tagen, ach was, Wochen auf seinen großen Auftritt vorbereitet. Jedes Jahr stellt sich die gleiche Frage: Was soll er diesmal wieder Erhabenes sagen? Er kennt die Erwartungshaltungen der Festgesellschaft. Die Schulleiterrede gehört unweigerlich zum Ritual der Abschlussfeier. Mit seinen Schulleiter-Kollegen des Bezirks hat er längst alle bisher gehaltenen Reden ausgetauscht. Keinem von ihnen fällt mehr etwas richtig Neues ein. Das Internet hat er nach neuen Rede-Ideen durchforstet. So sitzt er stundenlang in seinem Büro und sagt sich insgeheim, dass es eigentlich völlig egal wäre, wenn er die gleiche Rede wie im Vorjahr noch einmal halten würde. Die Schüler und Eltern würden es sowieso nicht merken. Seine Kollegen und die Mitglieder des Elternbeirats hören eh nicht zu, weil sie um die Trostlosigkeit des jährlichen Rederituals und um die Tatsache wissen, dass ihr Schulleiter nicht der begnadetste Redner ist.

Aber so geht es schließlich auch nicht. Rumpler hat auf rein rhetorischem Terrain ein Restgefühl an Anstand. Was also nun? Er braucht eine Idee, ein Bild! Vielleicht die Schule als Schiff, das die Schüler in die Welt hinausfährt? Oder als prägende Anstalt, die junge Menschen zu nützlichen Mitgliedern der Gesellschaft formt? Als Theater, das auf die Bühne des Lebens vorbereitet? Alles Blödsinn, alles wichtigtuerisches Gedöns. Vielleicht einfach etwas Statistisches? Ist wohl eher zum Wegratzen. Dann hat er plötzlich eine Idee, die er für originell hält, die aber mindestens hundert andere Schulleiter ebenfalls haben: Fußball! Die Schule als Fußballmannschaft! Die Schullaufbahn als Fußballspiel! Na, das ist es doch! Rumpler kommt sich mächtig schlau vor. Er ist geradezu von sich begeistert.

Die Aula hat sich gefüllt. Die Absolventen haben sich fein herausgeputzt, die Mädchen sowieso, die meisten Jungen ebenfalls. Es ist ihr großer Tag, dessen sind sie sich bewusst. Auch Problemschüler Dany trägt ein dunkelblaues Jackett und hat sich eine Krawatte um den Hals gewickelt. Die Eltern und Großeltern sitzen da und schauen feierlich und würdevoll. Einige der privilegierten Sitzplätze für die Honoratioren sind noch frei. Die Instrumentalgruppe der Schule spielt ein Auftaktstück. Konrektor Meyer begrüßt die Schüler, die Eltern und die Ehrengäste und hofft wieder einmal insgeheim, dass er niemanden vergisst, auch nicht Frau Emilie Beckmann-Hasenwinkel als Vorsitzende des Schulauschusses und Herrn Sparkassenvorstand Holger Goldbär, der dieses Mal leider keinen Scheck dabeihat.

Dann spielt die Schülerband eins der zwei Stücke, die sie seit Monaten einstudiert hat, nämlich ... genau, »Smoke on the water«. Es klingt fürchterlich wie immer. Jetzt ist es so weit. Realschulrektor Rumpler geht gemessenen Schritts auf die Bühne, hält sich am Pult fest, raschelt mit dem Papier, schaut erst ins Auditorium, dann, wie er es gelernt hat, auf die Rückwand der Aula und hebt an:

»Liebe Schülerinnen und Schüler, liebe Eltern, *äh* Verwandte und Freunde der Schule, liebe Kolleginnen und Kollegen, liebe *äh* Gäste! Was, frage ich Sie alle, wäre *äh* unser Leben ohne Fußball?« Die Leute schauen erstaunt auf ob dieses überraschenden Auftaktsatzes. Einige Lehrer rollen mit den Augen. Realschullehrer Fuchs schlägt die Hände vor das Gesicht. Das kann ja wieder was werden. Die Kollegen wissen, dass Rumpler von Fußball so viel Ahnung hat wie die B-Mannschaft der Spielvereinigung Hinterödenhofen.

»Nun, wie Sie als Fußballfans, und ich darf davon ausgehen, dass Sie das fast alle sind, *äh* ebenfalls wissen, ist ausgerechnet heute Abend das *äh* zweite Gruppenspiel unserer Jungs bei der Fußball-Europameisterschaft.« Genau, denken sich die meisten Jungs, einige der Mädchen und fast alle Kollegen und Eltern. Da hättest du beim Timing auch vorher mal auf den Kalender schauen können, du Depp. Sie ahnen ja nicht, dass der Termin vorgegeben ist.

»Also wollen wir den *äh* sozusagen offiziellen Teil des heutigen Abends nicht zu lange ausdehnen und ich werde mich kurzfassen.« Was für ein Glück, denken die Kollegen. »Aber ich kann Sie natürlich nicht so einfach wegen eines *äh* Fußballspiels nach Hause schicken, und das will ich auch nicht, *haha*. Sie sind selbstverständlich alle zu einem gemütlichen Beisammensein im Anschluss an die *äh* Ausgabe der Abschlusszeugnisse eingeladen. Wir haben das alles vorbereitet. Fühlen Sie sich also *äh* willkommen.« Das Fremdschämen im Publikum nimmt zu. Fachlehrer Horten hat resigniert und liest »Wild und Hund«.

»Liebe Absolventen und Absolventinnen, euer Spiel hier an unserer Schule hat *äh* sechs Jahre gedauert, ist nun *äh* abgepfiffen, also beendet und ihr habt es gewonnen.« Diese Aussage kommt Rumpler nun selbst etwas eigenartig vor und er stockt. »Doch das Spiel war für euch nicht immer einfach. Es gab das eine oder andere *äh* Gegentor. Manche, Lehrer wie Schüler, haben ab und zu *äh* Fouls begangen und der Schiedsrichter musste pfeifen, ich meine, *haha,* eingreifen.« Die Lehrer wissen nicht mehr, wohin sie schauen sollen. »Manchmal war der Rasen glatt und einige sind *äh* ausgerutscht und mussten gar verletzt das Spielfeld verlassen. Einigen blieb nur die Reservebank und sie *äh* mussten sogar wiederholen.« Ist der da vorn jetzt völlig von Sinnen? Auch einige Eltern sind irritiert, rücken auf ihren Stühlen herum, spielen aber weiter tapfer mit. »Also, wie auch immer, das Spiel dauerte neunzig Minuten, oder besser, *äh* sechs Jahre, manchmal mit Nachspielzeit, *haha*. Der Abpfiff des Spiels ist nun erfolgt, die Prüfungen sind bestanden und alle feiern in der *äh* Fankurve, also hier im Saal. Die *äh* Spielstatistik besagt Folgendes …«

Rumpler schwitzt. Er hat sich da wohl irgendwie verrannt. Egal, weiter. Und so folgen noch ein paar statistische Werte, ein paar Prozentzahlen, ein paar weitere rhetorische Peinlichkeiten und zum Ende der Dank an alle für was auch immer.

Das ist alles ein bisschen übertrieben? Ja klar. Aber ist es tendenziell so völlig aus der Luft gegriffen? Keineswegs. Bei

Abschlussfeiern wird vielerorts im Lande Grauenvolles gelabert.

Dann werden die Abschlusszeugnisse überreicht und immerzu Hände geschüttelt, zwischendurch spielt wieder die Musik und anschließend gibt es Sekt und ein Buffet. Am Ende des Abends gehen alle beschwingt hinaus in eine laue Sommernacht, sind glücklich oder zumindest zufrieden. Was ist dagegen schon ein Spiel der Fußballnationalmannschaft?

FRAGEN WIRD MAN JA WOHL NOCH DÜRFEN: IST SCHULE OKAY, WIE SIE IST? ODER GEHTS BESSER?

Nicht immer kann man sich die Schule seiner Wahl aussuchen, diejenige, die der persönlichen Idealvorstellung entspricht, schon gar nicht. Das hängt in der Regel damit zusammen, dass es die »bessere Schule« im Umfeld oder in erreichbarer Nähe gar nicht gibt. Im Grundschulbereich besteht oft sowieso keine echte Wahlmöglichkeit. Falls man aber in einer Gegend oder Stadt lebt, die schulische Alternativen bietet: Was könnten Kriterien für die Wahl der »richtigen«, der »besseren Schule« sein?

71. Wie erkennt man, ob eine Schule gut ist?

Es ist sicherlich vernünftig, sich erst einmal bei anderen Eltern umzuhören, von welcher Schule sie aufgrund welcher Erfahrung einen positiven Eindruck haben und warum. Dann gilt es, diese Meinungen mit kritischer Distanz zu filtern, sonst fällt man auf elterntypische Vorurteile herein.

Vor einem persönlichen Besuch sollte man sich das Info-Material der Schule genauer anschauen, so es denn welches gibt. Bessere Auskunft erhält man normalerweise im Internet-Auftritt der Schule. Ist er aktuell oder sind die letzten Einträge auf der Homepage obsolet? Wird man gut über das Leistungsprofil, das Leitbild und das Schulleben informiert? Wirken die Seiten fundiert, eigenständig und ästhetisch oder zusammengeschustert und abgekupfert?

Wenn die potenzielle neue Schule damit noch nicht durchgefallen ist, kann man sich einen ersten, persönlichen Eindruck verschaffen und sich bei einem Schnupperbesuch einige Fragen stellen: Wie sehen das Schulgebäude und das Schulgelände aus? Wirken sie einladend? Würde man diese Schule rein von der Gestaltung her selbst gerne besuchen, egal ob sie nun älteren oder neueren Datums ist? Sind Schulhaus und Schulhof sauber oder schmuddelig? Ist zu erkennen, dass das Schulgelände gepflegt wird, dass es einladend und freundlich ist? Haben die Schüler genügend Raum und Optionen für die Pausengestaltung?

In der Schule selbst sollte man sich das Atrium, die Pausenhalle und die Flure anschauen. Vielleicht gelingt sogar der eine oder andere Blick in die Klassenzimmer, ohne dass man vom Hausverwalter oder von Lehrern verjagt wird, was selbstredend sowieso negativ zu beurteilen wäre. Sind die Wände des Schulgebäudes abwechslungsreich und attraktiv gestaltet? Gibt es optische Blickfänge? Hängen dort Zeichnungen und Bilder der Schüler, auch wenn dies bei neueren Schulen wegen des Brandschutzes gern verhindert wird? Werden die Leistungen der Schüler gewürdigt, zum Beispiel mit Ausstellungen, Werken aus dem Kunstunterricht, handwerklichen und kreativen Arbeiten?

Die Schule ist nun immer noch eine Option? Dann gilt es, mal ein paar Lehrer oder eventuell Schüler einzufangen und mit ihnen zu reden. Grüßen die Lehrer den Eindringling in ihr Hoheitsrevier freundlich und fragen sie, ob sie behilflich sein können oder sind sie misstrauisch-mürrisch und reißen sogar aus? Ist die Atmosphäre offen und der Ton entspannt?

Gilt das auch für die Schulleitung oder verbarrikadiert sich diese hinter dem Sekretariat?

Für weitere Erkenntnisse über die Schule braucht es schon ein wenig detektivische Fähigkeiten. Gewinnt man den Eindruck, dass die Lehrer eine optimistische und vertrauensvolle Einstellung zu ihren Schülern haben? Mögen die Schüler ihre Lehrer und gehen sie gerne an die Schule? Gehen die Lehrer auf Fragen und Probleme der Schüler im Unterricht ausreichend ein? Wie groß sind die Klassen? Scheint eine individuelle Förderung der Kinder und Jugendlichen möglich? Gibt es Förderstrategien, damit schwächere Schüler Lernrückstände aufholen können? Wie werden besondere Talente und Neigungen der Schüler gefördert? Welche Unterrichtsmethoden werden vorzugsweise angewandt? Sind neben traditionellem Frontalunterricht auch offene Unterrichtsformen tägliche Praxis? Wird die Eigenverantwortung der Schüler gestärkt, etwa durch Frei- und Projektarbeit? Werden moderne Technologien im Unterricht sinnvoll genutzt?

Zwischendurch mal ein paar leichtere Fragen: Beginnt der Unterricht pünktlich? Werden Hausaufgaben regelmäßig kontrolliert und Klassenarbeiten zügig korrigiert? Was wird gemeinsam unternommen? Gibt es Klassenfahrten, Feiern, Projekte, Exkursionen, Wettbewerbe, Partnerschaften? Wie ausgeprägt ist der »Lebensraum Schule«?

Nur investigativ raffinierte Spezialisten unter den Eltern werden weitere umfassende und lohnenswerte Erkenntnisse einholen können: Greifen Lehrer bei Konflikten unmittelbar ein oder verhalten sie sich eher passiv? Welche Ziele setzt sich die Schule selbst? Strebt sie nur auf dem Papier und auf ihrer Homepage ein eigenes Profil an, zum Beispiel mit musischen, sportlichen, künstlerischen Schwerpunkten und in der Umwelterziehung? Oder tut sie das auch im schulischen Alltag?

Da Schulen nicht nur isolierte Unterrichtsfabriken sein sollten, wäre noch Folgendes interessant: Arbeitet die Schule mit externen Partnern, zum Beispiel mit Betrieben, Kultur- und Sportvereinen und Institutionen zusammen? Stellt sie sich den Anforderungsprofilen von Industrie und Wirtschaft?

Welche Angebote außerhalb des regulären Unterrichts gibt es für die Schüler? Bietet die Schule inhaltlich sinnvolle und gut strukturierte Ganztagsangebote an? Bemüht sie sich um Inklusion und Integration?

Und weil man natürlich viel erzählen kann, ohne dass dies der Wahrheit entspricht: Überprüft die Schule die selbst gesteckten Ziele? Finden Befragungen und interne Evaluationen statt? Geht sie mit den Ergebnissen offen um?

Eine fast unlösbare Fragen- und Aufgabenflut! Niemand wird wirklich alles herausfinden können oder beantwortet bekommen. Aber jeder kann sich ein paar Aspekte herauspicken, die ihn im Sinne der Bildung und Förderung seines Kindes besonders interessieren. Nur um dann eventuell mit Entsetzen festzustellen, dass das Kind an der neuen Schule leider genau die zwei oder drei Flaschen oder Unsympathen unter den Lehrern im Unterricht bekommt, die jede Schule bedauerlicherweise mitschleifen muss.

72. *Wie könnten unsere Schulen besser laufen?*

Nein, ein großes Fass wird im letzten Teil des Ausblicks auf die Welt der Schule nicht mehr aufgemacht. Die ideale oder zumindest die »bessere Schule« lässt sich nicht en passant charakterisieren. Doch ein paar entscheidende Kriterien seien erwähnt:

Eine wirklich gute oder zumindest »bessere« Schule wird nicht nur verwaltet, sondern gestaltet. Sie entzieht sich weitgehend etablierten Hierarchien und Obrigkeitsdenken. Sie ist so eigenständig und unabhängig wie irgend möglich.

- Sie versucht, den Interessen und Fähigkeiten der Schüler gerecht zu werden. Sie fördert ihre Kompetenzen und entdeckt ihre Talente.
- Sie gestaltet »Lebensraum« für die Schüler und steht für sinnvolle Ganztagsangebote und vielfältige Betätigungsfelder.
- Eine gute Schule ist leistungsstark, innovativ und technologisch up to date. Sie stellt sich den Ergebnissen der modernen Gehirnforschung und versucht, diese im Unterricht umzusetzen.
- Ihre Lehrer gestalten den Unterricht auf der Grundlage aktueller, realitäts- und anwendungsbezogener Kriterien und Erkenntnisse der Psychologie und Didaktik.
- Sie fördert das eigenverantwortliche Lernen der Schüler und leitet sie zu selbstbestimmtem Handeln und kritischem Denken an.
- Sie ist bewegt, das heißt, sie fördert Bewegung nicht nur im rein sportlichen Sinn, sondern im Interesse des Lernens.
- Sie ist offen, kooperiert mit externen Partnern und ist das Herz der Gemeinschaft vor Ort.
- Sie ist eine lernende Institution, bunt, engagiert und weltoffen.
- Sie ist, soweit möglich, weltoffen und international, hat Partnerschulen, pflegt Austausch.
- Sie ist human und multikulturell und damit eine Schule ohne Rassismus. Sie setzt sich aktiv für konfliktfreies Miteinander und Toleranz ein.

Im Zentrum ihres Denkens und Tuns stehen die Schüler, nicht nur die Noten und Lehrpläne. Sie wird ihrer sozialen Verpflichtung gerecht und ist integrativ. Sie nimmt auch schwierige und problematische Schüler mit. Sie bemüht sich um Inklusion und die Integration von Flüchtlingskindern. Sie orientiert sich am Leitmotiv »You'll never walk alone«.

Keine Schule der Welt kann alle diese Profile und Anforderungen erfüllen, doch fast jede Schule kann ein wenig mehr leisten und wird das bei besseren Rahmenbedingungen zweifellos tun. Diese sind jedoch an vielen Schulen hierzulande, in einem der reichsten Länder der Welt, immer noch unzulänglich.

Es ist an der Zeit, nicht nur permanent über Schule zu diskutieren, sondern den Schulen mehr Freiheiten zu geben, sie besser auszustatten, sie personell und finanziell zu unterstützen, ihnen also höhere Etats zu gewähren und es ihnen zu ermöglichen, nach individuellem Bedarf wesentlich mehr Lehrer einzustellen. Dann liegt es an den Schulen, daraus mehr zu machen. Und das wird ihnen dann auch gelingen.

Verena Minoggio

Die Stressmacherin

Komisches und Ernstes aus dem Leben einer Verlegerin

Die Stressmacherin schlägt zu: Einer Verlegerin gelingt es, in jedem Bereich des Lebens sich selbst und anderen Stress zu machen, ihren Kollegen im Verlag, ihrem Ehemann, ihren Autoren und am meisten – sich selbst. Zeit ist schließlich kostbar!

Stress bereitet der Stressmacherin nicht nur ihr persönlicher Schweinehund, auch die Vögel im Schrebergarten zwitschern ihr vorwurfsvoll zu, wenn sie sich kurz Ruhe gönnt. Ob mit der Technik, beim Kochen oder in der Natur, Stress lauert einfach überall.

Vergnügliche, spritzige Unterhaltung, in der sich viele Leserinnen und Leser wiederfinden werden.

Verena Minoggio ist Verlegerin aus Leidenschaft. Sie leitet den Goldegg Verlag und blickt auf zahlreiche erfolgreiche Buchprojekte zurück. Dazwischen coacht sie Autorinnen, lehrt und hält Vorträge – wenn sie Zeit dafür hat!

GOLDEGG VERLAG

Hardcover 136 Seiten
Format 13,5x21,5cm
ISBN: 978-3-903090-44-6

Preis: 14,95 €

Bestellen Sie unter +43 (0) 1 505 43 76-30 oder per Fax: +43 (0) 1 505 43 76-20 oder unter verlag@goldegg-verlag.com